对分课堂教学手册丛书

丛书主编　张学新

对分课堂之高中语文

The PAD Class for High School Chinese

上海市教育委员会2014年上海高校特聘教授（东方学者）岗位计划支持

孙欢欢　闵紫雯　马迎红　著

科学出版社

北京

内 容 简 介

对分课堂既是一种操作性强的教学模式，又是一种教学原理。本书是“对分课堂教学手册丛书”中的高中语文卷，旨在介绍对分课堂在高中语文教学中的应用，以教学设计和案例为主，更关注具体教学方法的运用，而没有涉及过多的教学原理，旨在为高中语文教师提供一本简单明了的“使用说明书”，帮助各位同行快速、准确地掌握对分课堂的教学方法。读者如果对教学原理有兴趣，欢迎阅读丛书总论《对分课堂：中国教育的新智慧》。

本书适合高中语文教师，以及有志于高中语文教学的师范类学生阅读。

图书在版编目(CIP)数据

对分课堂之高中语文/孙欢欢，闵紫雯，马迎红著. —北京：科学出版社，2017. 2

（对分课堂教学手册丛书）

ISBN 978-7-03-051770-8

I. ①对… II. ①孙… ②闵… ③马… III. ①中学语文课-课堂教学-教学研究-高中 IV. ①G633.302

中国版本图书馆 CIP 数据核字（2017）第 027546 号

责任编辑：乔宇尚 崔文燕 乔艳茹 / 责任校对：王 瑞

责任印制：张 倩 / 封面设计：黄华斌

科学出版社 出版

北京东黄城根北街 16 号

邮政编码：100717

http://www.sciencep.com

三河市骏杰印刷有限公司印刷

科学出版社发行 各地新华书店经销

*

2017 年 2 月第 一 版 开本：890×1240 1/32

2017 年 2 月第一次印刷 印张：8

字数：220 000

定价：32.00 元

对分课堂教学手册丛书编辑委员会

主　　编　张学新

副主编　陈湛妍　王雨晴　董宏革

编写人员　（按姓氏拼音排序）

安桂花　安剑群　鲍丽娟　本志红
蔡秋文　曹浩智　陈慧娟　陈妙玲
陈瑞丰　陈修文　丁丽红　冯　锵
龚　雯　韩宝红　韩秀婷　何　玲
贺　红　胡　真　黄锦标　黄天锦
黄向前　黄　莺　姜梅芳　李道琴
李　莉　梁　琨　刘明花　刘明秋
刘志平　马莉莉　马珊珊　马迎红
闵紫雯　宁建花　孙　帆　孙桂秋
孙欢欢　孙卫红　孙小春　谭永定
田　青　王继红　王建勋　王文娟
王晓玲　王银珠　魏　波　温婷婷
吴金枝　徐含笑　杨　红　杨建新
杨丽萍　杨永华　姚海洪　岳梦琳
岳喜凤　张长君　赵婉莉　郑隆慧
钟　铃　周　瑾

丛书序

个性化时代中国教育的新探索

一、令人惊喜的新型课堂

“对分课堂”是我提出的一种新的教学模式。形式上，它是把课堂时间一分为二，一半留给教师讲授，一半留给学生进行讨论；实质上，它是在讲授和讨论之间引入一个心理学中的内化环节，使学生对讲授内容吸收之后，有备而来地参与讨论。

这样一个看似简单的设计，却取得了惊人的效果。2014 年春，我首次在复旦大学心理系的本科生课程上实践对分课堂，受到学生的欢迎。随后，对分课堂不胫而走，迅速传播到全国大部分省（自治区、直辖市），甚至传到非洲，在对外汉语教学中也取得了显著成效。两年间，借助互联网和使用者的口碑，对分课堂风行全国，在数百所高校的上千门课程中得到应用，覆盖人文、理工、医学等多个领域及外语、音乐、美术、体育等多个学科，被列入教育部和上海市教育委员会教师培训项目，获批上海市本科教学改革重点课题。同时，对分课堂也迅速进入基础教育领域，从小学一年级到高中三年级都涌现出了很多成功的案例，得到众多一线教师、特级教师和校长的高度认可，被誉为“魔力课堂”，被列入上海市教育委员会“十三五”基础教育教师培训的网络课程。另外，各地教师以对分课堂为题，获得 140 多个教学改革立项，包括 36 个省级课题，其中 31 个来自高校，5 个来自中小学。

各地学校相继组织关于对分课堂的讲座和培训，总数超过百场，覆盖教师群体上万人。常常是一场讲座下来，教师激情澎湃，学校领导当场认可，随后在全校推广。很多时候，一次课下来，教师立刻感受到对分课堂的好处，一个学期下来，学生的成绩大幅提升。在成绩之外，更重要的是开心的学生、快乐的教师、活泼的课堂氛围、融洽的师生关系和令人满意的教学效果。教学的众多美好的理想在对分课堂上一一成为现实，幸福来得太快，令人不敢相信。运用对分课堂，教材不变、大纲不变、进度不变，不花钱、不买设备，好学、易用，效果常常立竿见影。对分课堂真有这样神奇吗？如果有，该如何操作？对于这些问题，本套丛书尝试给出一些参考性的回答。

二、对分课堂的核心理念

现代教育制度的核心标志是夸美纽斯于 1632 年建立的班级授课制。班级授课制的基本教学模式是讲授法。讲授法能实现系统、高效的知识传递，迅速培养大量专业性人才，是与工业化时代相适应的教学模式。然而，在讲授法之下，学生只是被动地接受，主动性得不到发挥，能力无法得到提升。在后工业化时代，社会资源十分丰富，个人自由度大幅提升，社会生活的网络关系变得前所未有的复杂，千人一面、缺乏个性的教育，固守传统、不能创新的教育，高高在上、脱离现实的教育，日益受到诟病。这时，全世界的教育都面临着五个重大挑战，即如何促进个性化发展，如何培养社会责任感，如何增强和谐相处能力，如何培养创新能力，如何回应社会高速发展中不断产生的现实需求。

从 20 世纪初开始，全世界进行了很多教学改革，最为成功的是在美国被广泛实践的合作学习。常见的研讨式教学、问题式教学（problem-based learning，PBL）、案例教学、高效课堂、自主课堂等都是合作学习的变种，其核心特点是通过讨论，提升学生的参与性和主动性。然而，虽经近百年的探索，对合作学习的应用仍然有限，合作学习也没有取代讲授法，主要原因在于讨论式课堂牺牲了系统性的知识学习，讨论的质量和效果常常无法得到保证。

对分课堂通过对内化和吸收过程的强调，实现了讲授法和讨论法两大教学模式的整合：讲授是为了基于独立思考的内化，而内化的成果则通过社会化学习在讨论中得到展示、交流和完善，既保证了知识体系传递的效率，又充分发挥了学生的主动性。

从对分的角度看，讲授法的问题在于过分强调了教师的权威，压抑了学生的个性，而讨论法的问题在于，过分强调学生的权利，造成了教学秩序的混乱。本质上，对分课堂重新分配了教学中的权利与责任，它赋予学生应有的权利，让学生承担应尽的责任，体现了对学生最大的尊重，为课堂营造了一种民主、对话、开放、自由的氛围，也因此使课堂变得和谐、舒畅、充满乐趣、生气勃勃。人类的文明已经进入了一个新时代，对分课堂顺应人性，释放人的潜力，张扬个性，孕育创造，为探索后工业时代的教育范式提供了新思路，有可能会显著促进社会经济文化的发展。

三、理实交融的教学改革

对分课堂看起来简单易行，实际上非常考验教师的能力。有的优秀教师运用对分方法，课堂瞬间焕发光彩，也有很多教师心生羡慕，却不知如何下手。出现这样的情况是十分正常的，因为一种新的教学模式能够最先实践成功的一定是少数教师，与其他教师相比，他们更有思想、热情和勇气。即便是这些教师，由于对分课堂带来教学理念根本性的颠覆，他们在初期也会犯很多错误，如武侠小说中的六脉神剑，时灵时不灵，不能充分发挥对分课堂的力量。对分课堂不是一两个环节的改变，而是整个教育、教学理念的全面变革，在简明的操作流程背后，蕴含着极其丰富、深刻的心理学、教育学原理，需要教师慢慢体会。对分课堂的运用是低门槛、无上限的，任何人都可以用，但能否顺利运用或取得较好的效果，要看个人的理解和素养。

作为一个范式，对分课堂在各个学段、学科的运用，需要先锋教师在实践中逐步探索，形成具体的操作细则，再尝试在更广泛的教师群体中运用、验证、完善。2016 年春节，我觉得应该汇集前期对分课堂实践的经验，为关注对分课堂的广大教师提供参考。于是，我便邀请一些在对分课堂教学中取得一定实践成效的教师（来自 13 个省份 29 所学校的共 65 位教师），开始编著本套丛书。丛书汇集了集体的智慧，尽可能请多位教师合作，取长补短。第一批计划出版 17 本，包括总论和 16 本分册，覆盖 11 类高校课程和 5 类中小学课程，分别为“高校思想政治理论课”“大学英语”“大学心理学”“高等数学”“医学护理学”“高校艺术类课程”“研究生公共英语”“对外汉语”“高校体育类课程”“大学生物学”“第二外语辅修与专业课程”和基础教育的“高中语文”“高中英语”“高中数理化”“中学地理”“初中英语”。总论侧重于理论分析，分册则针对具体学科，详细介绍对分课堂在具体学科中的操作流程和要点，帮助一线教师在自己的教学实践中迅速、成功地运用对分课堂。

在全世界范围内，教育改革成功的案例并不多，其中一个主要原因是教育改革常常从理念出发，而从理念到实践还有很大的距离。对分课堂从可操作的方法出发，确认有效果后再进行推广，基于大量实践进行理论提升，再用理论去指导实践，符合人类认识发展的根本规律。对分在一开始就是一个高度实用的操作流程，注重细节和完整性，先形成一个可用的版本，然后通过大量实践，汇集集体智慧，发现问题、解决问题，在快速迭代中优化流程。对分实践获得的经验不是支离破碎的，而是被整合在一个理论框架之中；这个理论也不是空洞的，而是与教师的教学实践相结合。本套丛书能做到实践与理论的紧密结合，在中国乃至世界的教学类书籍中实属难得。未来我们欢迎更多的一线教师参与进来，使本套丛书覆盖更多科目，不断修订、重版，成为中国教师乃至世界教师的工具书。

对分课堂在教育理念上的一个核心观点是不以成败论学生。学生是否知道了正确答案，并不是最重要的，勇于思考、善于思考才是第一目标。对分课堂是一个重大的教学改革，丛书的作者实践对分，最长的两年半，最短的两个学期，经验不足是难免的，存在疏漏也是难免的，但我们希望读者不要试图从丛书中寻找标准答案。

基于不同的理解、不同的场景，不同的分册可能会出现互相对立的答案。丛书不能保证自己的正确性，也不能保证按书里的做法一定能取得好效果。丛书只是反映了作者当前的实践和认识水平，给读者提供一个参考。让对分在自己的课堂上开花结果，读者自己也有一半的责任。同时，睁开眼睛，开动脑筋，展示自己的才能，参与对分的创造，这也是实施对分的本意。

四、集体智慧和群众力量

感谢“对分课堂教学手册丛书”的所有作者，愿意投入巨大的时间和精力分享他们的经验和收获！我代表丛书全体作者，感谢所有勇敢开启对分课堂实践之路的千百位教师！他们对教学的高度热爱，他们非凡的勇气、智慧和行动，使对分课堂能够与具体学科的教学相结合，带来了对分的成长和壮大。感谢所有实践对分课堂的同学们，特别是第一个对分班级——复旦大学心理系本科2013级全体同学！

感谢复旦大学教师发展中心陆昉主任、丁妍副主任，以及范慧慧、曾勇、方雁、李娜老师和中心特邀研究员陈侃教师！感谢教务处徐雷处长、王颖副处长、徐珂副处长、孙燕华老师！感谢《复旦教育论坛》熊庆年主编，上海易班发展中心和杨佳老师，上海市教育委员会高校教师培训项目的领导，上海师范大学 EDP 中心黄健主任及张斌、刘永老师！感谢他们在对分课堂发展过程中给予的宝贵支持！

感谢众多高校教务部门、教师发展中心和相关领导给予的支持！感谢教育部对口支援计划，让河西学院教师安桂花把对分课堂带回甘肃，在学校、学院领导的支持下在全校推广！感谢河西学院学校和教务处、教师教育学院、外语学院的领导和老师！感谢田家炳基金会及总干事戴大为先生为2015年8月的首届对分课堂全国研讨会提供赞助，并帮助我们把对分课堂推向西部中小学！

感谢岭南师范学院对举办对分课堂华南地区研讨会的支持！感谢河南平顶山学院——我的家乡学校，在全校推广对分，感谢苏晓红副院长，教务处李波处长、史玉珍副处长，计算机学院吕海莲院长和多位领导、老师！

感谢教育部网络培训中心吴勇、刘艳、付舒婷老师，让对分课堂通过网络走到了全国高校教师的身边，通过国培项目走向了云南边远乡村的中小学！感谢江西省高校师资培训中心及周礼芳老师，通过组织的五次讲座，让对分传播到江西省所有的本科高校！

感谢张掖市甘州中学兰小丽、广州新滘中学张春燕、湛江市第八小学苏勤老师，率先把对分课堂成功应用于中小学课程！感谢南通市南通中学陆晓蔚老师，率先把对分课堂和“对分易”平台成功运用于初中体育课！

感谢甘肃省白银市田家炳中学顾克晅校长在全校推广对分教学！感谢兰州田家炳中学教导主任张维民老师组织全校性的教研团队，在所有主科目上开展关于对分课堂的系统性的实证研究！感谢《教育文摘周报》刘军伟编辑帮助我们在中小学推广对分！

感谢师培联盟（北京）教育科技研究院和北京中教国培教育咨询中心组织对分课堂专题培训！感谢上海情绪疗愈学院和张迪薇院长在新型心理健康课程中推广和应用对分课堂！感谢北京三圣学堂马琴老师在传统文化教育中运用对分课堂！

感谢上海电机学院陈瑞丰老师，上海杨行中学胡真老师，上海心理学会基础教育专业委员会主任秦启庚教授，专业委员会对分课堂项目组吴静、仇红老师，滨州职业学院仲广荣、张秀霞老师！

感谢王培雄、王永锋、郑娟、徐霖等组织团队创造了使用便捷、功能强大的“对分易”教学平台，为众多教师的对分教学提供了巨大的便利！

感谢复旦大学参与对分课堂实践的各位老师！感谢心理系博士研究生邓世昌、曹雪敏，以及我的硕士研究生王舒、冯俊栋，博士研究生黄锦标等积极探讨和开展对分教学研究！感谢我的博士研究生徐霄扬、李欣琪和助手张瀜予提供的多方面的有力支持！

感谢复旦大学宽松自由的学术氛围，社会发展与公共政策学院和心理系领导和同事给予的支持！感谢上海市“东方学者”计划在资金上为对分课堂的教学改革实践提供的强有力的支持！本套丛书中高校相关的分册得到我本人主持的2016年上海市教育委员会“高校本科重点教学改革项目”的支持，特此感谢！

感谢科学出版社的领导，其中有我的中国科学技术大学学长、现任中国科技出版传媒股份有限公司（科学出版社）总经理彭斌，教育与心理分社付艳社长和乔宇尚编辑！感谢他们的巨大付出！

感谢无法一一列举的众多在对分课堂实践和推广过程中给予我们巨大帮助的老师、朋友和学生！

最后，仅代表我本人，感谢我的哥哥和弟弟对如何推进对分课堂给出的明智而中肯的建议！感谢我的父母张伯重和秦淑香，他们为我树立了慈悲、理性、热情、勇敢的榜样，让我对公正的社会和美好的教育一直心存向往。

五、知识短缺与教育困局

中华文明衰落数百年之后，中国面临着千载难逢的发展机遇。从拼资源、拼体力、拼牺牲走向创新立国，我们最缺乏的是有价值的知识与思想。

2012年，世界著名经济学家、诺贝尔经济学奖得主科斯说：“回顾中国过去三十多年，所取得的成绩令人惊叹不已，往前看，未来光明无量。但是，如今的中国经济面临着一个重要问题，即缺乏思想市场，这是中国经济诸多弊端和险象丛生的根源……思想市场的发展，将使中国经济的发展以知识为动力，更具可持续性。而更重要的是，通过与多样性的现代世界相互作用和融合，这能使中国复兴和改造其丰富的文化传统。假以时日，中国将成为商品生产和思想创造的全球中心。”①

① 科斯. 对2012年《财经》年会致辞. http://v.pptv.com/show/fJ69O6MJebcamGc.html [2015-04-20].

2016年，新加坡国立大学东亚所所长郑永年说：“中国早已经进入知识短缺时代……中国经济知识的短缺局面已久，并且对经济社会发展产生了极其负面的影响……‘十八大’以来，似乎一切都变了，但唯独中国学术界和政策界的知识短缺局面没有变化，甚至更加严重了。从前的所有问题，今天仍然存在……现在尽管研究者都有博士学位，但很多只有书本知识而没有实践经验。因为他们是典型的读教科书成长起来的，对西方的概念有时候比西方人还玩得熟练，但对中国的实际则是外行。知识短缺的情况不改变，中国的改革就很难从顶层设计转化成为有效的实践，或者在转化过程中错误百出。”①

中国社会的知识短缺，问题无疑出在教育上。一般认为，中国的应试教育和高考制度导致我们的教育落后于西方。而真实的情况恰恰相反，中国的教育看起来比较糟糕，是因为我们在用中国的大众教育与西方的精英教育做比较。精英教育看似美好，其实不仅耗资巨大、不可推广，而且缺陷重重，会使社会产生严重的两极分化，与我们的社会体制并不兼容。如果将中国的大众教育与西方的大众教育相比，中国的教育实际上更为成功：更公平，更民主，对能力培养做得更好。

中国教育的困局在于：一方面，中国教育不能走向精英教育，因为社会主义追求的是共同发展，是陶行知先生倡导的平民教育；另一方面，在大众教育上，特别是在基础教育阶段，欧美的教育是很失败的，并不能给我们提供可以仿效的成功案例。中国教育的根本问题其实是前文提到的全世界教育共同面对的根本问题：如何改变传统的教学模式，有效回应后工业化时代对大众教育的五大挑战，即促进个性化发展、培养社会责任感、增强和谐相处能力、培养创新能力、回应社会高速发展中不断产生的现实需求。

过去100年，欧美国家付出了巨大的努力，尝试变革传统教育

---

① 郑永年. 中国已进入一个知识短缺的时代. http://opinion.huanqiu.com/opinion_china/2016-01/8447649.html [2016-02-10].

模式。然而，20 世纪二三十年代的进步主义教育运动，六七十年代杜威和布鲁纳领导的课程改革，最近 30 多年的基础教育改革，全部以失败告终。进入 21 世纪，全世界都开始强调重视核心素养，然而各个国家目前仅仅是制定了框架，至于如何实施，思路还不明确。

六、中国教育的超越之道

中国社会主义的政治体制，是保证教育公平和实现大众教育最宝贵的制度优势，中国社会重视教育、刻苦学习的历史传统，是发展大众教育最好的文化背景，中国源于科举制度的以高考为核心的统一考试模式，是世界教育史上的伟大创新，如果能与新技术结合走向新型的“海量高考”，将是高质量大众教育的切实保障。一旦中国率先突破 400 年的传统教学模式，中国的教育完全有可能超越西方，引领世界教育的新潮流。

课程改革、教材改革、教师培训最终都需要与课堂相结合。只有课堂真正改变了，课程、教材和教师方面的变革才能整合起来、落实下去。课堂改革是教育改革的“最后一公里”，这是当前世界教育界达成的共识。过去 20 年最流行的教学改革，如自主课堂、高效课堂、翻转课堂、慕课，都没有给传统课堂带来实质性的变化。

对分课堂能否破解世界性的教育难题，实现课堂的真正变革？对分课堂能否带来中国社会思想夜空的星光灿烂，为民族复兴与大国崛起奠定坚实的基础，为全球化时代的世界教育与社会发展带来新的转机？所有认可和支持对分课堂的“对粉”们，让我们衷心期待，共同努力！

张学新

2016 年 12 月于复旦大学

前　言

学习行为自从有人类文明就开始了，只要人类社会还在繁衍，学习就一直是进行时。而学习理论是对现实中的学习行为的抽象和总结，学习理论随学习行为的发展而发展。学习理论不能创造学习行为，而来源于学习行为。能够被学习行为印证的学习理论才能成立，否则就是闭门造车。所以，学习理论要素其实一直存在。对分课堂不是“发明”“创造”了新的学习理论要素，而是对已有的、现实的学习理论要素在结构上的重新整合。这种整合符合认知规律，也尊重复杂的现实。

不知道从什么时候开始，课堂成了教师的舞台，成了“好学生”的舞台。教师在课堂上尽情展现自己的才华，“好学生”在课堂上畅所欲言。课堂怎么就成了一个表演场所了呢？

“师者，所以传道受业解惑也。”教师的任务是教学生。然而，好的运动员不一定能够成为好的教练。当这个教练想成为赛场主角的时候，便很难成为好教练。课堂是每一位学生学习的地方。教师应该关注每一位学生的学习，而不是只关注“好学生”，更不应只是展示自己的才华。当然，这不能怪罪教师。当“教出好学生”和“有才华”成为一个优秀教师（甚至合格教师）的评价标准的时候，教师们还能说些什么？

我喜欢对分课堂，大道至简。

对分让课堂回归本质。不以教师为中心，不以“好学生”为中心，课堂上彻底去中心。每位学生，只要愿意学习，就都是学习的参与者。这是人人平等的课堂。在对分课堂上，师生都在聆听、思考、学习、表达、辩论。我们互相砥砺，生成智慧的思想、生成圆融的自我、生成和谐的联结。

本书共五章，由孙欢欢负责统稿、修订。第一章是高中语文教学概述，由闵紫雯撰写；第二章是对分课堂在高中语文教学中的教学设计，由孙欢欢撰写；第四章是使用对分课堂之后的教学反思，由马迎红撰写。以上三章在书中不再署名。第三章是教案汇编，由三位作者共同完成，教案名后附有作者姓名；第五章是学生作业汇编，来自参与对分课堂的学生们，在此一并表示感谢。

感谢张学新教授在本书编写过程中给予的指导和帮助；感谢科学出版社乔尚宇、乔艳茹编辑认真负责的编辑出版工作；感谢全国所有加入对分课堂研讨群的同行贤达，大家富有探索精神的实践和无私的分享让我们能够互相砥砺，在教学改革的大道上越走越远。

因笔者学识、能力水平有限，书中难免有不足之处，敬请读者批评指正。

孙欢欢

2016 年 9 月 19 日

目　　录

第一章

高中语文教学概述

第一节　课程大纲简析[①]

一、课程性质

语言是最重要的交际工具，是人类文化的重要组成部分。工具性与人文性的统一是语文课程的基本特点。高中语文课程要求语文教学在追求高中教育共同价值的同时，充分发挥语言学习促进学生思维发展的独特功能；帮助学生在语文学习中探寻适合自己的发展方向，给学生提供展示才华的舞台；进而使全体高中学生都获得必需的语文素养，形成良好的思想道德素质和科学文化素质，为终身学习和有个性地发展奠定基础。

二、课程基本理念

高中语文课程继续坚持义务教育语文课程标准中提出的基本理念，正确把握语文教育的特点，从“知识与能力”“过程与方法”

---

① 参见《高中语文新课程标准》。

“情感态度与价值观”三个方面出发设计课程目标，积极倡导自主、合作、探究的学习方式，使学生具有较强的语言应用能力和一定的文学审美能力、逻辑探究能力。因此，在课程设置上有如下几个要求。

1. 充分发挥语文课程的育人功能

高中语文课程必须充分发挥自身的优势，通过优秀文化的浸染，使学生形成健康美好的情感和奋发向上的人生态度；引导学生积极参与实践活动，能够认识社会、认识自我、规划人生，促进学生走向自立，在工作、学习和生活中有效地发挥个人能力，适应社会需要，终身学习，继续发展。

2. 注重语言应用、审美与探究能力的培养，促进学生均衡而有个性地发展

高中阶段不仅要使学生掌握口语、书面语交际的规范和基本能力，还要帮助学生养成认真负责、实事求是的科学态度，以适应现实生活和学生自我发展的需要。

审美教育有助于促进人的知、情、意全面发展。语文具有重要的审美教育功能，高中语文课程应关注学生情感的发展，让学生受到美的熏陶，培养自觉的审美意识和高尚的审美情趣，培养审美感知和审美创造的能力。

高中学生身心发展渐趋成熟，已具有一定的阅读表达能力和知识文化积累，促进学生探究能力的发展应成为高中语文课程的重要任务。在继续提高学生观察、感受、分析、判断能力的同时，重点关注学生思考问题的深度和广度，使学生增强探究意识和兴趣，学习探究方法，使语文学习的过程成为积极主动探索未知领域的过程。

3. 遵循共同基础与多样选择相统一的原则，构建开放、有序的语文课程

课程必须顾及学生在原有基础、自我发展方向和学习需求等方

面的差异，激发学生的兴趣和潜能，增强课程的选择性，以促进学生的个性发展。

三、课程设计思路

新课改《高中语文新课程标准》教学大纲中要求，无论必修课程还是选修课程，其内容和目标要充分反映时代的要求，注意和现代生活相联系，体现现代的思想意识、价值追求和行为方式；学习方式和教学、评价手段也应适应时代发展的需要。

必修课必须突出课程的基础性，使学生具有正确、熟练、有效地运用语文的能力，为今后进一步学习打下比较扎实的基础；同时，帮助学生形成较为成熟的文化心理和健全的人格。选修课的特点是让学生有选择地学习，为每一位学生创设更多元的学习条件和更广阔的发展空间，促进学生特长和个性的发展；同时也还承担“基础性”的教育任务，满足部分学生对夯实知识基础的需求。

必修和选修课程均按模块组织学习内容，每个模块 2 学分。半个学期（约 36 学时）完成一个课程模块。这样的设计有利于学校灵活安排课程，也有利于满足学生不同的兴趣和多样的学习需求，便于学生根据自己的实际情况选学或者重新学习某个模块的内容。

必修课程包含“阅读与鉴赏”“表达与交流”两个系列的目标，组成“语文一”至“语文五”五个模块。每个模块都是综合的，体现“阅读与鉴赏”“表达与交流”的目标和内容。学生通过必修课程的学习，应该具有良好的思想文化修养和较强的运用语文的能力，在语文的应用、鉴赏和探究几个方面均衡地发展，为以后专业、深入地发展打下基础。必修课可在高一全学年及高二上学期的前半学期连续五个阶段里循序渐进地完成，也可以根据需要灵活安排。

选修课程设计五个系列，如图 1-1 所示。

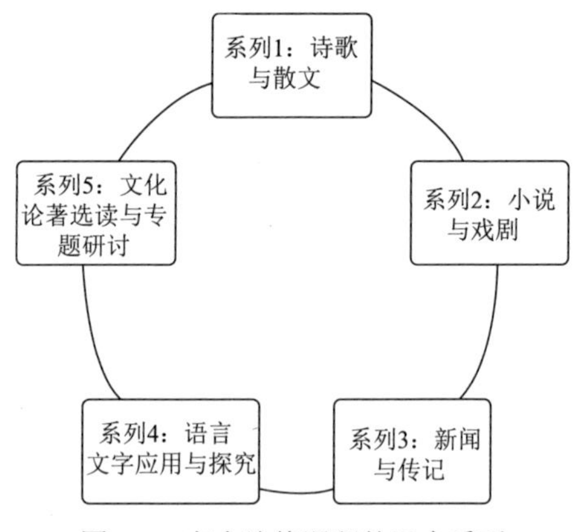

图 1-1　高中选修课程的五个系列

系列 1：诗歌与散文；系列 2：小说与戏剧；系列 3：新闻与传记；系列 4：语言文字应用与探究；系列 5：文化论著选读与专题研讨。

学校可根据本校的课程资源和学生的需求，按照各个系列的课程目标有选择地开设选修课程。对于模块的内容组合，以及模块与模块之间的顺序编排，各学校可以根据实际情况变通实施。具体课程的名称可由学校自定。

高中生的语文水平分为三个层次：第一层次，必修课程 10 学分；第二层次，必修课程 10 学分+选修课程 8 学分；第三层次，必修课程 10 学分+选修课程 14 学分。如图 1-2 所示。

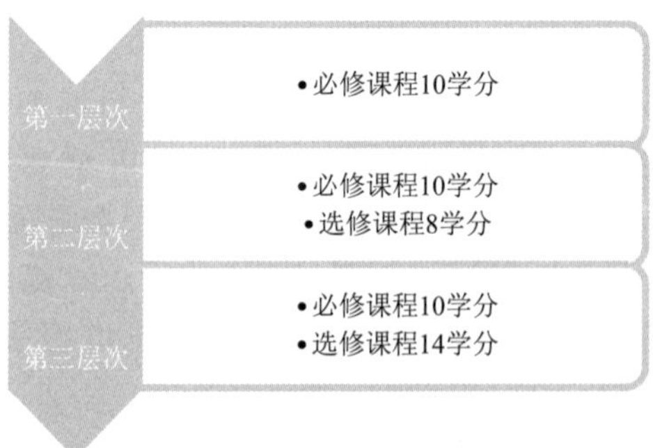

图 1-2　高中生语文水平的三个层次

学生修满必修课的 10 学分便可视为完成了本课程的最基本学业，达到高中毕业的最低要求。学生可根据自己的学习兴趣、未来就业的需要或所报考学校的要求，确定相应的水平层次，选修有关课程。

为了适应高中教育逐步走向大众化的发展趋势，适应社会对人才的多样化需求和学生对语文教育的不同期待，高中语文课程必须体现时代性、基础性和选择性，既要使学生的语文素养在义务教育的基础上普遍获得进一步的提高，又为有不同需求的学生提供更大的自主发展空间。

四、课程目标

学生通过高中语文课程的学习，应该在以下五个方面获得发展。

1）积累与整合。能围绕所选择的目标加强语文积累；具有良好的现代汉语语感和初步的文言语感；了解学习方法的多样性，掌握学习语文的基本方法，能根据需要，采用适当的方法解决阅读、交流中的问题；在积累的过程中，注重梳理，根据自己的特点，扬长补短，逐步形成富有个性的语文学习方式；通过语文实践，使已经获得的知识、能力、方法，以及情感、态度、价值观等方面的要素融会整合，切实提高语文素养。

2）感受与鉴赏。阅读优秀作品，品味语言，感受其思想、艺术魅力，发展想象力和审美力；在阅读中，体味自然和人生的多姿多彩，激发热爱生活、珍爱自然的感情；感受艺术和科学中的美，提升审美境界；通过阅读和鉴赏，陶冶情操，体会中华文化的博大精深，追求高尚情趣，提高道德修养。

3）思考与领悟。根据自己的目标，选读经典名著和其他优秀读物，与文本展开对话，领悟其丰富内涵，探讨人生价值和时代精神，增强民族使命感和社会责任感；养成对语言、文学及文化现象独立思考、质疑探究的习惯，发展思维质量，增强思维的深刻性和批判性；乐于进行交流和思想碰撞，在互相切磋中，加深领悟，共同提高；通过阅读和思考，吸收中外古今优秀文化营养，逐步形成自己的思想、行为准则，树立积极向上的人生理想。

4）应用与拓展。能在生活中和其他领域的学习中，正确、熟练、有效地运用语文；增强文化意识，重视人类文化遗产的传承，关注当代文化生活，学习对文化现象的剖析，积极参与先进文化的传播和交流；在语文应用中开阔视野，初步认识自己学习语文的潜能和倾向，根据需要和可能，在自己喜爱的领域有所发展；拓展语文学习的范围，通过广泛的实践，提高语文综合应用能力。

5）发现与创新。注意观察语言、文学和中外文化现象，学习从习以为常的事实和过程中发现问题，增强探究意识和发现问题的敏感性，提高探究能力和探究成果的质量；发展形象思维和逻辑思维，学习多角度、多层次地阅读，从文本中发现新意义，获得对优秀作品常读常新的体验；学习用现代的观念和发展的眼光审视古代作品的内容和思想倾向，提出自己的看法；在执着的探索中，逐步养成严谨、求实的学习作风，既能尊重他人的成果，又勇于提出自己的见解；对未知世界始终怀有强烈的兴趣和激情，敢于立异标新，走进新的领域，尝试新的方法，追求思维的创新、表达的创新。

1. 必修课程目标

（1）阅读与鉴赏

1）在阅读与鉴赏活动中，不断地充实精神生活，完善自我人格，提升人生境界，加深对个人与社会、自然、国家关系的思考和认识。

2）发展独立阅读能力。从整体上把握文本内容，理清思路，概括要点，理解文本所表达的思想、观点和感情。根据语境揣摩语句含义，体会语言表达效果。对阅读材料能做出自己的分析判断，努力从不同的角度和层面进行阐发、评价和质疑。

3）注重个性化的阅读，充分调动自己的生活经验和知识积累，在主动积极的思维和情感活动中，获得独特的感受、体验和理解。学习探究性阅读和创造性阅读，发展想象能力、思辨能力和批判能力。

4）根据不同的阅读目的、针对不同的阅读材料，灵活运用精读、略读、浏览、速读等阅读方法，提高阅读效率和效果。

5）能阅读理论类、实用类、文学类等多种文本。了解理论类、实用类、文学类文本的文体特征和表达方法。

6）具有积极的鉴赏态度，注重审美体验，陶冶性情，涵养心灵，养成高尚的审美理想和高雅的艺术趣味。

7）学会鉴赏文学作品，能感受形象、品味语言、领悟作品的丰富内涵，体会其艺术表现力，有自己的情感体验和思考，受到感染和启迪。努力探索作品中蕴含的民族心理、时代精神，借以了解人类丰富的社会生活和情感世界。

8）在阅读鉴赏中，了解诗歌、散文、小说、戏剧等文学体裁的基本特征及主要表现手法。了解作品所涉及的重要作家知识及其他文学知识，能用于分析作品，帮助对作品的理解。

9）认同中国古代优秀文学传统，体会其基本精神和丰富内涵，为形成一定的传统文化底蕴奠定基础。学习用历史的观点理解古代文学的内容价值，从中汲取民族智慧；用现代眼光审视作品的思想倾向，评价其积极意义与局限。

10）阅读浅易文言文，养成初步的文言语感。能借助注释和工具书，理解词句含义，读懂文章内容。了解并梳理常见的文言实词、文言虚词、文言句式的意义或用法，注重在阅读实践中举一反三。诵读古典诗词和文言文，背诵一定数量的名篇。

11）能用普通话流畅地朗读，恰当地表达出文本的思想感情和自己的阅读感受。

12）具有广泛多样的阅读兴趣，努力扩大自己的阅读视野。学会正确、自主地选择阅读材料，读好书，读整本书，丰富自己的精神世界，提高文化品位。一年内课外自读五部以上文学名著及其他读物，总量不少于150万字。

13）注重合作学习，养成互相切磋的习惯。乐于与他人交流自己的阅读鉴赏心得，展示自己的读书成果。

14）学会灵活使用常用语文工具书，利用多种媒体，搜集和处理信息。

（2）表达与交流

1）学会多角度地观察生活，丰富生活经历和情感体验，对自然、社会和人生有自己的感受和思考，多方面地积累和运用写作素材。

2）写作时考虑不同的目的和对象，以负责的态度表达自己的看法，激发表达真情实感的热忱，培植科学理性精神。

3）作文要观点明确，内容充实，感情真实健康；思路清晰连贯，能围绕中心选取材料，合理安排结构。通过写作实践发展形象思维和逻辑思维、分析与综合等基本的思维能力，发展创造性思维。

4）根据个人特长和兴趣自主写作，力求有个性、有创意地表达。在生活和学习中多想多写，做到有感而发，提倡自主拟题，多写自由作文。

5）根据表达的需要，展开丰富的联想和想象，恰当运用叙述、说明、描写、议论、抒情等表达方式。能调动自己的语言积累，推敲、锤炼语言，力求准确、鲜明、生动。

6）写作理论类文本，如评论、随感、杂文等；写作实用类文本，如提要、自荐书、考察报告、读书报告、实验报告、研究报告、会议纪要、访谈录等；尝试进行诗歌、散文等文学类文本的写作。

7）养成多写多改、相互交流的习惯，对自己的文章进行审读、反思，主动吸纳、辩证分析他人的意见。乐于展示和评价各自的写作成果。45 分钟能写 600 字左右的文章。课外练笔不少于 2 万字。

8）在口语交际中具有良好的心理素质，树立自信，尊重他人，说话文明，仪态大方。增强人际交往能力，适应现代社会交际的需要。

9）善于倾听，敏捷应对，恰当地进行表达。能根据不同的交际场合、语境和人际关系，借助语调、语气和表情、手势，提高口语交际的效果。

10）学会演讲，做到观点鲜明而有个性，材料充分、生动，有风度，有说服力和感染力。在讨论或辩论中积极主动发言，直率而清晰地陈述个人的看法，敏捷而恰当地做出应对和辩驳。

11）朗诵文学作品，能准确把握作品内容，传达出作品的思想内涵和感情倾向，具有一定的吸引力和感染力。

2. 选修课程目标

高中语文选修课程设计五个系列：诗歌与散文、小说与戏剧、新闻与传记、语言文字应用与探究、文化论著选读与专题研讨。学校可根据本校的课程资源和学生的选择需要，按照各个系列的课程目标自行设计选修课程，选修课内容和名称可由各校自定。

（1）诗歌与散文

1）对鉴赏诗歌和散文作品有浓厚的兴趣，乐于拓宽文学欣赏的眼界，丰富自己的内心感情世界，培养健康高尚的审美情趣，提高文学素养。

2）阅读古今中外优秀的诗歌、散文作品，理解作品的思想内涵，探索作品的丰富意蕴，领悟作品的艺术魅力。用现代的观念和历史的发展的观点审视古代诗文的思想内容，并给予恰当的评价。

3）借助工具书和有关资料，读懂内容和文字不太艰深的中国古代散文，进一步培养文言语感。背诵一定数量的中国古代诗文名篇，学习中国古典诗词格律的基础知识，了解相关的中国古代文化常识，丰富文化积累，为形成传统文化底蕴打下扎实基础。

4）学习鉴赏诗歌、散文的有关知识和基本方法，初步把握中外诗歌、散文的不同艺术特征，注意从多个角度和层面发现作品意蕴，不断获得新的阅读体验。

5）尝试进行诗歌、散文的创作，乐于展示创作成果、交流创作体会。

6）本系列可开设若干选修课程，如“中国古代诗歌散文鉴赏”（包括“中国古代诗词曲鉴赏”“唐诗鉴赏”“宋词鉴赏”“元曲鉴赏”“唐宋散文鉴赏”等）、“中国现代诗歌散文鉴赏”（包括“中国现代诗歌鉴赏”“朱自清散文鉴赏”“鲁迅杂文鉴赏”“徐志摩诗歌鉴赏”等）、“外国诗歌散文鉴赏”（包括“普希金诗歌鉴赏”

“泰戈尔诗歌散文鉴赏”等）。

（2）小说与戏剧

1）培养阅读古今中外各类小说、戏剧作品的兴趣，形成良好的文化心态，学会尊重、理解和容纳作品所体现的不同时代、不同民族、不同流派风格的多元文化，正确理解作品表现出来的价值判断和审美取向，分辨精华和糟粕，做出恰当的评价。

2）从优秀的小说、戏剧作品中吸取思想、感情和艺术的营养，丰富、深化对历史、社会和人生的认识，提高文学素养。

3）学习鉴赏小说、戏剧的有关知识和基本方法，初步把握中外小说、戏剧的不同艺术特征。注意从不同的角度和层面解读小说、戏剧作品，提高阅读能力和鉴赏水平。学写小说、戏剧评论，力求表达出自己的独特感受和新颖见解。

4）朗诵小说或表演剧本的精彩片段，深入领会作品的内涵，体验人物的命运遭遇和内心世界，把握人物的性格特征，品味作品的语言魅力。

5）组织学生剧社、小说研究会等文学社团，对感兴趣的古今中外小说、戏剧进行比较研究或专题研究。

6）留心观察社会生活，丰富人生体验，有意识地积累创作素材，尝试写作小说、戏剧作品，多与他人交流，采纳他人的合理意见，对自己的作品进行修改。

7）本系列可以开设若干选修课程，如“中外小说选编鉴赏”“中国现当代小说戏剧鉴赏”“中外戏剧选编鉴赏”“中外小说戏剧名著精读”（包括《红楼梦》《牡丹亭》《呐喊》等）。

（3）新闻与传记

1）关注社会发展，对国内外重大事件及身边发生的事件有敏锐的感觉，能及时发现其社会意义和影响。阅读新闻类作品，能迅速、准确地捕捉基本信息，就所涉及的事件和观点，独立地、负责任地做出自己的评判。

2）阅读新闻、通讯（包括特写、报告文学等）作品，了解其社会功用、基本要求、体裁特点和构成要素，并能辨析所读文本语言表达方面的特色。

3）了解传记作品与其他文学作品的区别，认识传记作品的基本特性及功用。阅读人物传记，了解传主的人生轨迹，分析影响传主成长的各种因素；认识传主的历史作用，正确评价其功过得失；能体验传主的内心感情世界，从中获得有益的人生启示。

4）阅读古今中外的人物传记、回忆录、悼词、墓志铭等纪实类作品，能把握基本事实，了解具有典型意义的事件细节，理解作者对传主及有关事实所做的评价，能分辨事实与观点之间的关系，并形成有一定深度的思考和判断。

5）能从选择材料、提炼意旨、构思谋篇、遣词造句等角度加以分析，对不同作品的优劣高下做出评判。

6）通过多种方式，广泛充分地搜集资料，对所占有资料的真实性和可靠程度加以核实，根据表达主旨的需要进行合理的筛选、剪裁，按照不同体裁的要求，模仿典范作品，尝试新闻、通讯、人物传记、回忆录等文体的写作。

7）本系列可以开设若干选修课程，如“新闻通讯的阅读和写作”“传记专书精读”（包括“《史记》选读”“《托尔斯泰传》精读”等）。

（4）语言文字应用与探究

1）在跨学科学习和语文应用的过程中开阔视野，加强整合，提高语言文字应用能力。能综合运用从语文与其他学科中获得的知识、能力和方法，读懂与自己学识程度相当的著作，用多种方式展开交流和讨论。

2）阅读应用文，能把握主要内容和关键信息，了解所学的应用文的性质、用途、特点和写作要领。能根据需要，按照相关格式和要求，写作应用文，力求准确、简明、得体。在学写应用文的过程中，培养对事负责、与人合作的精神和严谨细致的作风。

3）注意在实践活动中提高口头交流的能力，能根据谈话的目的，选择恰当的时机和场合，提出话题，敏捷应对。能用准确生动的语言叙述描绘，注意表达效果。学习演讲与辩论，主持集会、演出等活动。

4）阅读语言文字著作，学一点语法、修辞、逻辑知识，尝试用所学的知识解释语言文字运用中的现象，有兴趣探索语言文字方面的规律和问题。

5）掌握语言文字法规的重要内容，逐步形成语言文字的规范意识。在学习和生活中，培养发现问题的敏感性，学习观察和思考语言文字运用中的新现象和新特点，学会辨析和纠正语言文字使用中的错误。

6）认识语言与思维的密切关系，学习对语句的锤炼，在表达的过程中，注意思维的条理性和严密性，追求语言表达的创新和思维的创新。

7）在有条件的地方，应学会用现代化手段处理语言文字，如使用计算机进行编辑、版面设计，收发电子邮件，制作个人网页和多媒体电子演示文稿。

8）本系列可以开设若干选修课程，如“语言文字专题”“语言文字规范化”“演讲与辩论”“自然科学论著选读”。

（5）文化论著选读与专题研讨

1）选读古今中外文化论著，特别是一些经典名著，拓宽文化视野和思维空间，思考人生价值和时代精神，增强使命感和责任感，培养科学精神，提高文化素养，努力形成自己的思想、行为准则。

2）在整体了解论著内容的基础上，选读其中的重点章节，有侧重地进行探究学习，把握论著的主要观点和基本倾向，了解用以支撑观点的关键材料。

3）学习运用科学的思想方法发现问题、分析问题和解决问题，在阅读过程中注重理性的反思，探究论著中的疑点和难点，敢于提出自己的独立见解，并乐于和他人交流切磋，互相启发，共同提高。

4）借助工具书和互联网查找有关资料，了解作者情况和相关的文化背景，了解论著中涉及的主要问题，排除阅读中遇到的障碍。

5）联系当代社会生活中的有关问题和中外文化现象，有意识地验证、借鉴、运用所读论著的观点、方法，提高自己的思想认识水平。

6）关注现实生活和社会的发展，对感兴趣的社会、历史、文化现象进行理论思考，独立做出自己的价值判断，开展专题讨论和研究，积极参与先进文化的传播和交流。

7）以发展的眼光和开放的心态看待传统文化和外来文化，关注当代文化生活，能通过多种途径，学习对社会文化现象的剖析。

8）本系列可以开设若干选修课程：文化论著选读方面，如“中外文化论著选读”“先秦诸子论著选读”“文化论著专书精读”（包括“《论语》选读”“《孟子》选读”“《老子》选读”“《庄子》选读”“《孙子》选读”“《荀子》选读”“《人间词话》选读”“《歌德谈话录》选读”等）；文化问题探究方面，如“中华文化寻根”“民俗文化专题”“社区文化专题”。

以上是教育部《高中语文新课程标准》中的有关语文教学的重要理念和相关的教学目标。这与传统的高中语文大纲还是有一定区别的，无论是课程的设置，还是相应的教学模式、学习方法，都在传统的基础上提出了新的要求，先前课程目标、内容、要求、进度和实施方式比较封闭单一，学生发展空间受到很大限制。而如今课程强调时代性，重视“差异”，强调“选择性”，建设具有开放性的“必修+选修”课程体系有利于学生兴趣、需求和智慧的多样化发展。教师对学生不单是“授之以鱼”，更多是“授之以渔”，让学生会学习、能思考，主动地去探究，自主地去创造，这是对学生素养的提升。

第二节　现今教材不同版本的相通之处

现今，高中语文全国教材有新课标人教版（07 版）、人教版、沪教版、苏教版、语文版、鲁教版、北京版等不同的教材版本，无论版本中教材内容是否相同、要求有何不同，通过近几年新课标全国高考卷、高考大纲卷及各地高考卷的考试内容可以看到，其对学生语文能力素养的培养和考查是相同的。《普通高中语文课程标准（实验）》对语文学科的目标已有详尽的说明。这些目标概括起来，即语文的教学任务有三个方面：文化知识积累、语文能力形成和思想情感培育。在《2016年普通高等学校招生全国统一考试大纲（理科）》中对考生的等级要求也做了详细的说明。识别和记忆是考试中最基本的能力层级，理解、分析综合是对文本剖析、归纳、整理的较高能力层级，而鉴赏、评价和探究则是学生语文素养能力体现的最高层级，这就要求学生有见解、有发现、有创新，不仅能够简单地鉴赏，还要注重审美体验，感受形象、品味语言、领悟内涵、分析艺术，甚至还要探索其中蕴含的人生价值、人文精神、时代精神等。因此，无论是哪一个版本的教材，运用现行的语文教育方式、教学方法，想要完成这些目标，实现学生能力素养的提升，是有一定难度的。

第三节　学生厌学与教师教困

现今，在教师的教学方面和学生的学习方面究竟存在着哪些问题让语文教育举步维艰呢？其中既有教师的教育教学方式方法的问题，同时也有学生自身学习态度和对语文认知程度不高的因素。

对学生而言，兴趣是最好的老师，可现今学生缺少的是学习语文的基本态度。

1. *忽视*

语文这门学科是有积累性的。很多学生将其视为“鸡肋”，凭借小学、初中时期有限的积累，在高中摸爬滚打地过关。上课很随意地听或不听，课下潦草地完成作业，考试时成绩既不是最好的也不会最差，所以就抱着“学不学无所谓”的态度来学习。

2. 应付

在一些学生的眼中，学习语文的目的就是应付考试，很多学生都是进行应付性的学习。对所学知识不思考，对精神领域不拓展，只关注考点，认为这样就是认真地在学习语文，只要成绩好，就算完成任务。

3. 胆怯

部分学生认识到了学习语文的重要性，却不知如何学习，对语文的认知比较浅薄，认为语文学习就是课上老师说什么就听什么，认真地做好课堂笔记，课下死记硬背所有的知识要点，闷头做习题。可一到考试，成绩没有显著的提高，甚者还有下降的趋势。这就导致部分学生对语文抱有胆怯的心理，更不要谈所谓的兴趣了，考前焦虑，考后挫败。

语文是来源于生活的，是需要对生活里的人、事、物不断观察和思考的，需要运用自己独特的视角去体会生活，最终考查的也是学生的综合素质和能力，而不仅仅局限于书本上的字词句。正因为学生认识不到这一点，所以导致语文得不到高度重视，或者重视了语文却不奏效。

对于教师而言，教师对教改的方式方法也存有一定的疑惑，陷入了困境。新课改的出现也让语文教育走向了两个极端。

课改前，很多地方的语文教育只重视语文学习，不重视思想教育，在应试教育的指挥下，几乎所有的学校都在片面追求升学率，为了试卷上的高分，教师顾不得课文中闪光的思想，只重点传授与考试相关的知识点、考点。语文学习，本就是培养学生的听、说、读、写能力。但是，教师只顾着对文本思想内涵的诠释或灌输，以及表现技巧的解析，却忽视了学生说的能力。这种以讲授灌输为特点的教法凸显的是教师的权威，而学生却处于机械被动接受和无思考的状态，导致学生不会听课、不会说话，变成了“高分低能”的

"求分生"。尽管这种方法看似很适合传播学者的理念，使得知识传播高效快捷，但也忽视了学生的"个性"，学生因缺乏主观能动性而饱受诟病。

现今语文新课标的主要目标是对学生思维能力和探索精神的培养，这是传统教学的弱项。当时代对知识传授的要求越来越低，而对思维能力的要求越来越高时，这个缺陷也就更为清楚地暴露出来。传统教学以教师为主导，完成既定内容的呈示，各种方法的使用都是要引导学生配合，吸收教师讲授的内容，按教师的思路去思考。传统课堂教学中教师单向灌输，学生被动跟随，不能主动参与知识构建、尝试问题解决，思维能力和探索精神的培养无法落到实处。

课改后，重点倡导教法突破，体现在倡导学生积极思考，关注并重视学生的阅读体验，尊重学生的个性解读，否定教师的权威地位，引导学生言己所思。与此同时，也从很大程度上淡化甚至摒弃了文体、语法、表现技巧等方面的诠释与解析，这也一度让一线教学工作者无所适从。

总体来说，传统教学是教师课堂讲授和学生课后学习分离的过程，课程设计以知识目标为主，课堂教学以教师预设为主，师生交互很少，学生主动性低，难以培养思维能力和探索精神。教法突破，讨论式教学通过课堂讨论引发学生主动学习的动力，提升学习积极性，方向是正确的。然而，课堂大部分时间用于讨论，讲授过少，不能构建系统完整的知识体系，而且具体的实施方法也不适合中国学生的现实情况。那么，怎样做才更接近语文教育的本质呢？

教育应当以学生为本，尊重学生这一个体。尊重学生的个性化阅读体验，重视学生个性化解读，提倡学生大胆质疑。这种做法符合文学基本原理和认识的规律，对培养学生的创造精神与独立思考能力是十分重要的。但问题是，没有一定知识储备的空谈能谈出什么来呢？一个头脑中没有一定语法知识、文章章法的人能真正读懂或理解一篇"文质兼美""结构精妙"的文章吗？从这一点上看，我们有必要再次强调传统语文教学法的一些优势。正是传统语文教学中对重点的字、词、句、段、篇、章，语法、修辞、逻辑的教授，以及对解读文章技巧方法的讲授，让学生储备了充足的知识，具备了良好的分析能力，打下了扎实的语文功底，这样才能为后来的畅所欲言、思考拓展做良好的铺垫，为学生开阔视野、打开知识之门，从而为其文化及人文素养的提升插上飞翔的翅膀。

第四节　教学实施建议

一、教学要符合高中语文课程的特点

语文课程具有丰富的人文内涵和很强的实践性。语文教学应该重视语文的熏陶感染作用和教学内容的价值取向，尊重学生在学习过程中的独特体验；应该让学生在广泛的语文实践中学语文、用语文，逐步掌握运用语文的规律。语文教学应该注意汉语言文字的特点，重视培养语感和整体把握能力。

学生经过义务教育阶段的学习，已具备一定的语文素养；语文学习中的个性倾向渐渐明显，不同学生的学习兴趣和需求的差异逐渐增大。高中语文的教学要在保证全体学生达到共同的基本目标的前提下，充分关注学生在语文学习中面临的选择，努力满足其学习要求，支持其特长发展和个性发展。学生对于应用性目标、审美性目标、研究性目标可能各有侧重，教师应该帮助他们通过适当的选修课实现其目标。

二、大力倡导自主、合作、探究的学习方式

语文教学应为学生创设良好的自主学习情境，激发其学习兴趣，调动其持久的学习积极性和主动性，帮助他们树立主体意识，了解自己，了解学习对象，根据各自的特点和需要，调整学习心态和策略，探寻适合自己的学习方法和途径。

学习的过程应当是“接受”和“探究”的和谐统一。不能忽视对必要知识的传授和基本技能的训练；针对我国学生目前的实际情况和教育发展的需求，要特别重视探究学习。

学习需要独立，也需要合作。今天强调合作学习是为了提高群体学习效率，更是为了培养学生的合作意识、团队精神。在教学中应该注意帮助学生克服自我中心的思想倾向，使他们积极参与讨论及其他活动，学习正确自如地表达，敞开心扉，同时也学习倾听他人的意见、吸纳他人的意见，深入到别人的内心世界，在追求共同目标的学习过程中，学会协作和分享，学会宽容和沟通。

三、必修课内容的组合和教学

必修课程分为“阅读与鉴赏”“表达与交流”两个系列。学校可以根据必修课程两个系列的目标，组织各个模块的内容，实施教学。

1. 阅读与鉴赏

阅读是搜集处理信息、认识世界、发展思维、获得审美体验的重要途径。阅读教学是学生、教师、教材编者、文本（作者）之间的多重对话，是思维碰撞和心灵交流的动态过程。阅读中的对话和交流应指向每一个学生的个体阅读。教师既是与学生平等的对话者之一，又是课堂阅读活动的组织者、学生阅读的促进者。教师要为学生的阅读实践创设优化的环境，提供良好的条件，充分关注学生阅读态度的主动性、阅读需求的多样性、阅读心理的独特性，而不要以自己的分析讲解来代替学生的独立阅读。应鼓励学生敢于批判质疑，在讨论中发表不同意见，要尊重学生个人的见解。

文学作品的阅读鉴赏带有更强的个人色彩。作品的文学价值是由读者在阅读鉴赏过程中实现的。学生阅读的过程其实就是发现和建构作品意义的过程。教师应该鼓励学生用自己的情感、经验、眼光、角度去体验作品，对作品做出有个性的反应，对作品中自己特别喜爱的部分做出反应，做出富有想象力的反应，在阅读鉴赏过程中，培养学生的创造性思维能力。对文学作品的解读不宜强求同一的标准答案。

1）阅读理论类文本，着重思考其思想的深刻性、观点的科学性、逻辑的严密性、语言的准确性，把握观点与材料之间的联系。

2）阅读实用类文本，从材料的来源与真实性、事实与观点的关系、基本事件与典型细节、作者的感情倾向和理性评价等方面进行理解。常用应用文教学，应主要借助文本示例来了解其功用和基本格式，以学生自学为主，不必做过多分析。

3）阅读文学作品，应引导学生设身处地、身临其境地去感受，重视对作品主体形象和情感基调的整体感知和直观把握，关注作品内涵的多义性和模糊性，鼓励学生积极地、富有创意地建构文本意义。

4）阅读文学作品应努力做到“知人论世”，通过查阅有关资料，了解与作品相关的作家身世经历、时代背景、创作缘由等材料。

5）精读一定数量的优秀古代散文和诗词曲作品，着重理解其思想内涵，领略其艺术特色。了解古代诗词曲格律知识，只用来帮助学生理解作品，不列入考试范围。

6）指导学生学会使用有关工具书，自行解决古诗文阅读中的障碍，教师可适当点拨。教师对文言常识做必要的讲解，要注意“少而精”，重在启发学生自主学习、自行探讨，切实提高学生阅读古诗文的能力。

7）诵读是古代诗文教学的重要方法。教师应激发学生诵读的兴趣，指导诵读的方法，培养学生诵读的习惯。

8）根据学校的条件和不同学生的具体情况，适时地向学生推荐难易程度相当、文化品位高的读物。

9）提倡分享与合作，鼓励开展多种活动进行阅读成果的交流，如写书评、读后感、角色扮演，举办读书报告会、作品讨论会等，在交流、碰撞中，激发思想火花，提高阅读能力。

2. 表达与交流

写作是运用语言文字进行书面表达和交流的重要方式，是认识世界、认识自我、进行创造性表达的过程。应通过写作教学，培养学生的观察能力、思维能力、想象能力和表达能力。应重视发展学生的创造性思维，鼓励学生自由地表达、有个性地表达、有创意地表达，尽可能减少对写作的束缚，为学生提供广阔的写作空间。

在人际交往日益频繁普遍的现代社会，口头表达和口语交际显得特别重要，其能力已成为现代公民素养的重要组成部分。口语交际是听说双方在共同所处的语言情境中相互传递信息、分享信息的过程，是听与说双方的互动，是人与人之间交流和沟通的基本手段。口语交际教学应注重人际交往的文明态度和语言修养，如有自信心、有独立见解、互相尊重、善解人意、谈吐文雅等；重视在各种交际实践中学会口语交际，教师应为学生的口语实践提供具体指导。

1）鼓励学生积极参与生活，体验人生，关注社会热点问题，激发写作欲望。引导学生表达真情实感，不说假话、空话、套话，纠正为文造情的不良写作倾向。

2）根据预定的写作目的搜集素材，可采用走访、考察、座谈、问卷等方式进行社会调查；也可通过图书、报纸、期刊、文件、网络、影视、录像、录音、照片及口述记录等途径获得有用信息。

3）鼓励学生将自己或同学的文章加以整理，按照要求进行文字加工和简单的美术编辑，编成文集。

4）采用多媒体等现代传媒手段演示自己的文稿。学习用计算机进行文稿编辑、版面设计，用电子邮件进行交流。

5）口语交际教学主要应在具体的交际情境中进行。努力选择高中学生关心的、贴近生活的交际话题，采用灵活的形式组织教学，不必过多传授口语交际知识。鼓励学生在各科教学活动及日常生活中锻炼口语交际能力。

四、选修课程的教学

选修课的教学和必修课存在一定的差别，选修课的学生人数不像必修课那样固定，内容和形式有较大的灵活性和拓展性，学生具有不同于必修课的期望。因此，选修课的教学应注意以下几个方面。

1）认真研究课程目标。选修课的教学要按照课程目标制订计划，不能因其设置灵活的特点而造成凌乱随意、漫无计划的局面，也不能因其拓展性要求而一味追求新奇深奥，脱离课程目标。

2）深入了解学生的情况。选修课应该具有很强的针对性，教学内容和要求，必须在充分考虑学生的需要和特点的基础上进行筛选。要防止单纯从教师的知识储备和喜好出发决定教学内容现象的出现。

3）充分开发利用课程资源。学校开设选修课应当从实际出发，充分估计所具备的现实条件，包括教师的条件和学校所能利用的物质条件。课程设计也要因地制宜，扬长避短，不能简单地移植外校的课程。另外，也应当注意发现潜在的资源，利用电视、网络等手段和当地的人文、自然资源，为选修课的建设创造条件。

4）努力寻求合适的教学方法。不同类型的选修课之间存在着课程目标和教学方法上的差异。有的重在实际操作，需要突出某一方面的专门知识和技能；有的重在发挥想象和联想，注重情感和审美的体验；有的重思辨和推理，强调理性和严谨等。所以，选修课特别需要注意寻求与课程内容相适应的教学方法。

1. 诗歌与散文

1）应有较大的阅读量，在此基础上精选重点学习篇目，进行作品鉴赏。

2）应在教学中加强诗文的朗读和诵读，在朗读和诵读中感受作品的意境和形象，得到情感的体验、心灵的共鸣、精神的陶冶。

3）可采用多媒体教学辅助手段，帮助学生感受和理解作品。

4）可提供必需的作家作品资料，或引导学生自行从书刊、网上搜集有关资料，帮助对作品的理解。

5）应重视作品阅读欣赏的实践活动，不必系统讲授鉴赏理论和文学史知识。

6）应充分激发学生的想象力和创造潜能，注重对作品的多元解读，不要过于追求统一答案。

7）提倡举办诗歌散文朗诵会。

8）鼓励学生组织文学社团、创办文学刊物，积极向校内外报刊投稿。

2. 小说与戏剧

1）应重视作品阅读欣赏的实践活动，不必系统讲授鉴赏理论和文学史知识。

2）可采用多媒体教学辅助手段，结合观摩剧、小说改编的戏剧影视作品、剧场的戏剧演出、有关音像资料，帮助学生理解和感悟作品。

3）可提供必需的作家作品资料，或引导学生自行从书刊、网上搜集有关资料，帮助对作品的理解。

4）组织小说、剧本阅读欣赏的报告会、讨论会，交流阅读欣赏的心得。

5）通过尝试戏剧表演，加深对戏剧作品的体验。

6）鼓励学生组织文学社团、创办文学刊物，积极向校内外报刊投稿。

3. 新闻与传记

1）阅读即时性新闻作品和阅读典型性新闻作品相结合，重在指导学生阅读典范性新闻作品。

2）新闻阅读与新闻写作相结合，让学生掌握新闻的基本要素和具体要求。

3）对典型性新闻作品的学习，要理解其基本内容和社会影响，有的还可以了解其采写过程，深入把握作者立场、观点，学习其敬业精神和捕捉重大新闻的能力。

4）新闻与传记的写作应从浅易入手，就学校社区生活和熟悉的人物，尝试习作。也可以从写新闻评述、综述，以及传记性小故事开始，逐步提高。

5）在新闻与传记的习作中引导学生运用调查、访问、讨论、查找资料、上网检索等多种方式获取素材，提高学生搜集信息和处理信息的能力。

4. 语言文字应用与探究

1）应注重在生活和其他学科的学习中学习语文，使学生在实践中经受锻炼，拓展视野和应用范围，提高运用语言文字的能力，在实际运用中进一步了解自己的语文学习状况。要引导学生在广泛的阅读中，学会从大量的信息中筛选和整合，逐步提高提取信息的速度。在跨领域学习中，要关注语言文字方面的目标。

2）指导学生阅读规范的应用文，明了应用文的性质和用途，注意应用文的格式、术语、语言特点和风格。引导学生结合生活实际开展活动或创设情境，练习写作。

3）选择合适的语言文字方面的著作，推荐给学生阅读。帮助学生用所学的基本知识和初步的方法，认识、分析有关语言问题。

4）重视调查、分析、探究的过程。引导学生注意观察学习和生活中的语言文字现象，有计划地搜集材料，展开专题研究；鼓励学生参加专题研讨会、读书报告会等活动，有条件的学校可以举办专家讲座，或访问专家学者。

5）引导学生从日常的语言现象和所阅读的各种文章中认识思维规律，并在自己的语言实践中自觉地运用规律。注重在思维活动中发展思维品质、提高思维能力。注意用语文课程中生动的实例展开教学，力求科学性与趣味性相结合。

6）鼓励学生创造性地设计多种形式的活动。例如，学做节目主持人、给初学普通话的人正音、开设文章病院、举办语言的疑难杂症征答活动等。

7）要鼓励学生独立思考，勇于创新；又需要引导学生脚踏实地，尊重他人的劳动及成果，养成严谨、虚心、求实的作风。

通过以上对新课标教学目标及语文学科性质与教学建议的理解

可以看到，只有将学生放在课堂的主体地位，语文课堂才能真正实现以上教学目标，学生才能真正具备更高的语文素养，才能真正学会运用语文去生活、去创造。

第五节　对分课堂：给学生权利　给教师尊严

如何才能既尊重学生个体，又重视教师的主体引导呢？

结合传统课堂与讨论式课堂各自的优势，进行取舍折中，提出了一个新的课堂教学模式，称为“对分课堂”。对分课堂的核心理念是：把一半课堂时间分配给教师进行讲授，另一半分配给学生以讨论的形式进行交互式学习。类似传统课堂，对分课堂强调先教后学，教师讲授在先，学生学习在后；类似讨论式课堂，对分课堂强调生生、师生互动，鼓励自主性学习。对分课堂的关键创新之处在于把讲授和讨论时间错开，按照认知过程，把教学划分为三个环节，分别为讲授（presentation）、内化吸收（assimilation）和讨论（discussion），因此对分课堂也可简称为PAD课堂。

“对分课堂”既有教师对知识要点、难点的讲授，又有学生这一个体的独立思考、个性展示；既有教师的引导帮助，又有学生的互助解疑。生生互动，师生互动，既学习了知识，又提高了多方面的能力。

在对分课堂中，师生的角色被重新定位。各自归位，各司其职。

学生的权利被充分认可和强调。学生是学习的主体，是课堂的参与者。因此，学生成绩的好坏、学习是否认真、做作业是否认真等，归根结底取决于学习者个体的投入和意愿，不取决于父母，更不取决于教师。你永远叫不醒一个装睡的人。假如父母和教师良好的愿望可以决定学生的学业成绩，那么就不会有成绩差的学生了。因此，把上帝的还给上帝，让凯撒的回归凯撒。学生的学习权利被充分认可的同时，也意味着学生应该承担起自己应背负的责任，权责一体，权利和责任都需要被强调。一个不能为自己负责的人无论是学习还是做其他事情，必然是低效的。这个问题已经超出了任何一门学科的课堂范围，甚至超出了高中三年的培养能力，需要长期教育、家庭教育、习惯培养、自我意识觉醒等多方面、长时期的配合。

教师的权利被清晰地界定，教师的责任也要被清晰地界定。没有超越责任的权利，也不可能有超越权利的责任，权责一体，权责相称。教师从“警察队伍”中退伍，不再负责呵斥、纠察、惩罚、追逼学生学习，而是集中精力做好备课、授课、答疑等工作，提升自己的专业素养，更好地为教学服务。教师从“鞭策者”转变为“引导者”。

当教师不再是一个“凶神恶煞”的讨债者的时候，师生关系自然会发生好的变化。

第二章

高中语文对分课堂教学设计

第一节　在高中语文教学中引入对分课堂的必要性和可行性

对分课堂本来是针对大学教学设计的，是大学课堂教学法。对分课堂进入基础教育的课堂从孙欢欢老师的高三语文课开始。高中语文课堂中经常使用的教学方法有三种：教师讲授、当堂提问、小组讨论。这些教学方法在课堂中穿插使用，辅以展示、诵读、视频、音频、PPT、板书等教学手段。

教师讲授的优点是系统性和逻辑性强、知识量大、详细清晰，缺点是无法测定学生的理解程度、接受程度，遇到学生注意力不集中、有疑问等情况不能及时发现，更重要的是，学生缺少发现问题、独立思考、解决问题的机会，学习过程中参与度低。这种被动学习的方式有利于在较短的时间内获取尽可能多的知识，却不利于锻炼能力，不能培养主动学习的习惯。它是一种高效率的授课方式，却不一定能带来高效率的习得。通过聆听、复述、记忆而获得的知识属于惰性知识，是接受并储存在大脑中却未被有效利用的知识。这种知识易遗忘，活跃度低，与原有知识结构的融合性差。教师们在上课时经常有“这个知识点明明讲过好几遍，学生为什么就像没有学过一样呢”“前面不是听懂了吗，为什么不会做题”等疑问，原因也就在于此。

当堂提问和教师讲授相配合，在保证高效授课的同时，关注了习得过程，增加了师生即时互动，便于教师掌握学生的学习进程，并向学生施加一定压力，预防学生注意力不集中等问题的出现。然而，受课堂时间限制，当堂提问没有给学生预留足够的思考时间，使学生没有深度思考的可能。一些反应快、胆子大的学生喜欢配合教师，经常抢答，这样会打断并影响其他学生的思考。事实表明，这些“掌握话语权”的学生往往就是固定的几个人，他们的答案会影响课堂氛围和授课进程，大部分学生的思考权在无形中被剥夺了，这样其实是一种课堂上的不公平。然而，“掌握话语权”的学生未必回答得正确，反应快并不等同于反应准确，如果给这些学生足够的思考时间，他们也会修正自己的答案。同时，当堂提问仅限于师生互动，没有生生互动，没有提供同伴间交流的机会。

小组讨论也是高中语文课堂中经常使用的教学手段，尤其是在公开课中。这一方法提供了同伴交流的机会，覆盖了全部学生。但是，小组讨论一般是教师当堂布置问题，学生分组讨论，学生仍然缺乏充足的思考时间，这导致在讨论中，每个小组都有一些只听不说的学生。小组讨论成为知识扎实、反应灵敏者的舞台，另外一些学生由于知识存量不足，或思考尚不充分，或羞于表达等原因，而保持沉默。但是，沉默寡言并不等于少思少智，滔滔不绝也不意味着字字珠玑。然而，在没有引导的自由讨论中，往往说者越说越多，听者越听越沉默，一旦“倾诉—倾听”的单向传播方式形成并固化，会造成学生之间“智力贫富差距”加大。这种氛围不仅不利于沉默者，也会助长倾诉者的傲慢情绪。课堂会逐渐依据成绩和话语权划分“阶层”，“表面繁荣”，其实缺乏沟通，形成不良氛围。

对分课堂的授课模式兼顾了教师讲授和学生思考交流两个方面。集中的讲授保障了知识传递的系统性和完整性。导读问题引导学生利用课下时间充分阅读、思考，独立完成读书笔记就是学生反复思考、梳理思路的过程。读书笔记为下一步的课堂讨论提供了依据和角度，使每位学生有话可说。课堂讨论部分强调集体合作和任务分工，每位学生必须独立完成一部分任务，同时该任务又是达成小组目标的必要成分。在讨论中，人人为小组做贡献，同时又倾听他人发言，实现合作学习，有助于形成学生的责任感、培养合作精神和互助学习氛围。

综上所述，对分课堂对几种现行的、常用的教学法进行了结构上的调整，基于认知规律和现实情况，集各家之长、避各方之短，形成系统的教学理念和易于操作的教学方法，值得推广，使之成为高中语文课堂教学的可选方法。

第二节　对分课堂教学设计概述

高中语文教学保留了对分课堂原则（讲授、内化吸收和讨论），但针对高中阶段的实际情况做了相应改动。

讲授环节，一般用时 20～30 分钟：

1）教师提供阅读文本和写读书笔记必要的知识；

2）教师布置 4～8 个导读问题，为学生自学提供辅助。

本环节需要注意以下几点：教师简单讲解文本思想和主旨，不做深入解读，为学生自学预留足够的空间；明确本课的教学重点，并以此引导学生思考导读问题。这样可有效避免对文本的误解和歪曲，便于学生在自学中把握重点和方向，使讨论做到有的放矢。

内化吸收全部在课下完成。学生内化吸收分为三个步骤：

1）学生依据导读问题，独立完成读书笔记；

2）教师批阅读书笔记；

3）学生在小组内部传阅读书笔记，在下次上课之前全部传阅完毕。

本环节的注意事项：学生根据导读问题写读书笔记，可以要求以个人为单位完成全部导读问题，或者以小组为单位完成全部导读问题。以小组为单位时，每组要求合作完成全部导读问题，但是每位学生完成自己的分工任务即可。鼓励程度好的学生写成鉴赏文章或鉴赏段落；也可以直接当作简答题作答。在讨论课开始之前交上，教师进行评阅。如果有精彩部分，在讨论开始之前请该生向全班朗读。

讨论分组进行，一般用时 30～40 分钟：

1）教师一直在各个小组之间巡视、旁听、指导，提醒跑题和开小差的学生；

2）教师针对讨论进行简单点评。

应注意：根据教学经验，讨论小组人数以 4～6 人为宜，人数过少难以形成讨论氛围，人数过多则部分同学的参与度降低。在组员的分配中，需要考虑性别、学习水平和性格。组员组成适宜男女生混合、成绩分布有梯度、内外向性格均衡。在讨论中，小组内部可从交流读书笔记开始，每位学生天然获得发言机会，之后再立足文本和导读问题逐渐深入。充分发挥教师的主导作用和学生的主体作用是讨论能够成功的关键因素。学生在文本限定范围内可自由讨论，教师在巡视过程中把握每个小组的讨论方向，注意发现错误并及时纠正，没有重大错误的情况下不做任何干预，给学生充分的自由；随时解答学生疑问；根据即时情况为学生提供新的问题和思路，推动讨论深入。最后，教师就讨论中遇到的共性问题和有价值的结论进行总结。

讨论是在教师提供的框架中进行，围绕给定话题，不是自由发挥，而是命题作业。在对分课堂的教学设计中，坚持课上、课下一体化：教师的主导作用延伸至课下，学生的主体作用在作业和课堂中充分体现。

第三节　阅读教学设计

以长度而言，在高中阶段，文本阅读以短篇为主，偶尔出现中、长篇文本的节选。以文本性质而言，高中语文阅读可以分为现代文阅读和古诗文阅读。现代文包括文学类文本（小说、现代诗、散文等）、实用类文本（说明文、论文等）；古诗文包括诗、文言文。文本阅读要求以精读为主，要求学生能够理解字、词、句、段、篇的意思，能够分析并运用写作手法，并引导学生尝试对人生、文化进行深度思考。

因此，在高中阶段既要求继续夯实学生的语言文学知识，又要求培养学生独立阅读和理性思考的能力。对分课堂的教学模式更关注培养学生独立思考、合作学习的能力，对教学内容的深度和广度有一定要求。语言文学知识的理解难度不大，但是要求学生进行大量重复练习，采用对分课堂的方式，可在枯燥又漫长的“刷题”过程中调动学生的积极性和主动性。

对分课堂较适宜于更能发挥学生能动性的阅读训练。鉴于高中语文教材中只提供文本和较少的“思考与练习”题目，没有提供辅助阅读资料和更加细致、有针对性的导读问题，所以在阅读课堂使用对分课堂形式授课时，教师需要提前为学生准备必需的参考资料和导读问题。参考资料和导读问题是学生阅读文本与完成读书笔记的依据，也是对分课堂能否成功的关键，不容忽视。

其中，参考资料务必为学生理解文本提供必要的补充，且篇幅不宜过长，否则会给学生增加不必要的阅读负担，以适量、精要为宜。较为简单地确定参考资料的方法是精选教师备课过程中需要的资料。教师备课需要的资料即学生理解文本需要的资料。

导读问题能够提示学生去思考文本的核心意思。导读问题应从易到难排列，形成梯度，为学生阅读文本提供线索；同时，宜结合补充资料设置1～2个开放性问题，或帮助学生拓展思维广度，或引导学生挖掘思维深度。确定导读问题的一个比较简单的方法，是把教案中的难点和重点设置为问题形式。

使用对分课堂教授文本阅读的流程可简化为表2-1。

表 2-1　使用对分课堂教授文本阅读的流程

讲授	内化吸收		讨论	
教师讲解；布置导读问题	学生写读书笔记	教师批阅；组内传阅	小组讨论	检查及点评
课上	课下	课下	课上	课上

一、教师授课

1. 讲授法不可替代

直接讲授是知识传播的有效方法。直接讲授法能够在极短的时间内传播大量的知识内容，同时完成 1 人到多人的传播，耗时短，覆盖面大，效率高，系统性、整体性强。一个人经过精心思考、整理、准备的内容，必然是其知识结构中最精华的部分。因此，讲授法一直以来都是知识传播中最便捷、最有效率的方式。然而，讲授法是单向传播，没有反馈，没有交互影响。高中阶段的学生集中注意力的能力不能和成人相提并论，并且高中的课程安排紧密，学生长期处于被动接受的状态，容易疲惫、注意力涣散、思维迟缓，学习效率低下。

自学需要具备大量事实性知识、可靠的策略性知识和程序性知识，以及反省的能力，需要达到分析、评价的认知程度，是一种极高的要求。因此，教师的讲授不但必需，而且合理。没有教师讲授，全部让学生自主学习，学生学习就没有系统性和连贯性。而且，以学生现有的知识存量和认知能力，不具备主动发现问题的能力，更谈不上解决问题的能力。

在阅读一篇文本的时候，学生大部分情况下只能理解字面意思，到这种程度就认为自己“读懂了”。然而，以母语而言，理解字面意思绝对不足以达到阅读文本的基本要求。《道德经》《论语》中任何一个汉字都可以通过《古汉语词典》查出字义，这并不意味着会查词典就能读懂《道德经》和《论语》。这是一个显而易见的道理。但是，在母语的日常学习中，学习者由于对母语十分熟悉，故而忽略了“认识—理解—掌握”之间的区别。因此，学生在语文课堂上经常会有“我已经会了”的错觉，或者认为“这么简单，没有什么可读的”等错误认知。在这样的心态下，以这样的能力阅读，学生就没有发现问题的意识，更谈不上解决问题。语文学科的特殊性就在于：学生有时需要教师的启发才能发现问题，学生需要被质疑才能发现自己的无知。

由此可见，就语文学科而言，教师的讲授不仅承担着直接、有效地传播知识的功能，更承担着启发学生思考的任务。而随着学生知识量增大、思考能力提高、问题意识增强，学生能够逐渐学会发现问题。发现问题的前提是思考和反思，因此，“有疑问”是一种需要经过长期培养才能获得的能力，体现的是高阶认知水平。

2. 对分式授课的内容

教师在授课时，除了教授必要的基础知识和背景知识外，需要有意识地培养学生的问题意识。这需要教师教授的知识和学生思考的问题之间可以相互配合。也就是说，教师教授的知识是学生缺乏的基础知识，不需要学生思考，多需要了解、记忆或者运用；或者，教师教授的知识是学生进行下一步自我探索、独立思考时，必要的背景知识。以上种类的知识内容需要教师直接、系统、清晰地传授给学生，确保学生理解并掌握。独立思考或自主运用的环节中，学生可以尝试运用刚刚学到的知识去阅读新文本、处理新问题；也可以结合刚获得的背景知识对文本重新理解、深度阅读。这样的配合要求教师在选择授课内容时应该特别注意以下两点：

1）授课内容能够为学生独立思考提供辅助；

2）授课内容不可过多干涉学生的独立思考。

这样就要求教师的授课内容“少而精”，传达必要的信息，节省宝贵的课堂时间；同时，不能为学生提供过多的信息，尤其不能提供结论性的信息，防止限制学生的思考范围。以华东师范大学出版社出版的高中语文课本一年级第二学期《小溪巴赫》的教案为例。

教师预设的教学目标可以是：

1）理解通感的修辞手法；

2）掌握利用关键句、关键词理解文本的能力；

3）理解小溪的象征意义。

希望学生能够自己找到文本中使用通感修辞的语句，并进行分析；能够抓住文本关键词和关键句理解文本含义和结构；在理解文本含义的基础上分析出题目中“小溪”的象征意义。对于以上内容，教师希望学生通过自学和互助学习获得。学生解决上述问题需要具备的知识有：

1）通感的相关知识；

2）找到关键词和关键句的能力，通过关键词和关键句理解文本的能力；

3）综合归纳文本含义的能力。

因此，教师在讲授中，重点讲授了“何为通感”并举例示意，但没有指出，更没有分析文本中的通感手法。鉴于学生目前的能力不能自行找到关键句，教师直接给学生画出关键句，但是以关键句作为问题，引导学生自己寻找关键词来回答问题，也是对关键句的重新理解。象征的写作手法在以前的学习过程中已经多次涉及，教师带领学生一起回忆了象征的相关知识。

综上所述，在这次授课当中，教师提供的信息包括：

1）通感的定义及示例；

2）关键句；

3）象征的已有知识。

学生需要自己完成的任务有：

1）根据通感的定义寻找文本中的通感修辞；

2）寻找关键词，理解文本含义；

3）归纳关键词的象征意义。

对于这样的授课，教师提供了必要的背景知识，学生运用背景知识进行阅读，这样既传授了知识，又锻炼了学生的能力。另外，教师在讲授的时候，还要注意示例的全面性。学生正处于模仿能力很强的年龄，同时对教师很景仰，习惯性模仿教师讲课的内容，尤其喜欢把教师示例当作“经典”“权威”来仿造。因此，教师在举例时，即使不能面面俱到，也要特别提醒学生开拓思路，不要囿于所学。比如，在为通感举例时，几种感官之间互相通联的例子最好都要涉及，不能只举文本当中“听觉到视觉”的通感，仅举一例虽然有助于学生自主阅读时尽快发现文本中的通感，但是容易给学生留下错误的印象，误以为通感只有“以视觉写听觉”一种类型。

另外，不同课文之间的教学内容有重叠，教师在授课时可以互相借鉴。以华东师范大学出版社出版的高中语文课本为例，课本编排以单元为单位，每个单元一个主题，围绕这一主题有3～5篇文本。在高一年级上学期的课本中，第六单元，也是最后一个单元，是明清小说单元。本单元的引导语是：“明清两代，我国古典小说的成就达到了高峰。文言小说出现了借狐妖鬼魅讽刺世事的《聊斋志异》；白话小说更是异彩迭现，有历史演义《三国演义》，有英雄传奇《水浒传》，有神魔小说《西游记》，有人情小说《红楼梦》等。这些小说故事情节生动，人物性格鲜明。让我们走进这多彩的世界，感受其非凡的艺术魅力。”通过阅读引导语可以发现，这一单元的教学重点是：小说故事情节和人物性格。本单元有五篇文章：《促织》《香菱学诗》《群英会蒋干中计》《林教头风雪山神庙》《我国古代小说的发展及其规律》。前四篇文本全部是小说，按照单元教学要求，都需要分析故事情节和人物性格。另外，小说文体中有很多常用的写作手法在四篇文本中都有体现，如线索、伏笔、语言、动作描写等。因此，本单元可以协同教学。教师首先布置学生阅读《我国古代小说的发展及其规律》并撰写读书笔记，了解本单元教学内容的背景知识。之后挑选《促织》《群英会蒋干中计》精讲，《香菱学诗》略讲。而《林教头风雪山神庙》则留下由学生自读，学生自读之前，教师为学生提供金圣叹的点评本，并引导学生有意识地利用本单元学过的文本分析手法来阅读这篇文章，利用单元教学的特点，使用对分课堂的教学手法，强化学生即时运用新知识的意识，使新学的知识在运用中转化为能力。

二、导读问题

导读问题是学生自我学习的起始点。导读问题的最终目的是帮助学生完成学习任务。因此，导读问题的导向性要鲜明，能够呈阶梯状逐步引导学生完成阅读文本的任务，完成自我研讨的目标。这就要求教师清楚地分析出学生学习起点和教学目标之间的差异，以及弥补这种差异需要的步骤和阶段。这些学习步骤以问题的形式外化，就是导读问题。

1. 精确、具体的学情分析是否可行

在教学中，教是手段，学是过程，习得是目的。“语文有效课堂”的探索在很多地方和学校一直是一个长盛不衰的话题，这既反映出提高课堂有效性的重要性，又从侧面反映出各位从业人员对语文课堂现状的不满。如果教师辛辛苦苦准备、激情迸发地讲授是无效的，那么教师和学生都做了无用功，既浪费了教师的时间和精力，更浪费了学生的时间和精力。虽然从绝对时间来看，学生的求学期很长，但是和学生需要掌握的知识与能力相比，求学期的每一节课都十分珍贵。教师有责任确保课堂的有效性和针对性，使学生能够在固定时间内尽可能获得更多的知识。这是对教师的基本要求，也是师德的具体体现。

学情分析被认为是教学有效性的保障，是教学的起点。首先，需要教师转换思想：“从为教而分析”到“为学而分析”。从以教学行为为主体的意识转化到以学习者学习为主体的意识。一般而言，教师在进行学生学习起点分析时多采用两种方式：一种是经验推演，即教师作为学习者和教学者双重身份，根据自己以往的学习经验和往届学生的学习情况，对现在学生的学习起点进行经验性预测；另一种是检测分析，教师通过布置一些简单的问题，对学生进行问卷检测或非正式的谈话检测。

（1）经验推演式学情分析

当经验推演主要依赖教师的教学经验时，越是经验丰富的老教师使用起来越是得心应手，而年轻教师只能以自己作为学习者的经验来推演。无论是通过教学者经验还是通过学习者经验进行的推演，其主体和出发点都是教师，其实质是“为教而分析”，其目的是满足教学需要。而教学的最终目的是学习者学习，不是教学行为，或者说教学能力应该体现为“在教学者的帮助下，学习者的学习能力是否提高”，而不是教学者的教学行为是否精彩。精彩的教学行为像一张漂亮的药方，是否有效还是看疗效。无论教得是否漂亮，教并不必然引发学，学也不必然产生习得。教学的最终目的并不是追求教师授课行为的完美，而是强调学生由“不会”到“学会”的过程和结果。学生独立思考的结果就是真正的学习起点，产生的不足就是后续教学的切入点，弥补这些疏漏就是教学者工作的意义。

教学起点分析是分析本次学习者的学习起点，不是教学者“以为的”学习起点，更不是以前学习者的学习起点。教师按照经验确定的学习起点总会受到自我认知偏见的影响，并且往往是一种笼统的印象和感觉，不具备针对性和具体性。凭借经验，教学者不可能知道学习者对某个知识点掌握到哪个具体的程度。然而，经验的存在也是客观的、有价值的。凭借经验进行学情分析方便快捷，也有一定的可靠性，因此被教育者广泛采用。

（2）检测法学情分析

检测分析手法主要通过问卷或者谈话实行。其中，谈话是一种非正式的方法，教师一般只能在备课前找几个学生（以课代表居多）了解一下现在的学习情况，覆盖面小，代表性不强。问卷法是比较正式的常规手法。教师布置一些开放性预习问题，既检测学生预习成果，也可了解学生学习起点。然而，这样的方法操作不便。高中语文的课时安排紧密，一般每天都有 1～2 节课，偶尔一天会有 3 节课。教师备课时习惯提前多准备一些内容，留出足够的备课量来防止出现调课、加课等情况。而学生预习却不可能提前预习下一周的内容。当学生预习好第二天的内容，反馈给教师的时候，教师其实并没有多少时间来备课了。因此，这种方式多用在上公开课的时候，含有些许表演性质，在日常备课中使用并不普遍。另外，更重要的是，这些开放性预习问题一般都是较浅层面的问题，或者比较笼统，用于了解学生对文本表层含义和整体意思的理解程度，不能检测学生阅读文本时的思维深度和对细节的把握水平。

一些典型的问题如："（1）请仔细阅读一遍课文，用简洁的话把你对这篇课文内容的理解写在下面。(2)你对这篇课文感兴趣吗？若感兴趣，请具体指出哪些地方让你感兴趣。（3）你在课文阅读中遇到了哪些困难需要老师帮助解决，请分条写在下面。"[①]其中，第一个问题测试学生对课文的整体把握，第二个问题和第三个问题本质上一样，学生感兴趣的地方是理解或不解之处，遇到的困难是不解之处。三个问题都是整体性理解的问题。

首先，对于高中阶段的学习者而言，面对一篇使用母语写就的文本，大部分学生都能够整体上把握文本表层意思；其次，前文中曾经谈及，学习者有时不具备自主发现问题的能力；最后，三个问题都没有涉及学习者对于文本深度理解和细节理解的情况，如对文本思想深度、结构脉络、写作手法等均未提及，而这些却是课堂教学的主要内容，那么这样的问卷调查对课堂教学的指导能力值得怀疑。因此，这样的问卷检测可以掌握学习者对文本的表层、整体性的理解程度，却不能为某个教学重点、难点内容提供具体的参考依据。

综上所述，假如需要从学习起点开始进行教学活动，提高教学的针对性和有效性，仅仅进行课前学情分析是不足的。既然学情分析就是为了解学习者学习起点而设置，那么为什么学情分析反而不能达到立足于学习起点，提高教学针对性和有效性的目的呢？因为从本质上来看，广义的学习起点所指太广泛，不可测量，也不用测量，教师凭借对该年龄段的学习者知识储量的了解，大致可以确定学生的程度。而狭义的学习起点指学习者对某篇文本的具体理解程度和不解之处。然而，理解和困惑都是伴随学习深入的过程而逐渐产生和加深的。在学习过程中，逐渐理解，发现疑惑，产生问题。

---

① 陈隆升."起点分析"：有效备课的核心任务. 语文学习, 2015, (2): 34-38.

不存在脱离学习进程的理解和疑问，因此也就不存在脱离学习过程的学习起点。通过问卷的方式测试学习者的理解程度，发生在学习者刚刚接触文本的时候，这时学生仅仅在进行浅层阅读，尚未进入深入阅读阶段，又如何能够产生有质量的思考和疑问呢？因此，问卷检测也只能摸清学生表层的学习起点，对于学生真正在阅读中可能产生的思考和困惑难以触及。

既然理解和困惑都是伴随学习深入而逐渐产生的，那么在学习的过程中，理解和困惑不断加深，学习起点就在不断发生变化——每解决一个新问题就会产生一个新的学习起点，学习起点在学习过程中不断更新。因此，深层次的学习起点在不断变化、不断加深，这个过程就是学习的过程，不可预测，不能剥离。

理科知识呈阶梯状分布，文科知识呈螺旋状分布。对于文科而言，学习起点是一个综合体，包括学生全部的知识背景和认知发展程度，因此，学情分析做不到也不必做到具体，应立足于如何深入浅出地完成内容教学。学情分析不能单独承担过高的期望。既然如此，对学习起点的把握就要与学习进程一体化，把深度的学情分析变成学生学习过程中的问题意识，由教师立足于文本给出具体的导读问题，学生带着导读问题阅读文本，寻找导读问题的答案，最后形成读书笔记。导读问题具体化使学生在阅读时目标明确、问题意识强。读书笔记能够及时把学生对文本的理解程度反馈给教师。

2. 主问题式导读

导读问题应该是教学过程中的主问题。主问题式阅读教学在语文教学实践中由来有因。《普通高中语文课程标准（实验）》中指出：“教学过程中，教师要摒弃繁琐的分析，引导学生通过朗读和思考自主感受课文内容。”在语文课堂教学中，教师为调动学生上课积极性，经常无意识地提出很多问题，这些问题提问频率高，但是信息含量不大，学生几乎不用思考就能回答，甚至有些问题学生只需要回答“是”“对”“好”等表示认同态度的词即可。这样的提问方式使授课过程变得琐碎、不完整，降低了学生上课学习的思维品质，没有起到调动学生思考的作用。主问题式阅读教学，就是只提问关键性问题，引发学生对文本的深度思考，不问不需思考或只需简单思考即可回答的问题。对分课堂倡导把教学过程中的主问题设置成为导读问题，放在课前，由学生独立思考、独立完成。

把主问题设置成导读问题可能导致学生不知如何作答。因为学生尚未掌握解决主问题的知识和技能。然而，对分课堂解决了这个问题。对分课堂中的教师讲授部分已经把解决主问题需要的背景知识教授给学生，学生已经掌握了破解机关的密码本，而学生需要自己去解开密码。因此，学生完全有能力独立思考主问题，进入深度阅读。在深入阅读的过程中思考问题，把思考结果——无论是理解的还是不解的，都以读书笔记的形式呈现，为后续学习提供深入的、具体的、个性化的学习起点。因此，导读问题和预习问题的区别在于：导读问题是主问题，预习问题是浅层问题。对导读问题的回答就是学习过程。

那么，如何确定主问题呢？一个简便有效的方法是：把教案中的教学目标、教学难点、教学重点全部具体化，变为问题模式，就是非常精彩的主问题了。以《林教头风雪山神庙》为例：

教学目标：

1）理清情节，鉴赏林冲性格的发展变化；

2）分析景物描写、细节描写的作用；

3）理解古典小说的特点，理清本文草蛇灰线的结构特点。

教学难点：林冲性格发展变化的过程。

教学重点：景物描写、细节描写的作用。

那么，导读问题可以设置为：

1）林冲的性格是什么样的？随着情节发展，林冲的心理发生了什么变化？

2）风雪如何贯穿全文？

3）火是行文的重要道具，体现在哪里？

4）以花枪和刀为例，寻找作者点染、整理草蛇灰线的伏笔过程。

学生在思考导读问题、撰写读书笔记时，最后的成果往往与教师上课讲授后的成果有差异。传统课堂中，学生习得、考试表现也和教师的期望有差异，学生作业间的差别也很明显。对分课堂把只有在考试中集中表现出来的学生差异、个体学习能力欠缺等问题在教学过程中提前暴露出来。这样的提前暴露令部分师生觉得难以接受，因为师生和家长普遍抱有十分美好的愿望。希望如恶魔一般有迷惑性，令人对现实抱有不切实际的幻想，并拒绝现实、敌视现实。然而，这样于事无补，最终还是自食其果。问题暴露得越早越有利于师生认清现实，尽早采取措施弥补，而不是面对结果悔之晚矣。

三、作业反馈

一直以来，高中语文作业一般分为以下几类：

1）背诵记忆类：默写、抄写；

2）日常积累类：摘抄、随笔；

3）习题类：试卷、学案、阅读训练等；

4）写作类：作文。

其中，背诵记忆类作业需要教师逐字批阅，学生及时订正，反馈和订正都要及时、迅速，确保趁热打铁、不要拖延；日常积累类作业主要是学生对日常阅读和随感的记录，教师不需要逐字逐句批改，只需要定期检查、批阅，给予一定的反馈即可，时效性要求不高；习题类作业，以题目训练为主，或随堂练习，或单元测试等，形式不一，答案一般较固定，教师参考课时安排，全部讲解或仅做重点讲解；写作类一般指作文，每个学期布置 4～8 篇作文，平均每月 1～2 篇作文供学生练笔。作文批阅的时间相对较长，教师在每篇作文后撰写 50～100 字的评语，利用一节课的时间讲解范文、共性问题等。期间，有时候教师会对个别同学进行当面批改，具体指出该生这篇作文的优劣。

从上述作业类型中可以看出，高中几乎所有的语文作业都是为高考服务的。无论哪个地区的语文高考，基本都分为基础知识、阅读、写作三大部分。基础知识要求必要的知识记忆储备，并能熟练运用；阅读要求学生有一定的阅读量和习题量；写作要求学生在一定阅读量的基础上，能够在限定时间内迅速成文。以上作业类型，全部都是训练学生的记忆和做题的能力。

这样的作业分布忽略了高中三年学习的阶段特征。纵观高中三年的语文作业，从高一到高三，类型基本相同，难度差异主要体现在文本内容上。以摘抄和随笔类作业为例，作业自由度太大，范围太宽泛，几乎无不能写随笔，无不能写摘抄。另外，这样的作业布置和授课内容关联性小，不能即时体现学生所学。除了随堂练习和诗文背诵之外，无论是阅读训练，还是随笔、摘抄、作文，都不能体现学生在目前一段时间的学习水平，不能即时反映学习情况。这造成了相当严重的后果——学生对语文学习失去了兴趣和信心。语文学科本身的特点就是注重积累，学习成果需要较长的时期才能凸显。正是因为这样，学生不能及时获得最近阶段学习状态的反馈。这就造成了“一个月不听语文课照样考得好”和“努力学习语文半年没有任何进步”的现象。这样，学生自然失去了学习的兴趣和信心；同时，部分学生开始有恃无恐地“吃老本”，倚仗自己以前的积累放弃语文学习，最后悔之晚矣。

高中语文的最终目标之一是帮助学生进入理想的大学，也就是在高考中取得好成绩。这一点是毋庸置疑的。然而，最终目的和阶段性目标不同。一座雄伟的建筑不是用一团泥巴直接捏成的。最终目标由各个不同的阶段性目标组成，一段时间内只训练最终目标的某个部分。当只盖某间房屋的时候，看起来和整体建筑相差较大，但整体建筑最终还是由一个个单独的房间组成的。在日常教学训练中，只要不脱离教学计划，把握教学方向，完全没有必要一直以高考的形式要求教师和学生，并且这种做法是缘木求鱼，相当低效的。

以读书笔记为主要形式的对分课堂的作业，尝试关注日常教学内容，给予学生即时反馈。读书笔记全部针对当下的教学内容，学生对教学内容的理解程度和准备情况，完全可以通过读书笔记反映出来。教师及时在读书笔记中提供反馈，指出学生在内容上的优劣，表现好的学生及时表扬，态度不端正的学生及时提醒。

学生根据教师提供的导读问题，结合教师讲解，自行查阅资料，完成一段阅读鉴赏的文字。和随笔相比，读书笔记针对性强，内容统一，学生之间作业完成水平的可比性强。导读问题限定了思考范围，引导了思考深度，强调学生集中深入地思考，避免了随笔的漫无目的和浅表化现象。读书笔记强调独立完成，只注重写作质量，不做字数要求，学生可以根据自身的理解程度写成一段鉴赏文字，或者鉴赏文章。程度差的学生可以当作阅读题目作答，鼓励程度好的学生自由发挥写成鉴赏性文章。这样帮助学生在内容和主题限定的情况下，自由发挥，有相对较大的思考空间。

教师对读书笔记的反馈，不要求逐字逐句地批阅，但应及时、迅速。对读书笔记的批阅可参考以下项目：①是否按照规定主题作答；②对文本的理解程度；③对导读问题的思考深度；④查阅资料的丰富程度；⑤语言表达水平；⑥学习态度。

根据上述项目，为每一篇读书笔记评定等第，适当批注即可。读书笔记作为小组讨论的开始和依据，在进行课堂讨论之前，应确保本小组内部成员相互传阅过读书笔记，了解本小组成员的基本观点，以便快速进入讨论，节省课堂时间。

四、对分讨论

1. 对分讨论的独特之处

讨论是课堂教学经常使用的教学手段之一。以往的小组讨论一般是教师给出问题，学生当堂分小组讨论，之后每个小组选出代表向全班汇报讨论结果。但是，这样的小组讨论经常会遇到部分学生无话可说、个别学生滔滔不绝的窘境，小组讨论变成了某些同学的“个人秀”：除了在小组内部积极发言，还代表小组向全班汇报成果。这样的境况使程度好、性格外向的学生得到了充分的锻炼，却忽视了程度较低或者不善言辞的学生。造成这种结果的主要原因是程度好的学生知识储备量大、思维敏捷，能够即时进行思考；另有一部分程度不高，或者需要更长思考时间的学生，就会错过讨论。

对分课堂的讨论和一般采用的讨论方式的本质区别在于：一般教学法中的讨论是课堂教学的辅助手段；而对分课堂的讨论是教学的必要组成部分，重要性与教师讲授相当，占用课时与教师讲授相当。对分课堂坚持以教师为主导、以学生为学习主体的教学理念；坚持重视课堂生成、弱化课前预设。这样的坚持如果没有课堂时间的保障将是一句空话、漂亮话。因此，对分课堂的讨论与一般教学法中讨论的不同，在表象上表现为占用课时长度不同，在本质上表现为重要性不同。这种不同归根结底是教育理念的不同，是学生在课堂中地位的不同。

2. 对分讨论的形式

对分课堂的讨论可以分为当堂讨论和隔堂讨论两种类型。当堂对分可随机使用，比较灵活，适合不需要查阅资料、对思维深度要求不高的话题。隔堂讨论适用于需要学生自行查阅资料、完成大量阅读或需要深入思考的话题。

讨论分组进行，根据教学经验和多次尝试，小组人数以 4～6 人为宜。少于 4 人，小组难以形成讨论氛围；多于 6 人，每位成员的发言空间和时间受到限制，不利于调动全部学生。在人员构成中，建议考虑性别、性格、成绩三个因素，以男女平衡、内外向性格平衡、成绩优劣平衡为上佳。布置小组讨论任务时，强调任务到人，明确每一位成员的任务，并形成任务清单，确保每项任务都有人执行，每位学生都有工作，最终每位组员都为最后完成任务做出贡献。这样可以避免讨论中出现个别学生的“一言堂”的情况，确保每位学生都有机会、有必要发言，真正达到锻炼每位学生的目的。同时，培养学生的团队意识和合作意识，间接提醒成绩一直保持优秀的学生重视他人的劳动成果，鼓励成绩暂时处于劣势的学生以为小组做贡献的形式获得自信，以期每位学生都能养成倾听和表达的习惯与能力。简言之，讨论分组的原则是：

1）每位成员发言机会均等、发言时间相当；

2）讨论可以顺利进行，并有深入的可能性。

3. 教师的作用

在进行对分讨论时，教师必须充分发挥主导作用。可以说，对分讨论中教师的任务并不比课堂讲授的任务轻。教师必须做到在讨论开始之前，对学生讨论的每个主题的内容都能够熟练掌握，在备课时，对每个主题的内涵和外延都尽可能进行深入并广泛的准备，以备回答学生随时可能提出的各种问题。在学生进行小组讨论时，教师需要在教室内不断地随机巡查，细心倾听每个小组的讨论内容，发现偏离讨论主题的情况马上制止；发现明显错误及时纠正；发现讨论进行不下去的时候给予适当提醒。面对学生的即兴问题，教师能够回答的及时回答，不能回答的暂时不予回答，课下思考过后，再个别回答。如果学生在讨论中进入状态慢，造成讨论超时，教师应该在讨论时间到时，当机立断及时打断学生，并提醒学生下次注意抓紧时间，不要拖沓。在下次对分讨论开始的时候，提醒学生吸取上次教训，迅速进入讨论主题。不可随意延长讨论时间，这样既会影响教学进度，又会养成学生拖沓的恶习。总之，对分讨论的基本原则是：具体、深入、交互。

对分课堂的讨论充分发挥学生的主体作用，但是离不开教师的主导作用。一艘航船需要水手，更需要舵手把握方向。教师就是把握方向的舵手，不能允许讨论偏离教学内容；否则，对分讨论将会变成热热闹闹的“到此一游”，看起来讨论热烈、声音很响亮，课堂气氛“表面繁荣”，实际上浪费了学生宝贵的课堂时间，也会使学生形成“讨论就是混日子”“听课才是学习”的观念。

这样的讨论毫无意义，反而祸害学生。另外，学生习惯了听课、写作业的学习模式，面对开放性的问题，一时不知如何讨论、不知从何说起也是正常现象。在开始时，教师不可对学生要求过高，可以降低讨论难度、缩短讨论时间，逐步培养、激发学生的讨论能力。如果学生在讨论时，不知从何开始，建议学生首先分享自己的读书笔记，从讨论读书笔记开始，有的放矢，逐渐练习开放式讨论。在讨论质量和讨论热烈程度之间，更关注讨论质量，宁可接受一时的混乱，也不可把讨论引向“表面繁荣”的歧途。教师要充分相信每位学生都有表达的欲望，充分相信每位学生的表达能力都可以锻炼，肯定学生每一次小的进步，最终学生的成长速度会令教师吃惊。

五、答疑与点评

1. 拼图小组：学生自己的总结

对分讨论中还可以采取拼图小组的方式加强讨论效果。每个小组内部分别插入另外小组的学生。打乱之后的新小组都至少包含原来小组中的一个人，形成一个拼图组。然后，每个原小组成员都把本组讨论成果与拼图组成员分享，保证每位同学都能分享全班的讨论成果，就像拼图一样得到对文本比较全面的理解。

拼图共享的分组可以采用数字与字母的混合编排方式。全班学生每人一个编号，由一个数字和一个字母组成。以32位学生为例，分组为4×8：4个字母组，即A、B、C、D；8个数字组，即1、2、3、4、5、6、7、8。某位学生的字母组为B、数字组为3，则该生的编号为B3。第一次讨论按数字组就座时，属于3组；第二次讨论按字母组就座时，属于B组。这样分组可以保证在第二次讨论时，组内的每位学生来自不同的第一次讨论的分组。以1组和A组为例，1组的4位学生分散到第二次讨论的4个组内；A组学生分别来源于第一次讨论的8个组，如图2-1所示。

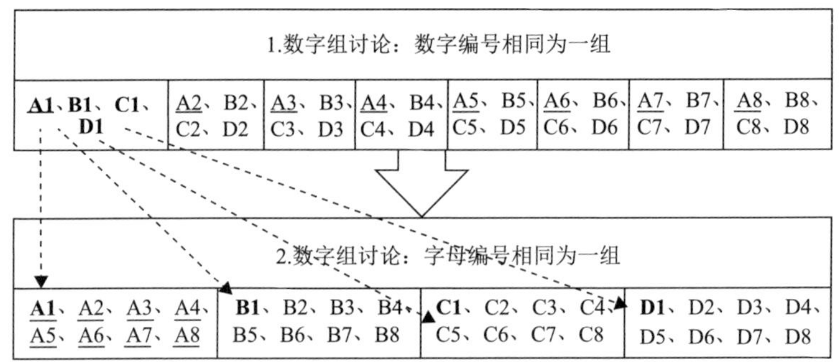

图 2-1　数字与字母的混合编排方式

最后，通过拼图的方式，保证了每位学生都有向别人陈述观点的机会，并使之成为一种使命，不会让最后的汇报变成某个学生的独角戏。对于学生而言，向其他同学转达本组成果的过程，是一次再学习、再思考的过程。首先，学生必须认真聆听组内每个同学的发言——即使自己并不多说，也要保证尽量不漏听。其次，学生必须对听到的纷繁复杂的发言进行总结和整理。再次，学生必须能够清晰地复述，随时准备应对其他组成员的质疑。以上这些使学习更加扎实，也锻炼了学生思维和表达的能力。最后，每位同学都得到了口头表达的机会，看到其他同学聆听自己讲解，并得到同学认同，能够帮助学生增强自信心、激发学生学习的成就感、带动其他学习活动。

拼图共享的初衷本来是对小组讨论的补充，但原则却与 Jigsaw Group 不谋而合。Jigsaw Group 来自美国，现在没有中文译名，暂时译为“拼图分组”。自 20 世纪 50 年代开始，美国社会中竞争意识高涨，这种气氛也逐渐影响到学校。学生们相互之间展开激烈甚至残酷的竞争，合作意识逐渐淡漠，甚至出现了种族意识复苏的迹象。1971 年，美国社会心理学家 Elliot Aronson 受邀解决这个问题。他发明了 Jigsaw Group 的教学方式来培养学生的合作意识。Jigsaw 就是拼图的意思。一个教学任务被分为不同的小课题，学生分为几个组，组内的每个成员都拿到一个不同的课题。学生独立完成自己的课题，每个学生向组内成员报告自己的成果。之后，打乱原来的分组。学生按照话题重新分组，同话题的学生为一组。每个学生再次向新的课题组汇报成果，并且进行组内讨论，最终达成共识。最后，最初的组听取每个成员对自己课题的报告。这是每位学生的第三次报告，也是最终报告。这个报告同时凝结了个体的智慧和团体合作的结晶。拼图分组使每个学生必须依靠集体协作才能完成学习任务，这时合作和妥协就成为必要。

拼图共享与拼图分组的初衷不同，形式和效果近似。拼图共享是为了使全体学生共享讨论成果，拼出对文本的完整理解，培养学生的表达能力和合作意识，同时增强学生的自信心。在拼图共享中，学生只需要向拼图组报告一次本小组的讨论成果即可。拼图分组对学生独立学习的能力依赖度高，不太适合刚刚开始练习独立思考的学生。但是，可以在对分课堂进行过一段时间，学生创新能力提高之后，尝试拼图分组的教学方式。

2. 亮考帮：调动元认知

对分课堂鼓励学生在写作业的过程中进行反思，记录自己学习、思考的感悟和体会，对学到的知识进行归纳、整理和总结，同时完成“亮考帮”。“亮考帮”是亮闪闪、考考你和帮帮我的简称。“亮闪闪”指列出学习过程中自己感受最深、受益最大、最欣赏的内容；“考考你”指列出自己弄懂了，但觉得别人可能存在困惑的地方，用来挑战别的同学；“帮帮我”指列出自己不懂的地方，讨论时求助别人。

在小组讨论时，教师可以要求学生围绕“亮考帮”，针对各自的收获、困惑、疑难，互相切磋学习，共同解决问题。在具体教学实践中，“考考你”的部分落实起来最困难。这要求学生不仅对文本内容熟练掌握，而且具备出题目测试他人的能力，相当于让学生做一回“老师”。因此，“考考你”的难度最大，可以鼓励水平比较高的学生勇敢尝试。也鼓励以小组形式进行“亮考帮”，每个小组列出本组在讨论中的收获及困惑，小组之间互相交流、互相挑战。

“亮考帮”的活动是帮助学生把记忆的知识表达出来的手段，辅助学生把理解、记忆的内容，转变为应用和创造，这一过程需要学生调动元认知，将新信息与元认知相联结，夯实新获信息的认知基础。

3. 教师点评：可有可无、可长可短

教师点评指在讨论结束后，教师根据讨论时搜集的信息，进行总结点评，时间在 10 分钟内为宜。教师总结的内容包括：重点、难点、讨论中遇到的共性问题、讨论中的闪光点、应试技巧、课外拓展。其中，课外拓展的内容视情况而定，也可略过。教师点评既可给出封闭性结论，也可以开放性结尾引发学生进行更深一步的思考。

以上三类均为检查、总结讨论结果的方式，教师可根据情况自由选择。在总结阶段，如需学生发言，教师应提醒学生表达本组观点，而非其个人观点。每组内不预先指定小组代表，强调随机发言，让每位学生都面临发言的“危险”，防止学生懈怠。如果学生发言的代表性不强，可以及时打断，课后可与该生单独交流，不浪费课堂时间，把有限的课堂时间留给共性问题。同时，防止一位学生长时间发言，给更多学生发言的机会。对于学生的发言，尽量鼓励，多指出发言内容中值得肯定的地方。如果发言内容确实有错误，教师也要及时指出，指出问题时一定要具体、详细，并提供改进的方法，保护学生的积极性。

第四节　写作教学设计

一、写作的性质

通过语文授课提高学生的人文素养，培养学生独立思考的能力，一直都是语文教学中孜孜以求的目标之一。面对高考压力，如何在素质教育与应试教育之间获得平衡，既关系到人格培养的教育理想，又关系到大学招考的现实因素。这种平衡并不是理想主义对现实问题的妥协，而是取素质教育之魂与应试教育之形。素质教育关注学生能力的发展，应试教育关注学生考试成绩的提高，二者虽然诉求不同，但并不是不能求同存异。这不仅限于教育领域，即使是在社会工作中，应试技巧也是一种重要的能力。从这个角度看，素质教育和应试教育并不存在本质上的分歧，只是应试教育过于强调单一能力，而素质教育更加重视能力的本源、更复杂多元。

1. 课程标准

教育部《高中语文新课程标准》关于必修课中“表达与交流”板块的要求是：

1. 学会多角度地观察生活，丰富生活经历和情感体验，对自然、社会和人生有自己的感受和思考，多方面地积累和运用写作素材。

2. 写作时考虑不同的目的和对象，以负责的态度表达自己的看法，激发表达真情实感的热忱，培植科学理性精神。

3. 作文要观点明确，内容充实，感情真实健康；思路清晰连贯，能围绕中心选取材料，合理安排结构。通过写作实践发展形象思维和逻辑思维、分析和综合等基本的思维能力，发展创造性思维。

4. 根据个人特长和兴趣自主写作，力求有个性、有创意地表达。在生活和学习中多想多写，做到有感而发，提倡自主拟题，多写自由作文。

5. 根据表达的需要，展开丰富的联想和想象，恰当运用叙述、说明、描写、议论、抒情等表达方式。能调动自己的语言积累，推敲、锤炼语言，力求准确、鲜明、生动。

6. 写作理论类文本，如评论、随感、杂文等；写作实用类文本，如提要、自荐书、考察报告、读书报告、实验报告、研究报告、会议纪要、访谈录等；尝试进行诗歌、散文等文学类文本的写作。

7. 养成多写多改、相互交流的习惯，对自己的文章进行审读、反思，主动吸纳、辩证分析他人的意见。乐于展示和评价各自的写作成果。45 分钟能写 600 字左右的文章。课外练笔不少于 2 万字。

8. 在口语交际中具有良好的心理素质，树立自信，尊重他人，说话文明，仪态大方。增强人际交往能力，适应现代社会交际的需要。

9. 善于倾听，敏捷应对，恰当地进行表达。能根据不同的交际场合、语境和人际关系，借助语调、语气和表情、手势，提高口语交际的效果。

10. 学会演讲，做到观点鲜明而有个性，材料充分、生动，有风度，有说服力和感染力。在讨论或辩论中积极主动发言，直率而清晰地陈述个人的看法，敏捷而恰当地做出应对和辩驳。

11. 朗诵文学作品，能准确把握作品内容，传达出作品的思想内涵和感情倾向，具有一定的吸引力和感染力。

可以看出，高中阶段要求学生能够恰当运用多种表达方式，逻辑清楚、思维连贯，能辩证地看待问题，能在规定时间内、限定话题下写出完整的文章。

在实际授课中，写作课明显缺乏必要的讲解和指导，占用课时大大少于阅读课（普遍仅为阅读课的十分之一，甚至更少）。对于课程标准的下列要求，教师一直处于缺位状态："多方面地积累和运用写作素材""激发表达真情实感的热忱，培植科学理性精神""思路清晰连贯，能围绕中心选取材料""养成多写多改、相互交流的习惯""乐于展示和评价各自的写作成果""口语交际""恰当地进行表达""学会演讲"……

2. 作文阅卷规则：深渊里的鹏程万里

面对课程标准的这些要求，教师并没有起到教育、引导的作用。课时量不足是一个重要的客观原因。很多学校半个月甚至一个月上一次作文课，一次作文课仅一节课而已。平时就让学生写写随笔和摘抄，教师并不讲解，更谈不上系统性的指导了。然而，在高考中，作文的分值一般占总分值的三分之一到二分之一。那么，既然作文分值的比重如此之大，为什么阅读课的课时这么多，写作课的课时这么少呢？这不符合应试教育的价值取向。

原因有二：①第一，写作是信息输出，对写作者整体能力和知识背景要求更高，与阅读相比，难以在短时间内获得很大提高；②阅卷时存在“缩小差距、平均主义”的倾向。阅卷标准虽然分为不同的等级，但在实际操作中，大量试卷被定位于及格分数上下，极高分和极低分都非常少。这既是因为作文主观性太强，避免给阅卷者更大的权限，也是为了保证语文考试中尽量减少不及格。

这就导致了写作课的性价比特别低。为了最后的总分，学校和教师们不约而同地把时间放在了更容易出成绩的阅读上。这也满足了广大家长和学生的升学需求。

因此，在现行阅卷潜规则下，写作课的问题是无解的。必须改变阅卷规则，才能改变写作课不受重视的现状。

以上海市高考为例，语文试卷满分 150 分，阅读 80 分，写作 70 分。写作评分规则总则如表 2-2 所示。

表 2-2　写作评分规则总则

类目	一类卷	二类卷	三类卷	四类卷	五类卷
分值范围/分	70～63	62～52	51～39	38～21	≤20
基准分/分	67	57	45	29	符合以下一项即为五类： 1）脱离立意； 2）文理不通； 3）不足 400 字
题意	能准确把握	符合	基本符合	偏离	
立意	深刻	较深刻	一般	立意或选材不当	
选材	恰当	较恰当	尚恰当		
中心	突出	明确	尚明确	不明确	
内容	充实	较充实	尚充实	单薄	
感情	真挚	真实	尚真实		
结构	严谨	完整	基本完整	不够完整	
语言	流畅、有文采	通顺	基本通顺，偶有语病		

注：①未写题目扣 2 分；②错别字一个扣 1 分，至多扣 3 分；③标点错误多，酌情扣 1～2 分；④文面不整洁，酌情扣 1～2 分；文面整洁美观，酌情加 1～2 分

另外，有议论文、记叙文的评分细则。大部分试卷属于二类卷和三类卷，符合正态分布原则。

在作文得分中，51 分和 52 分之间的区别是难以说清楚的。然而，作文的分数计入总分，总分中的 1 分也许意味着几百人，甚至几千人排名的差距。换言之，作文分差主观性偏强，而这样主观性强的几分对总成绩的影响又过大。因此，才会出现作文阅卷中“平均主义”的潜规则。

为了解决这一问题，各地高考阅卷组都在想办法降低阅卷中的主观因素。然而，作品是个人的主观表达，阅读是对这种主观表达的主观解读。所以，评阅从本质上就是主观的。任何想在阅卷过程中降低主观性的做法都不符合文学和美学的基本原理，注定是难以令人满意的。因为归根结底，我们都不能妄想给任何作品一个具体的分值，并大肆谈论细小的分值差异。

面对任何一篇作品，受过训练的人员都能区分好、中、差三等，或者五等，却很难区分 70 种等级。另外，等级越少，阅读者之间的分歧越小，越容易达成一致意见，也越能清楚地指出等级之间的差异。雅思作文分为 9 等，托福作文分为 6 等（最后换算分值），GRE 作文分为 6 等，SAT 作文分为 5 等。上海高考作文直接采用分值计分（即使有分类，也是直接定分值，没有等第和分值的换算），分值幅度为 0～70 分，共 71 等，这么多等级已经远远超过了普通人可以处理的极限。

因此，要从根本上解决这个问题，作文应该从分值体系中独立出来，阅卷人只负责评定等第，最后按照一定比例换算成分值，或者高考对作文等第提出单独的要求（如文科类专业可要求作文达到更高等第才有录取资格）。

尊重作品的文学性，尊重美学，在无法标准化的领域里放弃量化评价。然而，如果高考作文依然保持“分值高、分差小”的现状，并向着“提高评分标准客观性”的方向，继续“人人发言、四处开花、各有理据、互不认同”的做法，坚持努力，那么这条路上可以做的事情也很多。所谓万丈深渊，一路下去，也是鹏程万里。

3. 作文课现状

根据教育部《高中语文新课程标准》的要求，在日常教学中，高中阶段语文写作训练覆盖的文体主要有三种：记叙文、议论文和散文。其中，散文又可分为写景抒情类和托物言志类。虽然三种文体划分不能泾渭分明，互相之间也有交叉渗透，这种文体划分一直都有争议，但是在日常教学中，为了更加清晰、方便地帮助初学者，不妨暂时使用这种分类方式，作为权宜之计，等到来日学习者在写作中能够有进一步的发展和学习，可再做探讨。

三种文体各有特色，简言之，记叙文以写人记事为主，是“说事”之文；议论文以表达观点、陈诉意见为主，是“讲理”之文；散文形散神聚、意蕴绵长，是“有情有义”之文。然而，现在学生普遍存在的问题是文体不清楚：记叙文中好发议论，不懂以叙代议之道，也不会让人物发声；议论文中对论据进行大段记叙，甚至描写，不会理性论证；散文直接被当成一个筐，只要看起来不像记叙文也不像议论文的文章，就干脆称之为“散文”。文体划分当然不能僵化，反对唯文体是从不意味着文体意识不清，不强调文体的特点就会变成多种表达方式的杂糅，产生“四不像”的作品。最终的结果就是：记叙文“不说事”，议论文“不讲理”，散文“无情无义”。

除了文体意识不清之外，学生在写作文时还存在的一个普遍问题是：面对写作任务，无力从先前学习中提取观念。先前信息的提取强烈影响新任务的完成，写作是一种信息输出任务，受到的影响就更明显。学生不能激活长时记忆的概念，或者不能扩散到命题网络的其他项目上，就不能为写作任务的完成提供必要的素材。激活扩散的中断可能有两个原因：其一是缺乏可供激活扩散的项目；其二是不能有效提取已有的观念项目。学生的知识积累不够、理性思维能力较差、缺乏必要的语言表达能力是在写作上表现不好的根本原因。按常理推断，这样的学生应该在各门学业水平中的表现都令人失望，他们缺乏可供激活扩散的项目。还有部分学生在其他课业中表现良好，尤其理科成绩较好，但在写作中仍然存在很大障碍。对于这些有写作障碍的学生而言，他们的思维水平、生活阅历、阅读积累，甚至口头表达能力都和写作任务脱钩，没有建立有效联结，这就是提笔忘词、不知从何说起的原因之一。针对这两类不同的学生，教学上应有不同的设计和方法。

二、对分式写作教学的步骤

现行作文教学的流程大体是：教师讲解—学生习作—教师评阅和讲评。教师讲解主要针对审题、结构和写作技法；事后讲评主要讲解本次习作的基本情况和优秀作文。

作文审题、立意和结构布局的讲解大部分是一题一篇地讲解，没有告诉学生一个普遍适用的规律，使学生感觉会了这一篇，不会写下一篇。这种“颗粒型”的讲授不够系统，没有一以贯之、容易掌握的原则（或称技法），学生容易感到杂乱无章，不知道下一个新的作文题目从何入手。这样的讲解方式更有利于已经掌握写作技巧的学生的平时训练。如果学生的学习迁移能力不够、灵活度低，就会觉得无所适从，不能真正掌握写作能力——而急需写作讲授的学生恰恰属于这种类型。

对分课堂致力于使学生成为作文课的参与者。对分课堂的教学步骤如表 2-3 所示。

表 2-3　对分课堂的教学步骤

讲授	内化吸收		讲授	讨论
教师讲解	学生搜集材料，先写提纲，再写作文	教师批阅；组内传阅	教师点评（可有可无）	小组讨论以改代讲
课上	课下	课下	课上	课上

第一阶段，教师分析材料，用时 20 分钟左右；第二阶段，写作、反馈、组内传阅，在课下进行；第三阶段，组内互评、教师细评，

用时 40 分钟左右。课堂时间 60 分钟左右，合计一个半课时。其中，第一阶段教师讲解可视题目难易不同而定，没有讲解需求的题目可直接写作，不用讲解，而比较难的题目需要教师讲解；否则，学生乱写一通，文不对题，达不到练习的效果。

首先，学生完成一篇作文（包含一份写作提纲）。

其次，教师评分，分为 A、B、C、D 四等，分别对应高考评分的前四类，每等分为上、中、下三类，共计 12 类（A+、A、A–；B+、B、B–；C+、C、C–；D+、D、D–）。

之后的内化吸收部分为学生互相传阅、互相评论，在课下完成。评论角度必须覆盖但不限于教师提供的范畴。要求每位学生至少阅读本组两位同学的作文，并在原文后写下具体的评语和建议，强调要具体，拒绝套话、空话。这样可以确保讨论时学生有阅读基础，能够有的放矢。

最后，学生分小组讨论自己的作文。刚刚开始讨论时，教师一直在各个小组之间巡视、旁听、指导，提醒跑题和开小差的学生，确保讨论有效率地进行。当每个小组都进入讨论状态之后（成熟的班级一般需要 1～3 分钟，不太熟悉对分的班级需要 5～10 分钟），教师在每个组内选择一篇文章，逐句讲评，小组成员共同聆听、随时讨论，每次评阅选择该组不同学生的作文，确保机会公平。

三、教学设计

1. 铺设梯度：设置阶段性目标

大部分学校的写作训练都是完整文章的练习，学生从进入高一开始就练习写 800 字的作文。这样有利于养成学生习作的整体性，虽然教师每次布置写作任务都有所侧重，但是学生每次写作的侧重点不明显。学生把大部分精力放在如何完成一篇完整的文章中，容易忽视教师强调的本次写作训练的重点。

在日常写作训练中，教师不必追求每篇作文的完整性，可分阶段设置有针对性的训练目标，将写作中的问题各个击破。比如，提纲练习、论点练习、论据练习、过渡段练习、叙事练习、人物练习、语言风格练习、构思练习、立意练习、写作手法练习等。每次训练的目标明确、要求具体，每个阶段解决一个问题，不分散学生的注意力。练习要求示例：

立意练习：分析给定材料，找出2～3个关键词，梳理材料中体现的关键词之间的关系，列出至少5种写作立意，立意角度不能有交叉。

论点与提纲练习：以“责任”为话题，列一份议论文的提纲。要求：有1个中心论点、3～4个分论点；论点是肯定的陈述句式；每个论点字数在50字左右；注意中心论点和分论点之间的逻辑关系；分论点之间呈递进的关系。

论据练习：以“机会偏爱有准备的头脑”为论点，撰写一段议论性文字。要求：不少于两个例证，并用下划线标出，例证语言要有概括性，每个例证不得超过80个字；注意例证与论点的关联性；注意对例证的解释和道理论证，并用波浪线标出；字数150～200字。

论证方法练习：写一段议论文片段，内容不限。要求：字数200～300字；论点明确，用下划线标出；使用类比论证、引用论证、对比论证各一次，用波浪线标出。

语言风格练习：从同桌的作文中，任选一段主体段落，修改语言风格。要求：平实、严密、客观、准确，不得改变原意。

景物描写练习：以春景为内容，写一段描写性文字。要求：字数100～150字；描写角度包括远景、近景、特写、由上到下，用下划线标出；景物中至少包含4种以上颜色；使用比喻、夸张，用波浪线标出；突出画面整体性。

人物塑造练习：通过同一人前后对比，表现此人的变化。要求：字数300～400字；两件事要形成对比；不得出现明显表示褒贬的字；突出人物的主要特点，并在文后概括你想突出的人物特点，如倔强、油滑、宽容等；多使用动作描写和表情描写表现人物性格和态度，动作描写和表情描写用下划线标出。

阶段性训练帮助学生将复杂的任务分解处理，把一个难以完成的任务拆解成具体的、可完成的小任务。通过铺设梯度的方式，教师帮助学生一步一步到达目的地。阶段性训练是一个阶梯，是学生学习写作的脚手架，写作水平的提高呈螺旋式上升，对已达到高水平的学生而言，想要更上一层楼，同样需要这种扎实的训练。当学生完成每个阶段的训练之后，脚手架就可以升级。阶段性训练目标明确、字数少、耗时短、批阅反馈快、灵活性高，可以作为日常写作训练的常用手段。

2. 答是所问：切合给定话题是一种能力

高中阶段的写作主要是给定话题的写作，高考作文的话题限制更加严格。因此，教师需要培养学生“答是所问”的能力。有些学生的作文不失为一篇好作文，但是不符合写作要求，犯了答非所问的毛病。“答是所问”不仅是一种应付考试的技巧，同时是一种极其重要的能力。无论是进入大学深造还是走入工作岗位，学生都需要有能够完成规定任务的能力。同时，文学作品不存在一种完全客观的评判标准，学生的语文素养既很难全面考查，又不可能给定一个绝对的数值。如果不限定话题，学生完全自由发挥，那么任何一种评价标准都不能为学生的写作水平排序。为写作水平排序，甚至给分数，本来就是一件知其不可为而为之的事情，因此需要更加谨慎地体现客观性，给定话题就是为了防止在百花齐放的情形下，发生各花入各眼的情况。因此，教师需要帮助学生理解给定话题的意思，领会写作要求。

因为高考的导向作用，高中语文作文的话题多以一段资料形式提供，资料以文字为主，偶尔间以图片。比如，2015 年全国新课标甲卷试题：

阅读下面的材料，根据要求写一篇不少于 800 字的文章。(60 分)

当代风采人物评选活动已产生最后三名候选人：大李，笃学敏思，矢志创新，为破解生命科学之谜作出重大贡献，率领团队一举跻身国际学术最前沿。老王，爱岗敬业，练就一手绝活，变普通技术为完美艺术，走出一条从职高生到焊接大师的“大国工匠”之路。小刘，酷爱摄影，跋山涉水捕捉世间美景，他的博客赢得网友一片赞叹：“你带我们品味大千世界”“你帮我们留住美丽乡愁”。

这三人中，你认为谁更具风采？请综合材料内容及含意作文，体现你的思考、权衡与选择。

又如，2015 年上海卷语文作文题目：

人的心中总有一些坚硬的东西，也有一些柔软的东西。如何对待它们，将关系到能否造就和谐的自我。

（1）筛选关键信息

教师需要培养学生筛选关键信息的能力，在给定材料中，关键信息就是指关键词。作文的出发点是给定的材料，这并不意味着在写作过程中可以忽略给定的材料，仅仅围绕自己提取的关键词行文。原因是，一个关键词的解读可以有无限种可能。以“自由”为例：

斯宾诺莎：“自由对于科学和艺术是绝对必需的，因为若是一个人判断事物不能完全自由、没有拘束，则从事科学与艺术，就不会有什么创获。”

卢梭：“人是生而自由的，但却无往不在枷锁之中。”

康德：“自由是我不要做什么就能够不做什么。”

杰斐逊：“自由的权利乃是自己证明自己的，只有自己以自由的行动才能证明自己的自由。”

阿克顿：“自由不是我们为所欲为的权利，而是能够做我们应做之事的权利。”

密尔：“公民自由或称社会自由，也就是要探讨社会所能合法施用于个人的权利的性质和限度。”

萨特："人注定是自由的，自由是人的宿命，人必须自由地为自己做出一系列选择，正是在自由选择的过程中，人赋予对象以意义，但人必须对自己的所有选择承担全部的责任。"

以上名人名言分别从不同的角度讲述了"自由"：自由与科学和艺术、自由与不自由、自由的本质、自由与社会、自由与选择等。每个关键词就像意义坐标系中的一个坐标点，可以散射出无数条射线，关键词越多可以写的范围就越小，聚焦越明显。因此，增加关键词可以在构思阶段就避免写作中泛泛而谈、大而无当的毛病。除了从材料中提炼关键词之外，还要参考材料的倾向性，梳理关键词之间的关系，以关键词之间的关系作为行文的主线。

（2）深度分析材料

2014 年湖北卷高考作文题目：

游客们来到山脚下，这里流水潺潺，鸟语花香。游客问下山的人：上面有好看的吗？有人答没有，有人答有。于是有人留在山脚赏景，有人继续爬山。来到山腰，这里古木参天，林静山幽。问下山的人：上面有好看的吗？有人答没啥好看的，有人答好看。于是有人在山腰流连，有人继续攀登。来到山顶，只见云海茫茫，群山隐约。

对材料的深度解析是立意准确、深刻的基础和前提，作文的立意从解析中产生。如果缺乏深度解析，立意容易流于表面、过于绝对脱离实际、幼稚片面、看似辩证其实无用、为显深度硬拗造型。这则材料学生普遍的立意有：

1）再美的风景，也会有人不满意。

2）盲目听信他人，而不是亲身去观察、实践，就有可能错过最美的风景。

3）最后得以饱览美景的人，是那些对山色有执着热爱的人；无论什么样的干扰、曲解，都不能撼动他们心底的追求。唯有如此，方能独享无限风光。

4）要善于寻找“潜力股”。山脚已经这么美了，山腰、山顶还会丑吗？

5）“流水潺潺，鸟语花香”“古木参天，林静山幽”“云海茫茫，群山隐约”就很美吗？（不过要想把这些说得不美，颇费神思）

6）山脚热闹非凡，生机勃勃；山腰彼此隔膜，一片死寂；山顶藏头露尾，遮遮掩掩。这不正象征着……

7）风景的好坏不存在客观的评价标准。

8）要看山顶的风景必须自己亲自去看。

9）作为青年要努力培养自己独特的世界观、价值观。

在这则材料中，山脚、山腰、山顶的风景分别为“流水潺潺，鸟语花香”“古木参天，林静山幽”“云海茫茫，群山隐约”，用词都是褒义词，也就是说三处风景都很美。游客询问的是从上面下来的人，答案正好相反，游客的选择也有两种。因此，这则材料的关键词其实有三个：风景、答案、游客选择。梳理三者的关系如下。

1）风景是否优美与人的答案无关、与人的选择无关，风景是客观的。

2）客观的风景在不同的人眼中评价不同：不好看、好看。

3）游客选择在任何一个阶段停留或者继续爬山都能看到美景，不同的是：停留下的游客只能看到目前的美景，继续爬山的游客可以看到下一个阶段的美景。

4）游客面对过来人不同的建议，选择也不同：听从、不听从。其中，“不听从”也可分为两种情况，即无视、逆反，而过来人的建议又有两种，这样就有以下六种情况：

好看——听从（爬山）、无视（不知）、逆反（停留）；

不好看——听从（停留）、无视（不知）、逆反（爬山）。

而我们看到的只是游客表现出的两种行为，即爬山、停留，其背后的六种情况却是隐性的、不易被察觉的。

针对这则材料的作文，最好能够从以上四种关系中寻找立意，这样既切合材料，又能言之有物。写作的深度来自对材料的深度解析，学生不要仅仅根据关键词随意发挥。学生的生活经验和阅读经验有限，根据关键词随意发挥容易流于形式，看似有深度实则空洞无物。

3. 延时写作：从构思开始填补教学空白

虽然最终高考的要求是 1 小时之内完成 800 字的作文，但是日常练习中大可不必每次都给学生设置时间限制，甚至可以故意延长学生构思的时间。设置时间限制是为了满足考试的形式要求，对于提高学生的写作水平却没有任何益处。能够促进学生写作水平逐步提高的方法是使学生每次作文都比上次的好一些，这就需要足够充分的构思。

教师应该介入学生的构思过程，及时为学生提供反馈，在构思阶段就帮助学生修正自己的思路，而不是在作文完成之后给一个评价，这种总结性的评价并没有为学生提供改正的途径，因此学生会一直很困惑：到底怎么写作文？原因就是教师没有为学生提供过程性评价，只有过程性评价才能提供具体的思路。

写作是一种综合性的能力，尤其强调最终的作品。以雕塑为例，学生的雕塑作品比较粗糙，教师可以拿出一个精美的作品给学生展示其精美之处，这只能让学生学会如何欣赏精美的雕塑。而欣赏和创作不同。学生能够头头是道地说出精美雕塑的价值，自己却仍然做不出同样水准的作品，因为学生需要知道的是如何在自己比较粗糙的作品上修改才能使它变得精美。而平时的写作教学中，恰恰忽视了这个具体的操作过程，教师们都在围着一件成品点评，却让从 0 到 1 的关键过程成为“教学空白”。学生只能知道 1 的美丽，却不能知道自己如何做到从 0 到 1。这种“成品教学”其实就是阅读鉴赏，只不过从阅读名家作品，变成了阅读同伴作品。换言之，教师一直在用教阅读鉴赏的方式教学生写作，写作教学是缺位的，结果当然不尽如人意。

学习写作时没有必要执着于每一篇作文都是学生原创，当学生没有原创能力的时候强求原创，只能得到低水平、逻辑混乱的所谓

“原创”。当学生没有原创能力的时候为何不能从模仿开始呢？模仿、转述都可以成为原创的起点。同时，更没有必要杜绝教师的帮助，如果没有教师的帮助又何谈“教写作”呢？

另外，重复修改作文并不能起到很好的效果。教师的愿望是美好的，做法也符合写作规律，但是忽视了学生的学习动机。反复修改作文是一个很枯燥的过程，学生失去了新鲜感和好奇心，学习动机大减。教学最终需要通过学生行为才能产生效果，当学生不认真对待的时候，任何教学方法都是低效甚至无效的。在教师讲评之后，学生重新改写作文的积极性和认真程度都远远低于第一次写作时，因此，教师不妨从源头开始介入教学。

首先，“巧妇难为无米之炊”，学生提笔忘字、无话可说的原因之一是没有丰富的知识储备，或者不会调动自己的知识储备。所以，开始时，教师可以帮助学生准备材料，并逐渐教会学生自己按照主题搜集、整理材料，使学生完成“渐进自主”的过程。因此，教师在给学生提供作文题时，尽量不要使用简单的话题，如“谈谦虚”“自由与责任”等，以测量为目的的考试可以采用简单话题的形式，但以练习为目的日常教学并不是以评价为主。教师应该为学生提供大量的参考材料，这些材料中包含但不限于话题内容，学生需要自行提炼关键词，根据关键词筛选、整合现有材料，并补充其他材料。教师提供的参考材料不仅包括文字，也应含有视频、音频等资料。比如，时政新闻、谈话类节目、讲座、演讲、时评、辩论等，这些材料可以极大地拓展学生的信息量，提供大量的例证和素材；另外，很多材料本身就包含不同观点的辩论和质疑，也能为学生提供多种思考角度。

其次，学生在教师提供材料的基础上，整理现有材料之后，需要自己再去搜集相关内容，进行补充。在学生搜集补充材料的过程中，教师保持高频的检查和反馈，不停为学生提供建议和指导，并对学生的作品提出数量、质量和种类上的具体要求。

在这些丰富材料的基础上，学生独自完成写作提纲。在小组内部传阅，组内互相修改。最后，提纲由教师鉴定，合格之后学生才能开始写作文，不合格的提纲修改至合格为止。

以上过程如图 2-2（需要教师参与的部分用黑体字表示）所示。

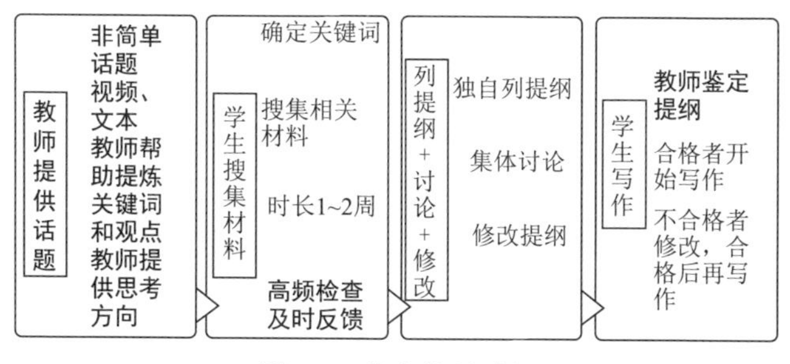

图 2-2　作文构思过程

那么，如何从构思开始反馈呢？以一个作文题为例：

阅读莫言在今年诺贝尔颁奖典礼上讲述的故事，你有怎样的认识和思考，任选角度，写一篇不少于 800 字的文章，题目自拟，文体不限，不得透露个人相关信息。

20 世纪 60 年代，我上小学三年级的时候，学校组织我们参观一个苦难展览，我们在老师的引领下放声大哭。为了能让老师看到我的表现，我舍不得擦去脸上的泪水。我看到有几位同学悄悄地将唾沫抹到脸上冒充泪水。我还看到一片真哭假哭的同学之间，有一位同学，脸上没有一滴泪，嘴巴没有一点声音，也没有用手掩面。他睁着大眼睛看我们，眼睛里流露出惊讶或者困惑的神情。事后，我向老师报告了这位同学的行为。为此，学校给这位同学一个警告处分。多年之后，我因自己的告密向老师忏悔时，老师说，那天来找他说这件事的，有十几个同学。这位同学十几年前就去世了，每当想起他，我就深感愧疚。这件事让我悟出一个道理，那就是：当众人都哭时，应该允许有的人不哭；当哭成为一种表现时，更应该有人不哭。

1）师生共同阅读材料，主要由学生提供材料中涉及的关键词，教师进行补充和引导。最终得到的关键词如下：

强制、表现、讨好权力、个人利益、暴君的臣民、盲从、少数人、异类、从众、盲从、普遍、社会氛围、同伴压力、虚伪、剥夺个人权利、社会由个人组成、反思个人行为、个人与社会的界限、愚昧、无知、罪恶、自欺欺人、以正义为名作恶、强权、顺从、为何没有反抗、个人自由、自我、个人判断力、社会价值取向对个人选择造成压力、个性、时代特征、随大流不挨揍、自我保护、理性、无奈、屈服、逢场作戏

2）给学生一周的时间，以关键词为线索深入思考，同时搜集相关资料。要求学生做到：①找到一个谈论的主题；②尽可能多地使用关键词；③按自己的方式对搜集到的资料进行归类；④每隔一天上交一次资料。

在搜集资料时，可以参考下列问题作为线索：①围绕某个关键词发生过哪些社会事件？②由某个关键词你联想到了什么？（可以是词汇、句子、人物或者事件）③用某个关键词造个句子，或者搜索相关名言，你是否同意这个句子或名言呢？为什么？④围绕几个关键词设想一个场景或事件，可以是已经发生过或者未发生过的，假设这个场景或事件继续发展下去，会产生什么结果？⑤关键词中有没有相互矛盾的词汇呢？如果有，矛盾之处在哪里？为什么矛盾？

3）教师为每一次上交的资料提供反馈，指出精彩的部分和不适宜的内容。

4）一周之后，学生根据准备好的资料，写一篇提纲。

经过这样的准备过程，学生搜集了大量的资料，补充了原有的观念信息；同时，在搜集资料的过程中，学生不断地对原有观念进行精加工，增强了观念间的联结，提高了提取信息的效率。因此，从构思开始提供介入和反馈，能够有效提高学生的写作水平，帮助学生完成高水平的作文。这样的写作练习不仅锻炼了学生的写作能力，同时把每一丝细微的提高都呈现在学生面前，使学生能够直观地看到自己的进步，提升了学生的自我效能感和自信心，能有效激发学生学习写作的兴趣。

以上述莫言演讲的作文题为例，摘录部分学生作文（另有一篇作文全文见第五章）：

有人擅长于包装自己，总能依据世事塑造自己的形象，把本来的面目隐藏起来，做出似是而非的表面文章来，这样的人聪明而善变，总能占据“正确”，是一群精致的利己主义者。然而，“自由，多少罪恶假汝之名以行！”

俗语说“随大流不挨揍”。其实哪里又真的是“不挨揍”呢？只不过是从众后产生的后果大家一起承担罢了。

权力的所有者，总是为人们所尊敬，但更多的还是畏惧。而别人也一面赔着笑脸，一面觊觎着强权。

少数人的坚持己见是需要足够的勇气和耐心的，唯有这样，少数人的观点才有存在的价值。

哭是一种伪装的“真情实感”。所以“哭”就成为了一种表演。演出来的“哭”在怀有真情实感的人面前，就会有煽情和催化的作用，但是在同样的旁观者看来，这是令人作呕的。这个时候，当以不哭的面貌出现在表演者面前时，就是对其最大的反击。

总有一些东西，恒久地支配了人的心智和行动，使其盲目追随，这个敏感点一旦被触发，那么就成为以“正义”为名的利剑，一种恐怖的“团结”。所谓利剑，必定锋芒毕露，过关斩将，冷血无情。当一群人中有人成为了一个权力的制高点，其他弱势人群为了个人权益而去讨好权力，形成了盲目的从众与崇拜。这个组织的权力者发下的指令便成为了群众的“正义”，主仆的二阶关系就此确立。这不由得令人想起了鲁迅先生说过的：“暴君的臣民，大抵比暴君更暴。”被“正义”的利剑刺死的人，不仅死前没有挣扎的机会，死后大多也要背负污名。电影《浪潮》中，教师的一次课程实验，让学生们在短短三天的时间内就成为了“浪潮”这个组织的奴隶。对制度的热衷、对领袖的崇拜，似乎让我看到了纳粹再现。当一个人举着他所认同的“正义”的利剑，抹杀掉他所认为的“邪恶”时，我很担心“正义”的利剑到底握在谁的手中。

没有经过认真思考和准备的作文大部分情况都是低水平的重复，不能提高思维和写作水平，仅仅是浪费时间而已。日常的写作训练中最重要的一点就是要保证习作的质量，假以时日才能真正提高学生的写作水平。

4. *以改代讲：在讨论中进行习作修改*

部分学生对写作有天然的畏难情绪，面对作文题目时，首先就是“畏难+拖延”，拖至最后一刻，匆匆忙忙凑字数，作文交上去就万事大吉了，再也不想看一眼自己的作文，更不想去进一步思考。教师在讲评时，学生听得很投入，却连复述一遍都有困难。一般教师在有限的课堂时间内，也只能讲评 1～2 篇范文，难以顾及大多数学生。然而，有些学生的范文是有感而发，和自己的生活经历及阅读体验息息相关，自己也未必能够再复制一篇相同水准的作文，更何况是其他同学。这样的范文可供借鉴的地方有限，也就是仅供全班同学鉴赏而已。但是，在平时的语文课上，学生面对所有文本的任务都是鉴赏，可以说，学生做的鉴赏已经很多，缺乏的是具体的写作训练。

在重“优秀”轻“普通”的问题上，范文讲解问题尤其严重。有些优秀作文属于不可复制的类型，源于学生个体生命的感触和独特的阅读经历，并不适合大部分学生学习。当学生还处于面对作文题无所适从的阶段时，优秀范文距离他们太过遥远，已经超越了“最近发展区”的范围。这样的写作训练倾向于个别“好学生”，而忽视了大部分学生的需要。学生的写作成绩不稳定、写作教学效果不好都是上述原因的外在表现。作文课成了“‘好学生’的作文展示课”。

除了课堂讲解范文之外，面批是一种很有效的弥补方式。当面批改作文能够快速、有效地直接交流，直陈学生作文的优缺点。但是，这种方式耗时太长，最后一位接受指导的学生甚至早就忘记了自己写过的作文内容。

众所周知，写作是一种能力，就像游泳一样，只在岸上看着教练和他人游泳，习得了一堆游泳的道理，但是从来没有下水练习，或者下水练习后没有人指导、纠正动作的具体错误，这样是学不好游泳的。写作和游泳一样，最有效的教写作的方式就是一对一地讲解、练习和修改、再练习。可惜，公共教育资源有限，难以满足这种教学模式。因此，只好退而求其次，教师使用讲解阅读鉴赏的方式讲解作文，这就造成了教师苦口婆心，学生进步甚微的情况。因为学生终究需要的是一对一的辅导和纠错。

对分课堂式的作文讲评采用小组讨论和教师面批精讲相结合的方式。组内学生根据教师评语提示互相讨论组员的作文，同时教师在每个小组内逐字逐句精讲一篇作文，对于该篇作文的作者而言，这种精讲就是面批，对于组内其他学生而言，也能够通过“围观”他人的面批过程而受益匪浅，对一些共性的问题引以为戒，做到“有则改之，无则加勉”。每次小组讲评时，教师有意识地轮换面批，经过一段时间之后，保证组内每位学生的作文都进行过精讲。写作中存在“当局者迷，旁观者清”的情况，学生看自己的作文往往不客观，或者觉得写得很好，或者觉得写得很差。这种“旁观面批”的形式，帮助学生取得旁观者的身份，能够更加客观地看待自己和他人的作文。同时，经过教师多次逐字逐句地精讲之后，学生会逐渐习惯以一种“审视”的视角来看待自己的作文。这种十分难得的批判性思维就是学生在写作过程中最需要的反思的元认知能力。

对分式写作教学设计中，讨论部分就是以改代讲，以小组面批修改作文的形式代替范文讲解。这样做的初衷就是希望学生能明白：“我的”作文应该怎样写才更好。

5. 口头作文：变异的、深度的课前演讲

写作技能是一种基本的能力，书面写作只是体现和训练写作技能的一种形式，口头作文是另一种能够体现和训练写作技能的形式。

高中繁重的教学任务并没有为写作训练留下充足的空间和时间。因此，教师需要因地制宜，利用碎片化的时间帮助学生锻炼写

作能力。课前演讲是文科类课程经常采用的一种练习形式，写作教学也可以借鉴。

课前演讲是在每节课的前 5 分钟，由一名学生准备一个小型演讲的教学形式。它能锻炼学生口语表达能力、拓展其知识面。但是 5 分钟的时间过于仓促，缺乏深入讨论的机会。因此，可以对课前演讲的形式稍加变换，降低演讲频率，扩充每次演讲的时间，挖掘演讲内容的深度。把每周 5 次演讲变成每周 2 次，这样在总时间相同的情况下，每次演讲的时间可以延长为 15 分钟，也能保障不侵犯更多的教学时间。15 分钟的课前演讲中，学生可以有 10 分钟的时间更加充分地阐述自己的观点，剩余 5 分钟是教师和其他学生自由提问的时间，这段时间的安排迫使演讲的学生必须更加深入地思考自己准备的话题，以防难以应付各种各样的问题，也鼓励班级形成一种自由谈论的氛围。

另外，课堂演讲由教师限定具体范围，为学生提供一些可供选择的书籍或者阅读资料。学生演讲的题目自行从这些阅读文本中选择。演讲前学生准备好提纲，与教师讨论、修改过之后，再进行演讲。这样可以保证演讲的话题有价值、演讲的内容有一定水准，能为全班学生提供写作素材和锻炼思维能力的空间。在演讲之后，教师可以鼓励学生将演讲内容根据提问和讨论重新整理，最后形成文章，如图 2-3（需要教师参与的部分用黑体字表示）所示。

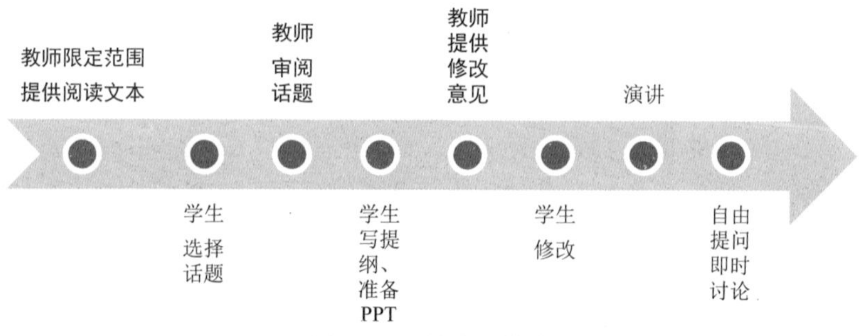

图 2-3　课前演讲模式

第五节　常见问题及简要回答

1）教师为什么不能介入学生讨论？

首先，在课堂上，教师具有某种权威性，如果教师介入学生讨论，学生会不由自主地听教师讲解，不会自由地畅所欲言。因此，教师对讨论的介入会阻碍学生自由发言。

其次，学生在讨论之前经过了充分的准备，已经有话可说了。这个时候学生更需要表达的机会，如果讨论中遇到问题，教师稍加点拨即可，给学生一定的时间和空间去思考，锻炼学生自行解决问题的能力，不要马上提供答案，不要让学生养成依赖教师的懒惰心理。

2）讨论时，如果任务太简单，对程度好的学生而言是否是浪费时间？如果问题太难，程度差的学生怎么发言？

在分组时，教师最好坚持“组内异质、组间同质”的原则。每组内有一个好学生、两个中等学生、一个后进生，组内的学生之间可以互相交流，组间的进度基本保持一致。

在设定任务时，教师可以进行分层教学。对程度好的学生有更高的要求，后进生完成基础要求即可。在讨论时，由后进生负责基础题目，成绩好的学生负责难度大的任务，一起完成小组任务。

3）讨论时，有的学生就是不参与，怎么办？

在一般授课过程中，学生也存在睡觉、走神、出工不出力的现象。如果学生的学习态度不端正、学习意愿不强，什么教学方法都是无力的。对于结果而言，学生自身的能力和行为起决定作用，学习环境（包括但不限于家庭、学校、社会等）最多只能承担一半责任。因此，教师对学生学业的影响远远小于 50%。教师也需要对自身角色有准确的定位。

在讨论时，教师在教室中随机走动，给学生造成一种压力。看到有的学生不投入，应及时提醒，鼓励、帮助学生参与讨论。

如果有个别学生一直不参与讨论，教师可在课下了解该生情况，摸清该生不参与的具体原因，是否存在什么困难，对症下药。如果是学习态度不端正，则需要从根源上解决问题，非一朝一夕、一事一课可解。同时，教师也应勇敢承认个人和职业的有限性，合理分配有限的时间和精力。

4）讨论之前，是不是给一个话题就可以让学生准备读书笔记和讨论了呢？（比如，论据在议论文中的使用）

这样布置任务不合适，太笼统，学生会不知从何入手。

学生撰写读书笔记的过程就像教师备课的过程一样。教师拿到这样一个话题之后，需要思考思路、查阅资料、确定思路、筛选资料、综合。学生也是一样。不过学生现在不具备这样复杂的能力，需要教师引导和培养。教师可以先为学生讲解可选择的数种思路，提供一些重要的资料，教导学生如何查阅、筛选资料。最后要求学生根据教师提供的信息，自行补充材料，准备读书笔记。

5）学生讨论时说闲话，怎么办？

讨论时不必过于严肃，如果在讨论过程中，偶尔说几句闲话，在不影响讨论进程的情况下，不必阻止，为学生营造一个宽松、包容的学习环境至关重要，能激发学生的想象力和创造力。在压抑、惊惧的环境中，学生只会想着自保和逃避。

如果学生一直说闲话，教师需要及时阻止，并思考该组学生分配是否合理。如果有必要，就调整一下组员。

6）学生不会评改作文，讨论时不知如何下手，怎么办？

教师可以每次布置一个重点，如论点和论据是否搭配、小论点之间是否有逻辑性等，让学生讨论时有一个明确的方向。开始的时候，教师可以在每一组随机选择一篇文章评改，现场示范评改方法。多次示范之后，学生将逐渐学会评改作文。

7）学生不愿把自己的作文拿给同组同学评改，怎么办？

学生普遍存在不愿意把自己的作文给其他同学看的现象。一是害羞，二是没有自信，三是课堂上并没有形成“多交流、互相帮助、共同进步”的写作氛围。教师应在采用小组讨论前，鼓励学生大胆交流，为班级营造出“互助共学”的研讨氛围。

8）应该给学生准备什么阅读资料？

在教师的备课资料中，精选适合学生阅读的材料，另外补充学生需要的背景知识类资料。

9）讨论时声音不大，怎么办？

讨论的质量和讨论的音量没有因果关系。在评价讨论效果时，还是需要多关注学生讨论的内容：是否在思考、是否在表达、是否对学习有益。有时候声音很大的讨论，看起来课堂很热闹，但是并没有取得很好的效果。

10）讨论到后面就停下来了，怎么办？

这种情况可能有多种原因。比如：讨论中有争议，学生正在思考；问题太简单，已经讨论完了；讨论的内容告一段落，正在准备下一个话题；讨论遇到困难，学生解决不了等。教师需要先判断问题的原因，然后根据具体原因采取措施，或者给予足够的耐心等待学生思考，或者追加难度，或者提供线索，或者给予鼓励等。教师不能一概而论，更不必惊慌失措。

11）讨论超时，怎么办？

为了养成学生高效讨论的习惯，讨论时间到了，教师宜阻止学生继续讨论。如果还有问题没有解决，教师可以在评论时讲解。同时，提醒学生下次注意时间。在下次讨论时，教师提醒学生注意结束时间，如最后 10 分钟、5 分钟的时间节点分别提醒一次。这样，学生不会以为讨论时间是弹性可变的，逐渐养成习惯后，会有时间观念。

12）读书笔记敷衍了事，怎么办？

对这个问题的回答和第 3 题有共同之处。

教师首先确保在小组讨论时每位学生都要发言，以同伴压力迫使学生重视前期准备。其次，对于不认真的学生，教师需要勤加提醒。但是，不建议教师把主要的时间和精力花费在个别学生身上，教师需要对全部学生负责，尽量公平，尤其不宜忽视存在感弱的学生。

13）学生写作文时，论据很幼稚又很匮乏，怎么办？

学生涉世未深、阅读量小，必然会有视野狭窄、知识贫乏的现象。教师应该鼓励学生关心时事、关心评论、增加阅读量，并在允许的范围内，为学生提供更多的阅读物，如视频、音频、新闻、选文等。要求学生养成“读后三思”的习惯，在阅读之后思考“是否合理”“我的看法”“如何运用”三个问题，能够诉诸文字更好。

14）学生不会写读书笔记，怎么办？

开始的时候，读书笔记可以以简答题的形式出现，逐渐升级为论述题、短文、文章，循序渐进，不求一步到位。

15）经常讨论会不会影响教学进度？

不会。以 1 课时内容为例，平时授课模式是“讲解+提问+作业”。对分课堂的课时是 0.5+0.5，授课模式为“0.5 课时讲解+课下作业+0.5 课时讨论”。就时间上而言，只是把一天 1 个课时拆分为两天各 0.5 课时，留一个晚上给学生内化吸收、写作业。因此，对分课堂并不要求额外的课时。

另外，教学是一个循环互动的过程。这个过程其实有两个进度：教师的授课进度、学生的学习进度。很多教师都有考试之前“赶进度”的经验，这里的进度是指“教师的授课进度”，不是学生的学习进度。站在掌握学习的立场上，“赶进度”是低效教学。当然，授课现场还需要考虑很多现实因素。但是，还是要尽量保持教师授课进度和学生学习进度一致，并把学生的学习进度放在首位，毕竟教还是为了学。

16）学生的学习效果真的会好吗？

良药需要良医对症下药，使用不当，良药也会变毒药。同时，病人是否能痊愈，也要看病人是否谨遵医嘱、按时服药。对分课堂是一种可供教师选择的教学方法，并不是唯一的教学法。使用对分课堂是否有效果也取决于多方面的因素，包括但不限于：教师使用是否得当、学生的学习态度、使用的时间等。在各方因素配合得当的情况下，对分课堂效果突出。这背后的原因有很多，深入的理论分析参见丛书总论《对分课堂：中国教育的新智慧》。这里简单举一例。

上课时，很多教师说过这样的话：“我讲过吗？我已经讲过好几遍了，为什么还错？一点儿印象都没有吗？”是的，无论教师讲过多少遍，就是会有学生一点儿印象都没有。为什么？因为学生没有记住。听讲是一种被动学习，知识存留率非常低，因为学生没有被调动起来，学生不积极、不兴奋，就很容易忘记，甚至“左耳进，右耳出”。因此，要提高知识的存留率必须让学生从被动学习转换到主动学习，让学生自己思考、自己动手、自己讨论。

对分课堂的基本模式分为5步：教师讲授—学生思考—学生做作业—小组讨论—全班讨论。除了教师讲授之外，其他4步都是学生主动完成。在对分课堂中，教师讲1遍，学生自己重复4遍；讲授式课堂中，教师重复5遍。所花费课时一样，哪一种学习效果更好？哪一种情况教师更轻松？在讲授式课堂中，学生自己重复4遍，又需要花费多少课时呢？

第三章

高中语文对分课堂教学案例

第一节　高一、高二阅读

第一部分：戏剧与小说

对分教学教案一：《雷雨》（节选）

执教者：马迎红

一、教材分析

《雷雨（节选）》位于全日制普通高中语文教材人教版必修4第一单元。这个单元是高中课本中首个戏剧单元，由本文、古典戏曲《窦娥冤（节选）》和莎士比亚戏剧《哈姆莱特（节选）》构成。话剧是西方戏剧的主要样式。中国话剧在产生和发展的过程中受到西方话剧的影响很大。欣赏话剧作品，应当注意把握居中的主要矛盾，品味个性化的人物语言，也可进一步推想戏剧的艺术效果。

本单元的学习将使学生了解话剧常识，解读名家名剧，初步踏入戏剧之门。而《雷雨》是中国现当代戏剧的扛鼎之作，本文节选自曹禺先生的代表作《雷雨》第二幕。因此，以开放的思维、灵活新颖的模式学习本文，将对单元学习产生良好的导向作用。

二、学情分析

1）高中学生能够通过互联网等途径查阅资料，归纳整理有用的信息。

2）由于高考的压力，学生课业繁重，这使学生对参与或者观看课本剧表演有着浓厚的兴趣。

3）高中学生的思维特点是开始由抽象逻辑思维向理论型思维转化，因此，学生能够在对材料进行分析之后得出相应的结论。

三、目标分析

1. 知识与技能

1）了解并掌握现代戏剧常识。了解话剧《雷雨》的故事情节、人物之间的关系及剧中的矛盾纠葛。

2）深入了解矛盾冲突，品味个性化和富有动作性的语言，把握剧中人物形象。

3）辨析悲剧的性质及成因，归纳文章主题。

2. 过程与方法

1）教师讲解部分现代戏剧常识，学生独立学习，了解戏剧常识、话剧《雷雨》的故事情节，小组讨论进一步明确人物关系。

2）教师指导学生独立研读剧本语言，学生小组合作，将课文节选部分内容排练成课本剧，切身体味剧中的矛盾冲突，从而把握人物形象。

3）评论剧中人物性格及遭遇，辨析悲剧成因；综合信息，归纳总结剧本主题。

3. 情感态度与价值观

点评剧中人物，辨析悲剧的性质及成因，增强对社会、人生的理性认识。

四、教学策略

以对分课堂模式为主。

五、教学环境和资源准备

1）教学环境：网络环境、多媒体环境。

2）资源准备：教学 PPT。

六、教学过程

第一课时

（一）教学目标

了解并掌握现代戏剧常识；了解话剧《雷雨》的故事情节、人物之间的关系及剧中的矛盾纠葛；分角色朗读课文，初步感知文本。

（二）教学重点

1）学生独立搜集现代戏剧常识和话剧《雷雨》的有关资料，小组讨论整合，去粗取精，查缺补漏。

2）分角色朗读课文，初步感知文本。

（三）教学难点

理清话剧《雷雨》复杂的人物关系和矛盾纠葛。

（四）教学步骤

1）课前布置作业，让学生利用手中资料和网络，搜集戏剧常识，了解话剧《雷雨》的故事情节，为学习课文做好准备。

2）对分小组讨论整理组员手中的戏剧常识资料。

3）对分小组讨论明确整部话剧《雷雨》的故事情节，明确人物关系。

明确：

PPT 展示话剧《雷雨》人物关系图：

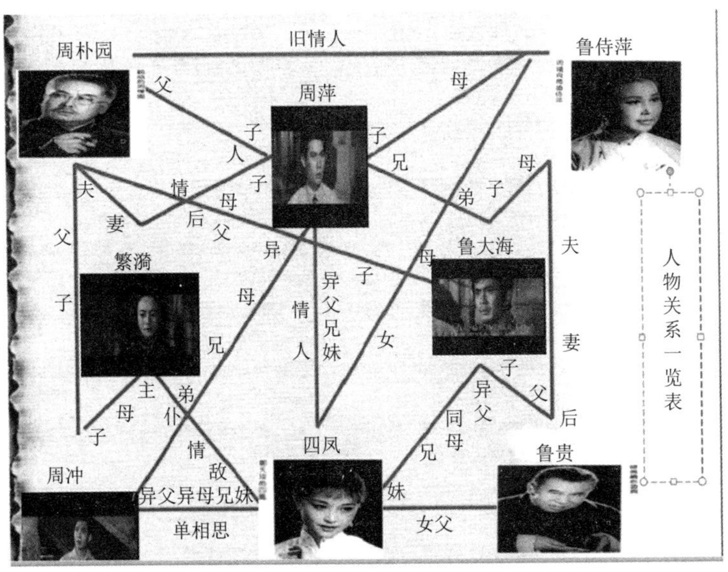

第 二 课 时

（一）教学目标

品味语言，深入了解矛盾冲突，把握剧中人物形象。

（二）教学重点

1）以对分小组为单位，分角色朗读剧本。

2）小组研读剧本，并排练表演课本剧，品味语言，深入了解矛盾冲突，把握剧中人物形象。

（三）教学难点

人物性格的剖析。

（四）教学步骤

1）把课文中前后两个矛盾冲突较为激烈的片段分别命名为“周朴园的矛盾”和“鲁侍萍的儿子”，分角色朗读课文，初步感知个性化的人物语言。

2）将全班 60 名学生分成 10 个对分小组，每组 6 人，以小组为单位，品味戏剧语言，拿捏人物对话语气，准备排演课本剧。

3）利用课余时间，组内成员一起讨论，排演课本剧，进一步品味人物语言，把握戏剧矛盾冲突。

第三课时

（一）教学目标

1）评论剧中人物性格及遭遇，综合信息，归纳总结剧本主题。

2）辨析悲剧的性质及成因，增强对社会、人生的理性认识。

（二）教学重点

组织课堂讨论，及时点评学生发言。

（三）教学难点

引导学生客观评价人物，正确认识社会。

（四）教学步骤

1）课前，利用晚自习时间让学生表演排演好的课本剧，让所有学生身临其境，感受人物形象，品评戏剧矛盾冲突。

2）上课时，学生根据各自的排练经验和观看他组表演的心得，评论剧中人物形象，教师及时评价。

3）教师引导学生辨析悲剧成因，总结归纳文章主题。

4）读戏剧，悟人生。以小组为单位，完成《读戏剧，悟人生》话剧排练体验报告。

对分教学教案二：《套中人》

执教者：孙欢欢

一、先导课

1. 讲解内容

作家与写作背景的介绍、生字生词、写作目的、文章主旨。

2. 预留问题

1）如何理解“套子”？表面上指什么？其深刻含义是什么？

2）分析别里科夫的人物形象。作者通过哪些手法刻画这个人物？与一般小说中的人物描写相比有何不同之处？

3）为什么说别里科夫代表了当时社会的普遍现象？

4）文本中除了别里科夫之外的人物，可以分成几类？分类依据是什么？他们之间有何不同？

5）别里科夫的葬礼是否合乎常情？如何理解别里科夫生前对小镇的统治和小镇在别里科夫死后一周恢复平静的诡异现象？

6）鲁迅认为中国的历史可以分为两种时代：想做奴隶而不得的时代；暂时做稳了奴隶的时代。结合本课，谈谈你的理解。

7）如何理解文本中的“爱情”“结婚”“笑”“死亡”？

8）如何辩证、全面地看待保守的性格特点？请结合身边的例子进行思考。

9）鉴赏文本的语言特色。哪些地方体现了讽刺、夸张和漫画的手法？（每组必答题）

注：以上问题的回答都需要提供来自文本的依据。

二、交互讨论

1）所谓“套子”，表面上指别里科夫的衣着、行为、职业、口头禅，实际上是保守的思想禁锢。作者对别里科夫的描写中，并没有涉及面部表情，把别里科夫塑造成一个没有脸的人，别里科夫就成了一件玩偶衣服，每个人都可以套上“别里科夫”这件衣服，露出自己的脸，因此，别里科夫本身也成为一个套子。别里科夫是作者通过夸张的手法放大了人性中的保守，以讽刺的手法、辛辣的语言提醒读者注意，实际上这样的人在生活中比比皆是，或者说，每个人性格中都有一个“别里科夫”。村子里的每一个人也都是“别里科夫”，别里科夫并没有去世，他进入了村子里每个人的灵魂，所以村子才会很快恢复到原来的生活模式。

2）瓦连卡和科瓦连科是一个封闭世界的闯入者，他们无意识地为这潭死水带来了新鲜与波动。伊凡•伊凡内奇是村子里已经开始觉醒的人。布尔金是村子里其他围观者的代表，他们的身上都有别里科夫的影子，只是没有被放到显微镜下放大而已。

3）奴性被内化之后，既难察觉，更难改变。有些已经觉醒的人能够成功地冲破樊笼，进入一个新世界；有些觉醒的人追求自由的尝试反而以死亡告终——清醒地死去；有些人终生蒙昧、幸福地活着——可见，幸福并不是人类最高的精神追求。

4）保守有局限性，但并不是邪恶，不能进行简单的价值判断。在某些情况和历史时期，保守并不完全是阻挠变革的代名词，也代表了更加稳妥安全的方式；对于个人而言，选择保守的生活方式也是一种自由。

5）文本语言特色的具体分析过于琐碎，在此并不赘述。

三、教师总结

教师对学生讨论进行总结，针对文本中的几个句子训练夸张、讽刺手法的鉴赏技巧。另外，补充一些与文本主题相关的名人名言和文章，如《小公务员之死》《宣告》《人因为思想而伟大》。

对分教学教案三：《山羊兹拉特》

执教者：马迎红

一、教学目标

1）熟悉小说的故事情节及人物关系。
2）把握小说的多元主题。

二、教学重点

运用对分小组讨论的模式解决或升华个人独立完成的作业中存在的问题。

三、教学难点

1）怎样引导学生对小说主题进行多元化解读？
2）对学生解读的多元主题应该怎样合理评价？
3）小说主题的现实意义怎样把握？

四、教学步骤

（一）导入新课

世界的美妙在于千姿百态的风光，在于习性多样的生物，也在于性格各异的人类，所有的不同，组成了丰富多彩的大千世界。江南水乡的温婉玲珑和塞北大漠的雄浑壮丽，都是美的；春赏百花秋望月，夏乘凉风冬踏雪，不同的季节有不同的美；横看成岭侧成峰，远近高低各不同，不同的角度存在着不一样的美。可以说，世界因多样而美丽。我们在阅读一篇小说的时候，也可以从不同的角度去发现问题。同学们不应该把自己的思维限定在同一个问题之中，我们应该多角度、多层面地去解读小说，来丰富它的主题。

（二）进入正题

1）PPT 展示话题“小说主题的多元化解读”。
2）举例讲解。《红楼梦》的研究、莫泊桑小说《项链》的主题解读等。

（三）研读文本

1. PPT 展示问题，让学生独立完成

1）把握小说的故事情节和人物关系。

2）用第一人称的方式讲述山羊兹拉特以后的命运。

同学们，请大家拿出笔记本，如果你对这两个问题有自己的理解，请把它记下来，如果有一些疑惑甚至困难，也把它记下来。（6～8 分钟。）

2. 对分小组讨论以上两个问题

接下来，请大家就你对这两个问题的理解，在对分小组中进行讨论。把你的困惑说出来，把你的理解讲出来，汲取他人的经验，审视自己的思维盲区，肯定他人，提高自己。（10 分钟左右。）

3. 小组分享

好的，接下来我们请小组代表发言，来阐释你们的观点。

（四）教师总结

（难以预料学生的反应及他们的讨论结果，这部分只能临场应变了。）

教学片段实录

探讨小说《山羊兹拉特》的主题

（这是我第一次用“对分”方式讲授小说，这堂课的教学难点是引导学生对小说主题进行多元化解读，为此，我设计了一个问题，即“用第一人称的方式讲述山羊兹拉特以后的命运”。要求用“第一人称”，就是想让学生设身处地，用山羊的心理和语言设想。在独立学习阶段，大多数学生都在练习本上以“我”开头，或多或少写了一些。当进入对分讨论环节的时候，我观察到学生很兴奋，想说的很多。我根据录像，整理了学生在全班交流阶段的发言，呈现如下。）

师：同学们，我们发现，其实这篇小说的情节并不复杂，勒文一家因为家庭经济问题决定卖掉家里一只叫兹拉特的山羊，大儿子阿隆在卖羊途中突遇暴风雪，于是人与羊一起躲避风雪，三天三夜的时间彼此相依为命，渡过难关。风雪平息之后，阿隆带着山羊直接回到家里，包括父亲勒文在内的家人感恩于兹拉特的救命之恩，再也没有提起卖羊的事。

也是因为这场风雪，父亲勒文又有了工作，家里的经济条件好转，于是在这个寒冷的冬天，兹拉特受到了全家人的礼遇，它甚至能和孩子们一样吃到阿隆母亲做的油煎鸡蛋薄饼，在温暖的炉火旁看着小主人们嬉笑玩耍。这是多么温馨的场面。

刚才同学们一起讨论设想了山羊兹拉特今后的生活，下面我们就听听大家的意见。

生 1：老师，同学们，我们组四个人的讨论可谓很艰难，因为我们意见不统一。因此，最终我们觉得山羊兹拉特可能有两种结局：一种就是勒文一家和兹拉特从此幸福地生活在一起，直到兹拉特寿终正寝，说不定它还会有一座墓碑，上面写着“救命恩羊兹拉特”之类的话；另一种结局就残忍一点，第二年冬天，勒文一家的经济状况依然没有好转，无奈之下他们又想到了兹拉特，于是，兹拉特和阿隆再次踏上了去往城里的路，而且这次没有风雪，没有迷路，他们很顺利地到达了屠夫的家，一手交钱一手交货。

师：求同存异是个好现象。我觉得你们讨论的这两种结局都有合理之处。

生 2：老师，我觉得刚才这一组设想的第二种结局应该不可能。小说结尾处写道：“有时，阿隆问它：‘兹拉特，你还记得我们一起度过的那三天三夜吗？’兹拉特用角搔搔颈背，摇摇长着胡子的脑袋，发出它那唯一的声音：‘咩—’”从这可以看出，阿隆时时记得他和兹拉特相依为命的三天三夜，所谓患难见真情，这次经历会给阿隆刻骨铭心的印象，他不会允许把兹拉特推向死亡的事情再次发生。小说开头，听说兹拉特要被卖掉，阿隆的母亲还有他的两个妹妹都很不舍，可见阿隆的家人也不愿意卖掉兹拉特，所以我们组的讨论结果是兹拉特应该会平安寿终。

师：从课文中寻找依据来支撑自己的观点，这一点很好。

生 3：我们组一致认为，山羊兹拉特绝对逃不掉被卖或者甚至被杀的结局，因为它是一只山羊。当勒文一家的生活难以为继时，他们肯定会首先想到羊。推而广之，当自己的利益受到威胁的时候，人们首先想到牺牲别人。所以，我们觉得这篇看似温情脉脉的小说其实是要批判人类的自私残忍。

生 4：我同意他的观点。我们觉得这篇小说的主题并不像表面上这么简单。摆在勒文一家面前的现实问题就是暖冬使农作物歉收，小说第二段也说“它（山羊兹拉特）老了，挤得奶也很少”，没什么用了就牺牲它获取最后的利益，或者就直接丢弃它。作为处在食物链顶端的人类，保全自己牺牲他人，是常有的事。活生生的例子就在身边，在我上学的路上，每天都能看到流浪狗流浪猫，它们时常在街角瑟瑟发抖，人们当初把猫啊狗啊买回家的时候喜欢得就像自己的孩子一样，但是时间长了就嫌麻烦，然后残忍地丢弃，还有什么“狗肉节”，这都是人类的杰作。

师：哦？我原本以为这是一个温情故事呢，现在看来似乎没这么简单。

生 5：老师，你们说得也太残忍了，我觉得绝大多数人还是有良知的。对于这篇小说的解读，咱们应该乐观一点。就算勒文一家在经济困难的时候决定卖掉山羊，但这也是情有可原的，算不上残忍。我们高一学习了巴金先生写的《小狗包弟》，作者在无奈之下将小狗包弟送走，之后就陷入良心的不安，事隔多年还一直忏悔，因而巴金也被称为“中国的良心”。小说中当兹拉特救了阿隆的命，原本就对兹拉特很不舍的一家人更是对它特别好，小说倒数第三段结尾处说：“阿隆的妹妹们抱着兹拉特，亲了又亲，并给他拿来胡萝卜和土豆皮。”所以我们组的讨论结果就是，山羊兹拉特会在阿隆一家人的感恩和善待之下，安度晚年。

生 6：安度晚年？老师，我们觉得“安度晚年”恐怕有些困难，不过我倒觉得刚才这一组说卖掉兹拉特是情有可原的这个说法有几分道理，小说第二段开头说：“经过很长时间的犹豫之后，硝皮匠勒文决定把家里的山羊兹拉特卖了。”可见，勒文也是没有其他的办法了，如果来年冬天家里依然困窘，如果勒文家再次决定卖掉山羊，也是情理之中的。可能这就是现实吧，没有温情，也不是残忍，只是现实而已。

师：“只是现实而已”—这句话意味深长啊。

生 3：老师，我想修改我的观点。

师：哦，你有了新的想法吗？是个人观点吧？

生 3：算是我的个人观点吧，听了大家的说法之后，我忽然觉得勒文一家决定卖掉山羊也的确算不上十恶不赦，虽然羊是无辜的，但人也是无奈的，总不能眼看着家人挨饿受冻吧。所以，我觉得这只羊今后的命运如何，已经不重要了，重要的是这家人平时是怎么对待它的。

师：大家说得都很好，有集体的智慧，也有个人的理解，面对一个简单的故事，同学们可以从不同角度去思考，让我很欣慰。

小说描述的故事是一场情感与贫穷的较量。在物质与情感的冲突中，物质需要占了上风，但当人与羊在困境中互相救助渡过危难之后，当然也是在家庭经济危机缓解了之后，情感又开始回归。在这里，我们看到了一只老山羊和一个贫困家庭的亲情故事，也看到了人为了自己牺牲他人利益的残忍自私，而作者用一个温暖的结局，意在唤醒人们的良知也是有可能的；或者说，羊是无辜的，而人也是无奈的，因此买羊的行为是可以理解的。

能带给我们多种思考的小说，无疑是一篇优秀的小说。而同学们能从不同角度挖掘，提炼观点，更显得难能可贵。课堂时间有限，没有发言的同学可能还有别的想法，或者别人的观点给了你更多启发，那就请同学们把今天上课的所得以读书笔记或者小论文的形式整理出来。

第二部分：散文

对分教学教案一：《小溪巴赫》

执教者：孙欢欢

一、教学目标

1）理解通感的修辞手法。

2）掌握利用关键句、关键词理解文本的能力。

3）理解小溪的象征意义。

二、教学难点

理解小溪的象征意义。

三、教学重点

掌握利用关键句、关键词理解文本的能力。

四、教学方法

当堂对分。

五、课时

1 课时。

六、教学过程

（一）知识介绍（10 分钟）

1. 介绍通感的修辞手法并举例

通感就是把视觉、听觉、触觉、嗅觉等不同感官的感觉沟通起来，“以感觉写感觉”。

例如：欣赏建筑的重复与变化的样式会联想到音乐的重复与变化的节奏；闻到酸的东西会联想到尖锐的物体；听到缥缈轻柔的音乐会联想到薄薄的半透明的纱子。

“微风过处，送来缕缕清香，仿佛远处高楼上渺茫的歌声似的。”（朱自清《荷塘月色》）

2. 回忆象征的写作手法并举例

《合欢树》《病梅馆记》《咏史（郁郁涧底松）》。

3. 布置思考问题

1）“这就是小溪的意义吧？”一句中，“小溪的意义”指什么？（请使用原文中的关键词回答）“小溪”指什么？

小溪的意义：不会随时间久远而被埋没，相反，有长久的价值。

小溪：巴赫的音乐。

2）“这才是小溪的性格和品格”“这才是巴赫的性格和品格”两句中“性格和品格”的含义是什么？（请使用原文中的关键词回答。）含义是否相同？“小溪”与“巴赫”是什么关系？

性格和品格：持久、稳定、匀称、安详、恬静。

二者含义相同。

小溪象征着巴赫。

3）“这就够了，这就是小溪的伟大之处”一句中，“伟大之处”指什么？（请使用原文中的关键词回答）

巴赫被称为“音乐之父”；巴赫影响过后世很多伟大的音乐家；后世音乐家通过创作有关巴赫的主题音乐来纪念他。

4）根据以上三个问题，请分析小溪的象征意义。

小溪既象征巴赫，又象征了巴赫的音乐。

5）分析文本中通感的修辞手法。

文本最后三段，通过视觉感受描写听觉感受，表现巴赫音乐的美妙。

（二）小组阅读文本并讨论问题（20分钟）

教师随堂走动，关注讨论内容和讨论进度，适时提醒。

（三）小组发言、教师点评（10分钟）

通过抽签的方式，每组讲解一个问题。其他小组同学可以随时质疑，教师随时纠正。

对分教学教案二：《说“木叶”》

执教者：闵紫雯

一、教材分析

本单元所选都是文艺评论和随笔，或探究艺术表现的语言形式，或评论某种美学现象，阅读这些文章，能打开我们的思路，启发我们去探究某些问题。《说“木叶”》着重分析了中国古典诗歌用“木叶”而不用“树叶”，又由“木叶”发展为“落木”的原因，从而阐发了古典诗歌语言富于暗示性的特质。

本文内容比较集中，围绕古诗中的意象“木叶”深入到“木”的艺术特征，谈诗歌的精微之处的表达效果，由此看出本文思路比较清晰。

二、教学目标

1）知识目标：学习古代诗歌语言富于暗示的特点，进而提高鉴赏古典诗歌的能力，并积累古诗句。

2）能力目标：能运用本课所学知识及获得的方法分析诗歌同类现象。

3）情感目标：借助在品味诗句时的审美体验，唤起学生对古代诗文的热爱。

三、教学重点

1）走进课文，引导学生品味作者引用的诗文，准确体察语言富于暗示性的特点，来解读诗歌语言的内涵和意境。

2）走出课文，淡化教材，引入课外同类文学现象，让学生能够触类旁通，举一反三，真正提高学生独立分析鉴赏的能力，只把教材作为一个例子。本课教材的淡化体现为课外的内容将要占到课时的三分之一。

四、课时安排

1 课时。

五、教学方法

归纳总结、对分讨论、拓展延伸、综合积累。

六、教学过程

（一）知识点回顾

对诗歌意象的定义及其丰富的内涵做简单的回顾。

（二）课前作业布置

1）通读全文，寻找有关“木”的艺术特征。

2）从文中勾画出作者所引用的诗句，并从中选取 4 个诗句，结合文章内容对其中的重点意象，如“木叶”“落叶”“高木”“黄叶”等做简要的赏析。

3）亮闪闪：选择你最喜欢的某一诗歌意象，借助课外资料，搜集并摘抄有关这一意象的诗句（至少 3 个），思考这些诗句中的同一意象都具有怎样的意味、表达了怎样的情感。

要求：都以文字的形式呈现出来。

（三）新课导入

1. 从题目入手解题

“木叶”是什么呢？按照字面的解释，“木”就是“树”，“木叶”也就是“树叶”。

请同学们试比较以下两首诗歌中“高木”和“高树”这两个意象有什么不同（出示幻灯片）。

答　柳　恽

吴　均

清晨发陇西，日暮飞狐谷[①]。

秋月照层岭，寒风扫高木[②]。

雾露夜侵衣，关山晓催轴[③]。

君去欲何之？参差间原陆[④]。

一见终无缘，怀悲空满目[⑤]。

【注】①陇西：郡名，战国时秦所设置。北魏时辖境大致相当于今甘肃陇西县一带。飞狐：自古以来的要塞关隘。②这两句说的是昼夜兼行，不避风寒。③催轴：催车上路。这两句也是说晓行露宿，饱尝风霜之苦。④原陆：高原和平陆。这两句是说，你这一去远隔高原和平陆，究竟去到哪里呢？⑤无缘：无由。这两句是说，今后会面恐怕不容易，面对临别之景，更觉满目凄然。

野田黄雀行

曹　植

高树多悲风，海水扬其波。

利剑[①]不在掌，结友何须多？

不见篱间雀，见鹞[②]自投罗。

罗家得雀喜，少年见雀悲。

拔剑捎[③]罗网，黄雀得飞飞。

飞飞摩苍天[④]，来下谢少年。

【注】①利剑：锋利的剑。这里比喻权力。②鹞：比鹰小一点的一种非常凶猛的鸟类。③捎：挥击。④摩：迫近。“摩苍天”是形

容黄雀飞得很高。

（注释的给出是便于学生更快地理解诗歌内容，为进一步的分析做准备。）

（1）学生活动

1）朗读诗歌，了解诗歌所写的内容。

2）根据注释，初步理解诗歌内容及情感。

3）根据景致描写，简单地进行意象特点分析。

（2）教师提问并指导

根据学生的作答，教师给予相应的引导补充。

明确：

1）吴均的《答柳恽》说："秋月照层岭，寒风扫高木。"

寒风吹拂着高高的树木，枯黄的树叶纷纷飘零，"扫"字用得极其有力，使人想到寒风阵阵，木叶尽脱的景象，渲染出了边地秋天的肃杀气氛。所谓"扫高木"，正说明了"落木千山"的空阔。"高木"则空阔，"木"在这里要比"树"更显得单纯，所谓"枯桑知天风"这样的树，似乎才更近于"木"，它仿佛本身就含有一个落叶的因素。

2）曹植的《野田黄雀行》就说："高树多悲风，海水扬其波。"

正要借满树叶子的吹动，表达出像海潮一般深厚的不平，这里叶子越多，感情才越饱满；"高树"则饱满。

（3）小结

看似概念相同的两个字，在不同的诗歌中的艺术形象及情感内涵却是不同的。

2. 深入文本

（1）教师引导

通过以上两首诗歌意象的对比，我们看到了"诗歌语言的精妙不同于一般概念，差一点就会差得很多"，这也是本文作者林庚想要表达的中心。现在要求学生分组讨论，将课下我们对文中部分诗歌看似相同的意象所做的理解、诠释进行小组交流讨论。

思考诗句中“木叶”或“落木”的意象和“树”“绿叶”“落叶”一类的意象各有什么不同的特点。

课文诗句：

1）袅袅兮秋风，洞庭波兮木叶下。
后皇嘉树，橘徕服兮。

2）洞庭始波，木叶微脱。
桂树丛生兮山之幽

3）木叶下，江波连，秋月照浦云歇山。
庭中有奇树，绿叶发华滋。

4）秋风吹木叶，还似洞庭波。
叶密鸟飞得，风轻花落迟。

5）亭皋木叶下，陇首秋云飞。
皎皎云中月，灼灼叶中华。

6）九月寒砧催木叶，十处征戍忆辽阳。
高树多悲风，海水扬其波。

7）无边落木萧萧下，不尽长江滚滚来。
柔条纷冉冉，落叶何翩翩。

8）辞洞庭兮落木，去涔阳兮极浦。
雨中黄叶树，灯下白头人。

9）秋月照层岭，寒风扫高木。
午阴嘉树清圆

（2）学生活动

1）各组成员借助“亮闪闪”展示自己分析的诗句中相关意象的内涵。

2）有个别诗句意象分析不到位的互相帮助做一下补充。

3）思考教师提出的问题并以书面的形式作答。

（3）师生互动

1）教师抽查4～5个小组，进行全班展示。

2）教师将学生分析不到位的诗句做相应的指导纠正。

3）将学生总结出的答案写在黑板上。

（4）部分诗句的解读

1）袅袅兮秋风，洞庭波兮木叶下——战国楚·屈原《九歌·湘夫人》

袅袅：形容微风吹拂。洞庭：洞庭湖，在今湖南省北部。波：微波泛动。《九歌·湘夫人》是写湘君与湘夫人相约但最终未能相见的故事。这一句，描绘出一幅秋风微吹，湖泊清泛，万木叶落的秋天图画，有着美丽凄婉、如梦如幻的意境。

2）木叶下，江波连，秋月照浦云歇山。——陆厥《临江王节士歌》

诗的开端即以“木叶”“江波”“云山”等景物组成一幅气象开阔、气韵凄清的秋景图。诗歌的前半段着意渲染出由秋景而生发的浓重秋思，笔调明净，气氛凄冷。

（5）思考问题总结

明确：“木叶”或“落木”的意象：① 都是秋季；②都有“秋风扫落叶”的意境；③“木叶”和“落木”给人的感觉是干燥的，是疏朗的清秋的气息；④有色彩上“干黄”的感觉。

“树”“绿叶”“落叶”一类的意象：① 都是树叶茂密的感觉；②都是潮湿的感觉，都是属于像要下雨的、沉沉的阴天；③色彩上是“湿绿”的感觉。

1）“木叶”往往形容秋天干黄的落叶，与秋风紧密相连，是典型的清秋的景象。

2）“树叶”一般是不在古诗中出现的，“树”与“叶”的形象之间不但不排斥，而且十分一致，古诗中往往要表现“枝繁叶茂”的意境就用一个“树”字直接表达了。

3）“落木”比“木叶”更显得空阔，它连“叶”这一字所保留下的一点绵密之意也洗净了。“木叶”与“落木”有一定的距离：“木叶”是“木”与“叶”的统一、疏朗与绵密的交织，是一个迢远而情深的美丽形象，而“落木”表现的是“疏朗的”“空旷的”，是“干燥的枯叶”即将落完的意境。

（6）咬文嚼字

杜甫的《登高》，如果将“落木”换成“落叶”“木叶”好不

好，为什么？通过对比，思考作者使用这一意象旨在表达什么样的意境和思想情感。（学生思考并回答）

理解该诗最关键的意象就是“落木”，正如课文所说，“落木”不是从天而降的木头，而是比“木叶”更加干燥的、干枯的树叶，杜甫用这一意象渲染“秋风扫落叶”及“干燥的枯叶”即将落完的意境（无边落木萧萧下），登高远望，满眼的肃杀凄凉，为下文的忧国伤时做好充分的铺垫。使用落木进一步渲染秋天的气氛：使秋意甚浓，无边的枯叶纷纷落下，一片肃杀凄凉的景象，为下文写人生之秋的情感表达铺垫张本。主题更为鲜明，意境也更为开阔。

（7）小结

概念相去无几的词语，艺术形象相差几乎是一字千里。

（8）板书

说“木叶”

林　庚

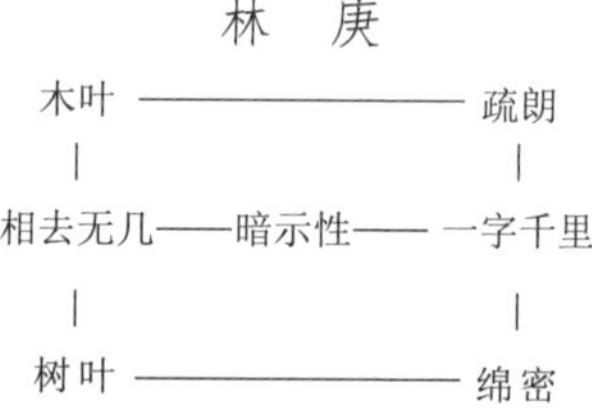

（9）全文总结

通过以上实例说明诗歌语言具有暗示性。从原文中找到有关语言暗示性的表述（读第五段：要说明“木”它何以会有这个特征，就不能不触及诗歌语言中暗示性的问题，这暗示性仿佛是概念的影子，常常躲在概念的背后，我们不留心就不会察觉它的存在。敏感而有修养的诗人们正在于能认识语言形象中一切潜在的力量，把这些潜在的力量与概念中的意义交织组合起来，于是成为丰富多彩一言难尽的言说；它在不知不觉之中影响着我们；它之富于感染性启发性者在此，它之不落于言筌者也在此）。

3. 迁移延伸

诗歌语言的暗示性更多体现在诗歌的意象之中。意象就是融入了诗人主观情感的客观物象。所以，鉴赏诗歌，要把握诗人的情感，关键是揣摩意象，而古诗中的意象，一般有相对稳定、暗示的特点，如“木叶”“落木”表达的都是肃杀凄凉、悲秋的意境。

（1）学生“亮闪闪”展示

将学生借助课外资料，搜集并摘抄的有关某一意象的诗句（至少 3 个）展示给全班同学，简单总结这些诗句中的同一意象都具有怎样的意味、表达了怎样的情感。

1）“流水落花春去也，天上人间。”（李煜《浪淘沙》）

“无可奈何花落去，似曾相识燕归来”（晏殊《浣溪沙》）

“离愁渐远渐无穷，迢迢不断如春水。”（欧阳修《踏莎行》）

“问君能有几多愁？恰似一江春水向东流。”（李煜《虞美人》）

学生思考、教师引导：

流水、落花：流水、落花的意象，往往代表生命的短暂，惜春、伤时的惆怅愁怨的浓厚和不绝，以及对死亡的焦虑和忧伤。

2）南朝乐府民歌《西洲曲》：“忆郎郎不至，仰首望飞鸿。”

李清照词云：“雁字回时，月满西楼。”“雁过也，正伤心，却是旧时相识。”

学生思考、教师引导：

鸿雁：苏武牧羊的故事大家都知道，他曾把书信缚在雁足之上带回祖国，这就是人们常说的“鸿雁传书”。所以，“鸿雁”常借指书信。“望飞鸿”就是盼望书信的意思。雁过也，大雁没带来盼望已久的书信，引起了女词人无限的思念。

3）骆宾王《咏蝉》：“西陆蝉声唱，南冠客思深。”

宋人柳永《雨霖铃》：“寒蝉凄切，对长亭晚，骤雨初歇。”

学生思考、教师引导：

寒蝉：秋后的蝉是活不了多久的，一番秋雨之后，蝉便剩下几声若断若续的哀鸣了，命折旦夕。因此，寒蝉就成了悲凉的同义词。

第一首以寒蝉高唱，渲染自己在狱中深深怀念家园之情。第二首还未直接描写离愁，凄凄惨惨戚戚之感已充满读者心中，酿造了一种足以触动离愁别绪的气氛。

4）明月：千年来，月寄愁情。自然界的月明月阴、月圆月缺与人世间的团圆、分离有相似之处，因而诗人笔下的月便常常与人的悲欢离合联系起来，人们也总是用月来寄托对家乡、对亲人的思念。月升月落、月圆月缺象征时间，诗人以月光流逝喻生命，因而月光是生命的，是时间的，古人常以月伤感生命的流逝、岁月的流逝。月代表爱情，皓月当空，令人遐思，月是情绪的，情到深处，月夜里月便自然与情爱相连了。

（2）小结

可见，同样的意象，在不同的语境中表达的思想情感也不尽相同。

（四）结束语

我们的古诗人是“敏感而有修养的”，他们似乎参透了深奥的美学和心理学原理，创造了耐人寻味的精妙的诗歌语言，这语言是不可能做出所谓的科学的解答的，需要我们用心灵去解读它的无限“暗示”，从而领略它的无限精妙。“诗歌是激情和想象的艺术。只有用你的激情与想象去品读，‘诗的感觉’才会喷涌而出。”

第三部分：实用类文本

对分教学教案一：《中国建筑的特征》

执教者：马迎红

一、教材分析

自然科学小论文，是科普作品中常见的一种样式，一般是用通俗易懂的语言，介绍自然科学中某一领域的知识，阐述一种科学理念和科学方法，传播科学知识，弘扬科学精神，借以引起大众对科学的关注和热爱，促进科学知识的普及。学习这类文章，重在沥青作者思路，归纳文章的观点，加深对课文内容的理解。还要注意品味其语言特点。

《中国建筑的特征》运用简洁、严密、明晰的语言，首先从立体结构、平面布局和结构特点三方面，阐述了中国建筑的九大特征。接着，作者提出了中国建筑的“文法”和“可译性”的问题，既有形象生动的描述，又有理论层面的解释，给读者清晰的印象。

二、学情分析

学生对于科普类文章大多兴趣不高，学习本课要注重创设情境，激发学生的学习兴趣。本文阐述的中国建筑的九大特征中有几种比较难理解，如“斗拱”“举折，举架”，又如中国建筑的“文法”“词汇”“可译性”等问题，应当用对分教学模式，在教师讲解的基础上，让学生运用独立学习、对分讨论的形式，解决简单问题，最后以全班交流的方式解决疑难问题。

三、教学目标

1）把握文章的整体脉络，理清文章思路。

2）了解并认识中国建筑的特征，提高对我国古典建筑的审美能力，进而激发学生对中国古典建筑文化的热爱之情。

四、教学重点、难点

1. 重点

1）把握文章的整体脉络，理清文章思路。

2）了解并认识中国建筑的特征，提高对我国古典建筑的审美能力，进而激发学生对中国古典建筑文化的热爱之情。

2. 难点

了解并认识中国建筑的特征，提高对我国古典建筑的审美能力，进而激发学生对中国古典建筑文化的热爱之情。

五、教学方法

对分模式教学法。

六、课时安排

2 课时。

七、教学过程

1. 导入新课

（幻灯片出示网评最丑建筑图片：“沈阳方圆大厦”“北京燕郊天子大酒店”“苏州东方之门”等。）

师：近日，媒体在网络上评出了所谓十大最丑建筑，我们大家一起来看看，到底丑在哪里？（学生自由评说，教师不做点评。）

（幻灯片出示北京故宫图片。）

大家觉得这几个建筑如何呢？

（幻灯片接着出示中国古典建筑图片“滕王阁”等。）

同学们，这些都是中国古典建筑的典范，它们有何共同特点呢？

（学生应该能说出飞檐、红色等特征。）

大家说得很好，那我们来看看，著名建筑学家梁思成先生经过数十年实地考察，总结出来的中国建筑的特征都有哪些，在哪些方面你和梁思成先生说的一样。

2. 阅读文本，明确本文的写作思路

第一步，学生快速浏览，独立整理文章思路。

第二步，对分小组讨论，得出一致观点。

第三步，全班交流，教师把关。

第一部分（1～2 段）：从地域分布和历史跨度方面说明中国建筑的影响。

第二部分（3～13 段）：分析中国建筑的九大特征。

第三部分（14～17 段）：探讨中国建筑的“文法”和“词汇”。

第四部分（18～20 段）：提出“可译性”，并倡导发扬民族优良建筑传统。

3. 研读文本，筛选信息

问题一：直接进入文本第三部分，了解并认识中国建筑的九大特征。

第一步，教师示范讲解第一种特征。

1）立体构成——单个的建筑自下而上一般是由台基、主体（房屋）和屋顶三个主要部分构成的。

第二步，学生独立归纳并理解其余八种特征。

2）平面布局——一座房子由一个建筑群落组成，左右呈轴对称，主要房屋朝南，整个建筑群有主有从，有“户外的空间”。

特征三至特征五说明中国建筑的结构特点。

3）木材结构——以“木材做立柱和横梁”的框架结构，并解释了中国建筑的力学原理，指出这与“现代的钢筋混凝土构架或钢骨架”在结构原则上是一样的。

4）斗拱——拱是“弓形短木”，斗是“斗形方木块”，它们组合起来称“斗拱”。“斗拱”是中国建筑最显著的特征之一。

5）举折、举架——梁架上的梁是多层的；上一层总比下一层短；两层之间的矮柱总是逐渐加高。这叫作“举架”。

特征六至特征九介绍中国建筑外观、颜色、装饰等方面的特点。

6）屋顶——是“中国建筑的典型形象”，盛称翘起如翼的屋顶是我们民族文化的骄傲。

7）色彩和绘画——大胆地使用朱红色，而且还大量用彩绘来装饰木架部件。

8）装饰和部件——大到结构部件、脊吻、瓦当，小到门窗、门环、角叶，都具有很强的装饰形状或图案。

9）建筑用材方面的装饰——有色的琉璃砖瓦、油漆、木刻、石雕、砖雕等，无不尽显中国建筑的装饰特征。

第三步，对分小组进一步讨论独立学习成果。

第四步，全班交流，提出疑难，教师讲解。

课堂预案：按照以往讲授这节课的经验，学生最难理解的是 4）

“斗拱”和5）“举折，举架”，如果有这种情况，教师可以引导学生用如下表格对这两个难点进行理解，还可以进一步播放演示视频，帮助学生理解。

“斗拱”“举折，举架”示意表

名称	所处部位	定义	作用
斗拱	立柱和横梁交接处	拱是“弓形短木”，斗是“斗形方木块”，它们组合起来称“斗拱”	用以减少立柱和横梁交接处的剪力，还具有装饰作用
举折，举架	两层梁架之间	梁架上的梁是多层的；上一层总比下一层短；两层之间的矮柱总是逐渐加高。这叫作“举架”	为了形成屋顶的斜坡或曲面

问题二：怎样理解中国建筑的“文法”“词汇”“可译性”？

第一步，教师示范讲解“文法”的概念。

这是一种比喻的说法，借语言文字中的“文法”的术语来说明中国建筑的风格和手法。所谓中国建筑的“文法”，是中国建筑几千年来形成并沿用的惯例和法式，从建筑框架到整体构成，从台基到屋顶，都有一定规制，有它的“拘束性”，但也有它的“灵活性”，体现在具体的建筑上，既表现出中国建筑的一贯风格，又独具个性。

第二步，学生独立学习，理解“词汇”和“可译性”的概念。

第三步，对分小组讨论。

第四步，全班交流，提出疑难，教师讲解。

课堂预案：教师可以运用如下表格，帮助学生理解。

中国建筑的“文法”和“词汇”表

语言和文学	建筑学
词汇	建筑的单个构件和因素
文法	中国建筑的手法和风格
文章	建筑或建筑群
大文章	宫殿、庙宇等
小品	山亭、水榭等

建筑的“可译性”表

语言和文学	建筑学
可以互相翻译，同一个意思可以用不同的语言形式来表达。因为人类的情感是共通的，如“微笑”，英语国家的人也会“微笑”，英语有词汇 smile，这两个词语就可以互相翻译了	各民族建筑的功用或主要性能是一致的，有相通性。例如，天坛皇穹宇与罗马的布拉曼提所设计的圆顶子，都有敬天和回音的效果，寓意着人间言行都被天神所洞察

4. 提高对我国古典建筑的审美能力，进而激发学生对中国古典建筑文化的热爱之情

（幻灯片再次出示“故宫”“滕王阁”等建筑图片的细节部分，让学生在图片上指认中国建筑的九大特征。）

师：同学们，你们能从我国这些古典建筑的图片中指认出中国建筑的九大特征吗？想想，在学习课文之前，我们说对了几个？

（幻灯片出示凯旋门和北京的琉璃牌楼、巴黎的纪念柱和我国的华表。）

同学们，从建筑的“可译性”来说，我们从文后的注解中了解到，凯旋门是古罗马的统治者为了炫耀对外战争的功绩而建成，我们也知道我国的华表是用于标志和纪念的建筑物，那么我们可以推想北京琉璃牌楼和巴黎纪念柱的作用吗？

（明确：北京的琉璃牌楼具有表彰、旌功等作用；巴黎的纪念柱是为纪念奥斯特里茨战役而建。）

学习了这篇课文，你有什么收获？

（学生自由发言，教师随机点评。）

同学们，你们知道吗？第二次世界大战时期，盟军准备对日本本土进行地毯式轰炸，梁思成为美军提供了日本古建筑集中的地区，并在地图上标明了详细地址。美国军官不解，梁先生说：要从个人

感情出发，我恨不得炸沉日本，但是古建筑绝不是某一个民族的，而是属于全人类文明的结晶，一旦炸毁是无法补救的。因此，在盟军的轰炸中，京都及奈良的古建筑奇迹般地毫发无损，直到如今日本学者都将梁思成奉为“古都恩人”。

为保护古建筑而不余遗力的梁先生，他的胸襟和气度让人钦佩。在当代中国，还留存有很多的古建筑，希望同学们了解它们、认识它们，进而热爱它们。

对分教学教案二：《奥斯维辛没有什么新闻》

执教者：闵紫雯

一、教材分析

《奥斯维辛没有什么新闻》是人教版高中语文必修1第四单元第一课的一篇新闻特写，它描述了作者参观奥斯维辛集中营德国法西斯杀人工厂的见闻和感受。《奥斯维辛没有什么新闻》这篇新闻不同于一般的新闻报道，它打破了客观报道的传统，与同类题材的新闻选取的角度有很大的不同。它直接讲述自己及周围参观者的所见所感，字里行间灌注着自己的情感。作者参观奥斯维辛集中营，发现了不平静的风暴，感受到了罪恶与善良的对立，提醒人们不要忘记历史。学习本文，对学生进行情感教育，让学生学会珍惜和平生活有着重要的意义。

通过学习前一篇新闻《别了，“不列颠尼亚”》，学生已经学习了新闻的相关知识。对于新闻类文章，在以往教学中，往往重视理性的分析，而忽视自主合作的学习，轻视学生的情感体验。因此，在学习目标的确定上，本设计力图体现新课程理念，突出重点而不求面面俱到。努力实践语文课程标准的三维目标，在教学中着力于情感价值观的正确引导和培养，又不忽视基础知识、基本技能训练，注重语言运用能力的培养。为实行课下自主学习探究，课上合作讨论的对分学习方式留下了较大的空间，同时也体现了平等合作的师生关系。基于此，制定教学目标如下。

二、教学目标

1）体会以乐景写哀情、侧面描写、细节描写等多种手法在新闻写作中的作用。

2）理解本文独到的新闻报道视角。

3）理解平实语句中蕴含的丰富内涵。

4）了解沉痛的历史，了解法西斯惨无人道的罪恶行径，体会作者的沉痛心情和忧患意识，培养学生热爱和平的道德情操。

三、教学重、难点

重点：体会作者平实的语言下蕴含的感情。

难点：理解侧面描写的衬托作用。

四、教学方法

对分讨论模式教学法。

五、学生学法

个性化的独立学习；小组讨论，全班交流。

六、课时安排

1 课时。

上节课通过对《别了，“不列颠尼亚”》的学习，学生已经较为系统地了解了新闻的相关知识点，特别是对文中部分句子的理解与分析，让大家认识到了不同手法在新闻写作中的作用。本课将更进一步地让同学们感知新闻中的语言魅力。

本课运用的是隔堂对分模式。因此，在学生独立学习过程中，我布置了以下两个问题让学生思考，并在文中做批注：

1）通过对文本的阅读，请用 2～3 个词语来概括你眼中的奥斯维辛集中营。

2）本篇“没有什么新闻”的新闻为什么会获得美国新闻界的最高奖？它的成功之处表现在哪里？

提示：可以从不同的写作手法入手来分析原因。

七、教学过程

（一）课堂导入

新闻重在一个“新”字，指发生的新事情。（简单地说一两个当日的早间新闻内容，强调这就是新闻。）

1958年，时隔第二次世界大战结束的13年后，当《纽约时报》记者罗森塔尔到奥斯维辛集中营采访时，昔日的法西斯大屠场已没有什么重要的事情发生了，有的只是每天来自世界各地的参观者，奥斯维辛似乎没有什么新闻了，然而罗森塔尔却以一篇题为“奥斯维辛没有什么新闻”的新闻获得了新闻界的最高奖——普利策奖，这又是什么原因呢？我们一同去文中寻找答案。

（二）整体感知课文内容

通过作者所见所闻的记录，我们看到了，也了解到了奥斯维辛集中营，那么这里究竟是个什么样的地方？请同学们用词语简单地概括对它的初步印象。

学生活动：学生自由发言，教师不做点评，可在黑板上书写几个极具代表性的词语。

教师引导：幻灯片展示并进一步补充讲解奥斯维辛集中营。

通过直观的视觉冲击，我们更进一步了解到了这个可怕的集中营，此时大家的心情是怎样的？（同学们自由发言。）

引导提问：在这篇新闻报道中，作者有没有这样直观地再现历史？有没有集中刻画集中营是如何残害“犯人”的？（没有。）那我们是怎么体会到它的可怕之处的呢？

引导提示：注意作者是如何描写它的可怕的，选取了哪些角度来进行描述。

学生活动：

1）独立思考，在文中勾画标注。

2）小组讨论，补充完善，统一内容及观点。

3）全班交流，教师补充。

作者描写的重点不仅仅放在人们熟知的各种实验室中，还重点放在了参观者身上（要求学生寻找描写参观者的语言文字）。通过对参观者的表情、神态、行为、动作的描写，我们感知到了参观者的情感变化：茫然一发抖一惊惧万分一窒息一跪下一恳求“够了”。在这部分中，作者基本将写实与参观者在奥斯维辛集中营的所见所感交织在一起，作者利用人们的情感的震撼侧面反映出集中营的恐怖。就如同先前放映幻灯片时，教师看到学生们各种不同的表情一样。

教师小结：一般的新闻报道是纯客观地记叙，不掺杂个人情感，由事实说话，而本文的写作却不同，作者不仅是记者，还是参观者，他将自己参观的感受当成主要内容来写作，是纯主观性的报道。所以，叙述角度不同、侧面烘托、参与程度不同，这便是其成功之一。

过渡：当然，单凭这一点是不能完全打动读者的，那么它的成功之处还有哪些？还有哪些内容是触动我们心弦的，能够引起心音共鸣？

学生活动：

1）小组对分中“亮考帮”的讨论模式；

2）全班交流，展示各组的讨论结果，提出疑问，教师引导。

教师补充：

请学生深入思考：此时的心情和文章开头结尾的快乐祥和的景象本是矛盾的，作者为何要刻画描写这一场景？

提示：由诗歌的写作方式入手加以分析。

补充资料：诗歌改写（附后）。

解答：眼前阳光明媚，心中阴霾难除，反差对比，以乐衬哀。

教师小结：乐景写哀情，以乐衬哀，更增其悲，此乃成功之二。

“考考你”环节教师提问：

1）提问：如何理解“在德国人撤退时炸毁的布热金卡毒气室和焚尸炉废墟上，雏菊花在怒放”这句话的深意？

明确：正义必定战胜邪恶。

2）提问：“这是一个 20 多岁的姑娘，长得丰满，可爱，皮肤细白，金发碧眼。她在温和地微笑着，似乎是为一个美好而隐秘的梦想而微笑。”作者特意描写姑娘的微笑，有何用意？

明确：这正是对法西斯的控诉和斥责，活着的人们应当永远记住纳粹法西斯的罪恶。

教师小结：这些细节描写是耐人寻味的，文章没有阴森、恐怖的镜头，没有血腥的画面，但通过这些细节却能引发人们对生命、人性的思考。所以，令人难忘、深思的细节描写是其成功之三。

写作借鉴：通过对这篇新闻报道的学习，在今后的写作中也应注意到选材的角度及细节描写的刻画。

（三）回归主题，寻根溯源

教师提问：“没有新闻”，作者为何还要来写这篇新闻？（结合文中原句加以分析。）

明确：为了继续揭露法西斯的罪行，让人永世不忘。

（四）总结延伸，写作训练

忘记历史就等于背叛，面对这个集中营，我们同样不会忘记中华民族曾在日本的强盗行径下遭受的苦难，面对曾经的历史，我们也应牢记历史的血与泪，珍惜今天来之不易的和平安定的生活，以史为鉴，强我中华。

假如你是一名记者，同时也是一名参观者，到南京大屠杀纪念馆去采访，那么你会从什么角度来报道这则新闻以展示当年的血腥和屠杀，或者你会拟写一个怎样的标题来引人注意呢？请同学们课下做认真思考并写作，下节课我们一同来分享大家的亮点。

附：诗歌改写

在布热金卡
最可怕的事情是
这里居然
阳光明媚温暖
一行行白杨树

婆娑起舞
在大门附近的草地上
儿童在追逐游戏

在布热金卡
本来不该有
阳光照耀
不该有
光亮
不该有
碧绿的草地
不该有
孩子们的嬉笑

布热金卡
应当是个
永远没有阳光
百花永远凋谢的地方
因为
这里曾经是
人间地狱

在奥斯维辛
没有新鲜东西可供报道
这里
阳光明媚
绿树成荫
孩子们在追逐游戏

第四部分：诗歌

对分教学教案：把握诗歌意象专题

执教者：闵紫雯

教学目标

1）在意象内容和意象解读上进行梳理分类，让学生认识了解不同的意象指向类型。

2）让学生了解不同的试题指向所采取的不同的解题方法。

3）指导学生根据试题的具体指向运用相应的技巧方法解题。

本专题设计为两课时，第一课时以当堂对分教学为主，第二课时以隔堂对分教学为主。

第 一 课 时

一、教学设计

1）诗歌意象指向的类型介绍及解题方法的讲解。（重点介绍其中的一个类型及方法，时间 10 分钟。）

教学建议：讲解的过程尽量简洁明了。建议用框架式结构便于学生理解并识记。

2）针对某一意象指向，教师示范性地分析一道较为典型的例题，进行讲解分析。（时间控制在 5～8 分钟。）

教学建议：按照对分课堂的教学模式，在教师讲解完方法后，可以让同学们直接运用方法做题，而后在“亮考帮”的过程中，再进行相应的总结。但是，这毕竟是高三的复习课，学生的讨论时间相对而言是有限的，所以我将示范性的讲解放在了前面，这样可以让学生尽快理解并运用相应的方法解题，而后在讨论的过程中，可以有针对性地解决学生们存在的问题，在节省了时间的同时，也提高了教学效率。

3）事先准备好两道同类型的试题（难、易各一道），由学生当堂练习分析解答。（时间 10 分钟。）

4）对分讨论开始。将学生每 3～4 人分成一组，全班大概分为 12 组，进行“亮考帮”的讨论。（时间 15～20 分钟。）

5）最后教师小结，并布置作业（作业要求与本课内容联系密切，为下节课的隔堂对分做准备）。（时间 1～2 分钟。）

二、教学过程

（一）知识要点介绍

用最为简洁明了的方式讲解相应的知识点，便于学生识记。

1. 了解指向及解读方式（见下表）

指向及解读方式表

意象	指认	分析	揭示
景象	具体的景致	景致的特点	寄予的情致
物象	具体的事物	事物的特征	包含的意蕴、品质
人物	具体的人物	人物的形象	人物的情感

2. 解读意象手法

景：寓情于景，借景抒情，情景交融。
物：寓情于物，托物言志，借物抒怀。
人：动作、细节、神态描写。

3. 技巧方法（重点讲解“景象题”）

1）标题：时间、地点、事件；属于哪一主题的诗歌。
2）作者注释：知人论世，了解作者介绍、创作背景、时代背景。
3）勾画诗歌中出现的意象：积累常见意象的深意、内涵。
4）勾画并注意重点词语：所有意象前面的形容词（色彩词语、

情感态度词语）、动词、副词等词语。

5）注意景和情之间的衔接及答题步骤：景—境—情。

（二）典型例题分析讲解

雪晴晚望

贾　岛

倚杖望晴雪，溪云几万重。樵人归白屋，寒日下危峰。

野火烧冈草，断烟生石松。却回山寺路，闻打暮天钟。

【注】贾岛长安应举落第，与从弟释无可寄居长安西南圭峰草堂寺，这首诗大约写于此时。

题：题目为“雪晴晚望”，诗人具体“望”到了哪些景色？请简要叙述。

示范分析：

1）题目：刚刚下过一场雪，雪停初晴；时间：傍晚时分；作者动作：望。

2）注释：“应举落第”，“寄居长安草堂寺”，可见作者内心应是失意、沮丧。

3）开篇“倚杖望晴雪”，诗人倚着手杖向远处眺望，（找到作者所望之景）分析：前三联是作者眼中所望。

首先，先勾画出三联中出现的意象，特别注意对意象的修饰限制词语，简要理解；

其次，看这些意象构成了怎样的意境。

最后，根据注释中对作者情感态度的猜测，用合适的词语恰当地概括。

这图景的特点：

“溪云几万重”：溪水上空升腾起“万重”之多的云朵。

“樵人归白屋”：在皑皑白雪中采樵人缓缓下山，回到白雪覆盖的茅舍。

“寒日”：日寒，说明天冷，即使雪晴，但一“寒”字，可见天寒地冻。

“野火烧冈草，断烟生石松”：远处山冈上，野草正在燃烧，劲松郁郁苍苍，日暮的烟霭似断断续续生于石松之间。

这些画面都是作者在“望”中一步步地展现在读者面前的。通过对意象的分析和注释中作者的处境，我们可以看到这些意象中的清冷、凄寒、萧索。作者在整体上为我们描绘了一幅寒寂空山晚晴图。

（三）学生活动

当堂训练，并进行“亮考帮”的讨论。

1. 当堂训练两篇（10 分钟）

少　年　游

蒋　捷

枫林红透晚烟青，客思满鸥汀。二十年来，无家种竹，犹借竹为名。
春风未了秋风到，老去万缘轻。只把平生，闲吟闲咏，谱作棹歌声。

【注】蒋捷，宋末元初词人。宋亡深怀亡国之痛，隐居宜兴竹山不仕。

题：请对上阕前两句描写的意象做简要分析。

军 城 早 秋

严　武

昨夜秋风入汉关，朔云边月满西山。

更催飞将追骄虏，莫遣沙场匹马还。

【注】严武（726—765）：字季鹰，华阴（今属陕西）人。曾任成都尹、剑南节度使，广德二年（764 年）秋率兵西征，击败吐蕃

军队七万多人。

题：诗的前两句描绘了什么样的景象？有什么寓意？

2. 小组进行“亮考帮”的讨论（15～20分钟）

（1）讨论方法指导

“亮闪闪”展示：

1）展示出鉴赏分析过程中所找到的意象及其特点，并用一句话概括这些意象构成了一幅怎样的画面。（用恰当合适的形容词加以概括，为何要用这样一个词语，请简要说明理由。）

2）通过对这些意象的分析，我们可以看出作者内心具有怎样的情感态度？

（此亮点展示先是组内成员互相展示，而后推荐最佳答案进行全班性展示。）

“考考我”呈现：

1）学生与学生之间的考问：可以寻找部分优秀的学生，将自己的亮点变成一个较为简单的问题，向全班同学提问，在问与答的过程中，再补充诠释自己的亮点分享给大家。

2）教师对学生的考问：在各个小组交流的过程中、在学生展示的过程中、在学生之间互相提问的过程中，教师必须做一个有心的、认真的旁听者，甚至可以随时在自己的书本上做简单的记录，将学生们展示过程中不全面、分析得过于浅显的问题，甚至是理解错误的地方再次提出，用提问的方式反问全班同学，让学生们看到自己存在的问题，让大家在进一步互相补充的过程中去更好地完善自己的答案。

例如：这位同学的分析是比较到位的，但是在概括总结的部分，我觉得某某词语运用得不够准确，总觉得稍有点欠缺，少了些韵味，谁能给出一个更好的词语来概括这一特点？

又如：这位同学仅仅是找到了这些意象，同时也说明了作者的情感，可是中间却少了相应的分析，哪位同学可以加以补充，对这些意象做简单的分析？

再如：对这篇诗歌的景致大家分析得比较准确、完善，但是我现在想从另一个角度对大家进行提问，其中某两句含有深意，请大家试着结合全诗加以赏析（从而加深学生对诗歌理解的深度）。

“帮帮我”环节：

在做题的过程中，会有部分学生存在对诗歌理解不够准确、理解不够透彻，或是拿到试题无从下手，做题潦草，分析过于简单的问题，这样的学生可以向本小组的其他组员寻求帮助，进行组员间的互帮互助学习，将部分学生存在的个别问题在“帮帮我”这一环节中得到解决。

如果有些问题在组内解决不了，那么就可以把这一问题作为一个难点向全班同学提问；如果大家都没有办法解决，那么就把这一难点作为本节课的重点解决对象由教师进行相应的讲解。

（2）教师任务

在学生们做题的过程中，我就在走动观察的过程中对学生们的答案做了大致的浏览，在这一过程中，就已经能够发现有些学生答题中存在的问题，对他们的作答有了大致的掌握。

例如：在《少年游》的作答中，有一部分学生在对意象做简要分析的时候，只停留在意象的寻找，或是意象所构成的意境上（例如，某生答案：“枫林”“晚烟”“鸥汀”描绘了深秋时节，傍晚时分的悲凉，冷清的意境），作答得较为简单；而有一部分学生则联系到了景—境—情的关系，作答到了情感这一层次（例如：描写了枫林、晚烟、鸥汀等意象，营造了晚秋时节傍晚时分的凄凉、冷清的意境。表现了诗人漂泊的愁苦和对故乡的思念），作答得较为准确完善，语句通顺。

在各组进行组内讨论的时候，我会刻意注意回答不够准确完善的那个同学，看看这个问题能不能在组内讨论的过程中得到解决，如果在组内同学的帮助下这个问题解决了，那就说明这只是个人问题，在最后教师总结的过程中，简单地提及让大家注意就好。如果组内没有得到完善解决，那么我就会在“亮闪闪”的环节中，让这组展示他们的探究结果，不全面的部分则会由其他组进行补充完善，这时我再就同学们存在的问题及在作答时需要注意的要点加以总结，特别是对题干问题的解读（读懂了题才能去做题），并再次强调景、境、情的关系。将重点内容在最后再次强调，以加强学生的识记和理解。

（四）布置作业

如果第二天有课，可以布置3～4首诗歌题，难易程度相当；如果隔天有课，可以布置6～8首诗歌题，难易程度相当。

第二课时

一、教学目标

利用隔堂讨论的方式，让同学们在小组讨论、组间互助、师生互动的过程中，进一步掌握答题解题的技巧方法。

二、教学设计

本节课重点以讨论为主，总结拓展为辅，最后剩余10分钟左右的时间，再进行下一个知识点的讲解，依旧利用框架结构的方式展开要点及方法的讲解，准备4道相应的诗歌题作为预留作业，为下节课的隔堂对分讨论做准备。

三、教学过程

（一）了解作业情况

在学生进行对分讨论之前，我无意间询问了学生做作业时的情况，学生们就你一言我一语地说了起来，认为有些题很简单，有些题特别难，根本就不会做，或是根本就没有读懂。鉴于这种情况，我忽然有了另一个教学思路。

通过对学生作业情况的了解，我注意到在这几道题中，有一道是学生普遍不会的，即使个别同学做了也不能确定答案的准确性。于是，我将这道最难的题作为此次授课的难点问题先提出来，放在“帮帮我”的环节中，写在黑板上。而后让大家先分组按照“亮考帮”的讨论方式，对剩余的几道题进行小组讨论。

（二）“亮考帮”讨论

讨论的过程仍然以第一课时的讨论方式为主。（20 分钟。）

组内互相展示自己对诗歌内容的理解及对相应题的作答，展示的过程中，我要求每个学生必须拿起笔，在听到出彩的部分或是亮点部分时，去尽快补充完善自己的答案。

在“帮帮我”环节中，依旧将自己不会的，或是对部分内容产生质疑的地方提出来，让组内的成员帮助解决。组内无法解决的，就在组间交流。师生交流的过程中，教师再给予部分内容的补充或纠正。

教学思考

在先前的教学中，课堂以灌输为主，学生根本没有充分的时间去思考、研究，而对分课堂的优点就在于学生课下认真思考并做作业，课上再给他们充分的时间讨论，他们在做作业的过程中就会发现很多问题，而在互相探讨解决的过程中，要么问题化小，解决掉，要么问题化大，变成全班性问题，那么学生在寻求帮助的过程中，会很认真地听取他人的解题过程，而这也就是一种主动求索的过程。因此，在对分讨论的时候，我们尽可能给足学生思考、探讨、交流的时间，因为这才是他们真正主动学习的时间，而不是被动地接受。

学生交流到最后，给我提出了三个问题，让我帮助解决。

1）诗歌中某句话没有读懂。

例如，在《和王中丞闻琴》中，“无为澹容与，蹉跎江海心”这句怎么理解？特别是“江海心”到底是什么意思？

学生在思考的过程中，已经能够超越题干本身，去思考与之相关的情感部分，可见学生思考已经有了一定的深度，并能主动地去探究。这首先就调动了学生主动思考的积极性。

2）对题干中所提的问题没有读懂。

例如，欧阳炯《江城子》这首诗歌的题干。词中“水无情”“空有姑苏台上月”两句含有深意，试结合全诗加以赏析。如何理解这所谓的“深意”二字？

这也体现出学生去认真审题、解题的态度。

3）面对某个问题无从下手，不知道从什么角度作答，没有解题的思路。

例如，《四月二十三日晚同太冲表之公实野步》中第二题：颔联写景有何特色？请做具体分析。

“写景的特色”，该怎么作答，从什么角度作答呢？学生对此产生了质疑。而这属于写景手法的另一种提问方式，在教师帮助学生解读了相应的题干后，再带领学生重新回顾写景手法，这道题便迎刃而解了。在这一过程中，又顺带复习了一些知识要点。

通过对以上问题的分析，我们看到了对分课堂的“亮考帮”讨论形式让学生得到的并非只是一个答案，他们思考探讨的内容远多于教师上课讲授的内容，他们提出的问题远多于教师教学设计中预设的问题。如果课上只是教师单方面地灌输，学生根本不能及时发现自己存在的问题，同时教师也不会发现学生们普遍存在的问题。所以这种讨论形式，看似是占用了课堂的大部分时间，但实际上教学的效果却是高效的。学生真正做到了独立思考、合作探讨、达成共识。

（三）难点解决

当解决完三道试题后，现在师生共同解决黑板上遗留的全班性的难点问题。

《汉宫秋》选段

马致远

呀！俺向着这迥野悲凉。草已添黄，兔早迎霜。犬褪得毛苍，人搠起缨枪，马负着行装，车运着糇粮，打猎起围场。他、他、他，伤心辞汉主；我、我、我，携手上河梁。他部从入穷荒，我銮舆返咸阳。返咸阳，过宫墙；过宫墙，绕回廊；绕回廊，近椒房；近椒房，月昏黄；月昏黄，夜生凉；夜生凉，泣寒螿注；泣寒螿，绿纱窗；绿纱窗，不思量！

【注】寒螀：寒蝉。

题：有人赞赏《汉宫秋》的曲词："写景写情，当行出色。"这段曲词描写了汉元帝所见、所想的哪两种情景？表现了汉元帝什么样的感情？

设计思考

在本题的讲授过程中，我并没有急于给学生做分析、讲解。而是先给出几点提示，让学生们用3～5分钟的时间借助教师的提示重新思考并作答，再在师生间的问答中慢慢地领悟并得到答案。

提示点：

1）通过全诗的朗读，这首诗歌属于哪一类主题的诗歌？

2）如果给它分层，大概可以分为几个层次？简要地概括各层次的内容。

3）哪些是汉元帝亲眼所见的景致？哪些是他想象的景致？将诗歌中出现的相应的意象勾画出来。

4）所谓的"写景写情"就是景中带情，情景交融。请大家勾画出诗歌中带有情感态度的词语，进而帮助我们更好地理解其中的意象。

通过我的提示，学生们进入了认真思考的阶段，大部分学生可以借助教师的提示给出较为准确的答案。最后，我将这些提示再次以提问的方式由学生解答，在问答的过程中，答案也就得到了更好的完善。

教学思考

其实，从解题的思路来看，这道题的难度并不大，但是内容较长的诗篇，首先就在字数上让不少学生望而却步了，再加上诗歌体裁的不同，学生总觉得读不懂，其实是他们不敢去深入地思考。因此，面对难题，如果一开始就给出答案或讲解答案，学生就失去了思考的动力：反正不会，老师讲就行了。渐渐地也就放弃了主动思考的能力、挑战自我的信心。而此时，教师就应成为一个很好的引导者，只给出引导的方向、简单的提示，让学生有去思考的方向和动力，这样学生才会真正习惯思考、学会思考，最后在恍然大悟中也就真正学习了知识、学会了解题的技巧。

（四）总结强调

教师再对以上问题做简单的总结，强调重、难点。

（五）新知识点的讲解

关于鉴赏“诗眼”的要点及技巧讲解。

（六）布置作业

布置相应的“诗眼”题作业4～6首。

根据不同的试题要求去思考相关内容，并加以拓展分析。在下节课进行隔堂对分讨论。

第五部分：古文

对分教学教案一：《师说》

执教者：孙欢欢

一、教学目标

1）掌握重点词汇的意思和使用方法。
2）掌握文章结构和论证方式。
3）领会文章的语言风格。

二、教学重、难点

重点：重点词汇、论证方式。
难点：文章语言风格。

三、教学方式

对分课堂（教师讲授与学生自学相结合）。

四、教学课时

2课时。

五、教学设计

第一课时

（一）朗读课文，解释重点实词，梳理文章大义（12 分钟）

（二）教师带领学生复习（15 分钟）

1. 特殊词汇的几种类型

古今异义、一词多义、通假字、词类活用（名词作动词、名词作状语、形容词作名词、意动用法）。

2. 特殊句式的几种类型

判断句、被动句、省略句、倒装句（动词宾语前置、介词结构作状语后置）。

3. 论说文的论证方式

道理论证、事实论证、对比论证、比喻论证、立论、驳论。

（三）本文写作背景及语言特色（10 分钟）

1. 写作背景介绍

“今之世，不闻有师；有辄哗笑之，以为狂人。独韩愈奋不顾流俗，犯笑侮，收召后学，作《师说》，因抗颜而为师；世果群怪聚骂，指目牵引，而增与为言辞。愈以是得狂名。”——柳宗元《答韦中立论师道书》

2. 语言特色介绍

1）骈散结合；
2）文从字顺、平易畅达；
3）硬转直接，不做过渡，形成陡直峭绝的文势。

“大家之文，每于顶接之先，必删却无数闲话，突然而起，似与上文毫不相涉。”——林纾

（四）导读问题（2～3 分钟）

1）独立完成下列表格，从文中寻找例子，并做出解释。

特殊词汇	例子及解释
古今异义（11 个）	
一词多义：师、道、之、于	
通假字（2 个）	
名词作动词（3 个）	
名词作状语（1 个）	
形容词作名词（6 个）	
意动用法（2 个）	

2）独立完成下列表格，从文中找出例句，并做出解释。

特殊句式	例子及解释
判断句（3～6 个）	
被动句（3 个）	
省略句（3～5 个）	
动词宾语前置（1 个）	
介词结构后置作状语（4 个）	

3）本文的论点是什么？作者使用了哪些论证方式？画出本文论证的思维导图。

4）举例分析本文的语言风格。

第 二 课 时

1）学生 4～6 人一组，分组讨论导读问题，得到一致结论；教

师在组间巡视，随时解答问题，控制讨论节奏。（30 分钟。）

2）每组提出本组没有解决的问题，由其他同学或教师解决。（10 分钟。）

对分教学教案二：《训俭示康》

执教者：孙欢欢

一、教学目标

1）掌握本文重点字词的意思。

2）梳理文章结构，领会本文论证的逻辑。

二、教学重、难点

重点：重点字词、文章结构。

难点：行文逻辑。

三、教学课时

2 课时。

四、教学设计

第 一 课 时

（一）讲解重点字词、词类活用和特殊句式（35 分钟）

重点字词：弊、鄙、恶、然、类、卒、举、乃、虽、数、或、相、奈何、风俗、小人、顾。

词类活用：

1）名词作动词：簪、失、志、服、衣、乳、觞、布被、锦衣玉食。

2）名词作状语：日、饘粥。

3）形容词作名词：垢弊。

4）形容词作动词：满、重。

5）使动用法：谨、远、丰、倾、枉、败。

6）意动用法：非、相非、耻。

特殊句式：判断句、被动句、宾语前置、定语后置、介词结构后置、省略句、固定句式。

（二）梳理文章大义（3 分钟）

这是一篇训诫文，是司马光写给儿子的。中心意思是谈节俭的好处、奢侈的坏处，用以教育儿子要务行节俭，力戒奢侈。

（三）布置导读问题，独立完成以下问题（2 分钟）

1）找出每段的关键句，并概括每段段意。

2）找出每段的例子，分析例子与本段段意的关系。

3）归纳文章主旨。

4）根据上述三个问题，尝试梳理文章结构，应包括：文章主旨、每段大义、所有例子、主旨与段落的关系、例子与段落的关系、主旨与例子的关系。

第二课时

1）学生按照数字组就座，分组讨论导读问题，得到一致结论；教师在组间巡视，随时解答问题，控制讨论节奏。（20 分钟。）

2）每组学生按照字母组就座，与他组同学分享本组讨论成果，并再次达成共识。（20 分钟。）

第二节 高三阅读

第一部分：怎样快速读懂传记类文言文

对分教学教案：怎样快速读懂传记类文言文

执教者：闵紫雯

一、教学目标

1）掌握传记类文言文的阅读要领。

2）掌握传记类文言文的阅读技巧。

二、学情把握

学生虽然知道文言文阅读中整体阅读文本的重要性，但是却不善于借助文段中的时、地、人、事之类的线索，准确把握文本信息。拿到文言文，上手就逐字逐句地去翻译，既没有对文本内容宏观性的把握，同时还浪费了时间，增加了阅读的难度。大多数学生没有养成良好的阅读习惯，只是为了做题而去阅读。多数学生还是缺乏分析文本中人与人、人与事、事与事之间关系的意识，把握不准事情的原因、结局与传主思想性格的内在联系。

三、教学设计

1）知识要点的梳理讲授。

2）把曾经学过的一篇文言文（或某一片段）作为代表例题进行简单的示范讲解。

3）布置篇幅长短各一、难易各一的两篇文言文作为课下的“内化”作业。通过作业的完成来掌握相应的阅读技巧和方法。

4）在隔天的对分讨论课上，进行讨论学习。

5）课时安排：2 课时。

教学实录展示

（一）知识要点的框架式梳理

1. 考点解析

高考经常选择比较典范的传记类文言文（俗称“史传文”）中相对完整、相对独立的片断作为阅读材料。传记文最大的特点是时间、地点、人物、具体事件或感情的发展线索都比较清晰。这就为我们从整体上把握文意提供了方便。依据这类文本的特点，阅读时要注意以下三点。

（1）知人：要知晓文中所写的人

写了几个人；主要人物是谁，性格特点如何；次要人物有几个，人物之间的关系如何。

（2）明事：弄清楚作者围绕传主写了几件事

注意分析事件的起因、经过、结果；如果是写了几件事，就要了解事件的先后顺序及事件之间的关系。

（3）晓理：知晓作者借助所叙之事，对人物做出的评价及所说的道理

“理”：有作者明说的，即作者通过议论自述观点态度；有借文中人物之口表达的；还有在叙事中透露出的。

2. 古代文化知识的识记

理解文言文，需要一定的古代文化知识积累，理解古人常用于描写人物言行品性词语的含义。

例如，常见官衙、官名：六部、中书省、国子监、御史大夫、尚书、太尉、主簿、知州、太守、知县等。

官职变化的词语：受任、任命、调动、贬职、罢免、复职等。

人物性格：用于个性、品德。

言语交际：表示说话、劝说、进谏、责诟、赞扬、诬陷等。

行走交往：表示到某地、离某地、拜访、告别、朝见等。

情感表现：表示哀怒、喜乐、嫉恨、害怕、敬重等。

对这些古代文化常识的识记和了解，有助于学生更快、更准确地把握文本的重要信息。（讲授结束后给学生五六分钟的时间理解识记课本中给出的部分古代文化词语的含义。）

3. 阅读技巧

1）粗读全文，圈点勾画。（将文中所有有关时间、地点、人物的姓名与字号、人物的官职名，以及相应的官职变动的词语全部勾画出来。）

2）注意文章的段落层次，在勾画的过程中注意带着如下几个问题阅读文章：传主是谁？共计几个人？写了几件事？事情的开始与结局如何？表现了人物哪些性格特点、精神风貌？作者对人物的观点态度如何？

3）细读文本，分析“关系”，加深理解。在把握大意的基础

上分析人与人、人与事、事与事之间的关系，分析事件的发展过程。

阅读时可以思考以下几个问题：传主与其他人物是什么关系？主要事件是怎么发展的？

4）借“题”读文。概括分析题所给出的几个备选选项，都是命题人对文意的概括。即使有不正确的一项，但往往这个错误是某个细节上的错误，并不影响我们对全文的整体理解与把握。这对我们快速读懂文本很有帮助。

以上所有的知识点介绍需要15～20分钟，其中包含学生自主识记古代文化常识的时间。

（二）热身演练

在知识点梳理过后，我利用一篇学过的文言文作为演练教材进行进一步的知识技巧性的应用。因为是学过的文言文，所以学生可以在短时间内利用其很快掌握这些知识点和阅读技巧，为后续的训练打基础。在选择文本时，我选择了曾经学过的人物传记《张衡传》的前三段作为演练内容。内容不多，但比较符合本课所讲授的知识点。

张衡，字平子，南阳西鄂人也。衡少善属文，游于三辅，因入京师，观太学，遂通五经，贯六艺。虽才高于世，而无骄尚之情。常从容淡静，不好交接俗人。永元中，举孝廉不行，连辟公府不就。时天下承平日久，自王侯以下，莫不逾侈。衡乃拟班固《两都》作《二京赋》，因以讽谏。精思傅会，十年乃成。大将军邓骘奇其才，累召不应。

衡善机巧，尤致思于天文阴阳历算。安帝雅闻衡善术学，公车特征拜郎中，再迁为太史令。遂乃研核阴阳，妙尽璇机之正，作浑天仪，著《灵宪》、《算罔论》，言甚详明。

顺帝初，再转复为太史令。衡不慕当世，所居之官辄积年不徙。自去史职，五载复还。

要求：

1）大声朗读教材选段，熟悉选段的具体内容。

2）从文中勾画出主要人物及相关人物的人名，官名，相应事件的时间、地点，以及主要人物的性格特点、个性品德等信息。

3）传主是谁？写了几件事情？表现了人物的哪些性格特点、精神风貌？

时间：10 分钟左右。教师在教室中巡视，了解学生演练的过程。

效果：

1）学生大声朗读课文，有助于学生对文言文语感的训练。

2）大部分学生可以从文中勾画出相应的信息点，有少部分学生忽视了传主的性格特点、爱好特长等信息。例如，“善属文”“精思傅会”“不慕当世”等信息没有注意到。

3）有极个别学生对内容的概括不够精练，但对传主的贡献、著作等能够提炼出来。

（因为是学过的课文内容，所以我没有给太多的时间再让大家去分组讨论，只在同桌两人之间进行简单的交流，补充了相应的信息点。最后师生一起概括总结。通过这一个小小的练习，学生大致能够掌握这些基本的知识点及阅读技巧。这也为其后的训练做了个简单的“热身”。整个小练习用时 15 分钟左右。）

（三）突破训练

1. 教学设计意图

（略。）

2. 文本

预留两篇文言文阅读题。一篇字数少，内容较短，相对比较简单；一篇字数多，属于平常的人物传记文言文，相对有一定的难度。

3. 学情

所带两个班级，学生程度有一定的层次区别。1 班学生功底较好；10 班学生功底差些。

4. 要求与指导

针对不同的学情特点，我在布置作业时给出了不同的要求和教学指导。

对于 1 班，我在预留相应的作业时，除提出了有关作业的要求外，还从文中勾画出部分难以理解的句子和部分重点的词语，让他们在理解翻译时要特别关注或留意。我只是指出需要他们特别注意的地方，但没有做对应性的翻译指导。

对于 10 班，我在布置作业时，就两篇文言文中的重难点部分，无论是较难理解的句子，还是部分难以翻译的词语，都给出了相应的翻译提示或相应的解释，降低学生自主学习的难度，为他们更好地阅读理解做指导。

建议：这种不同的教学设计模式是针对不同层次的班级学生制定的，无论哪种都是因人而异。

5. 阅读文本及习题

（1）阅读下文，完成第 1～2 题

建中四年，项城为叛军困。县令李侃，不知所为。其妻杨氏曰："君，县令也。寇至当守；力不足，死焉，职也。君如逃，则人谁肯固矣！"侃曰："兵与财皆无，将若何？"曰："如不守，县为贼所得矣，仓廪皆其积也，府库皆其财也，百姓皆其战士也，国家何有？夺贼之财而食其食，重赏以令死士，其必济！"

于是，召胥吏、百姓于庭，杨氏言曰："县令，诚主也；虽然，岁满则罢去。非若吏人、百姓然。吏人、百姓，邑人也，坟墓存焉，宜相与致死以守其邑，忍失其身而为贼之人耶？"众皆泣。得数百人，侃率之以乘城。

项城，小邑也，无长戟劲弩、高城深沟之固。贼气吞焉，将超城而下。有以弱弓射贼者，中其帅，坠马死。贼失势，遂散走，项城之人无伤焉。

（选自李翱《杨烈妇传》，有删改）

1）杨氏对胥吏、百姓的一番陈词使得“众皆泣”，原因是什么？

2）联系全文，概括杨氏的性格特点。

（2）（2014 年全国新课标卷）阅读下面的文言文，完成第 1～4 题

韩文，字贯道，成化二年举进士，除工科给事中，出为湖广右参议。中贵督太和山，干没公费。文力遏之，以其羡易粟万石，备振贷。九溪土酋与邻境争地相攻，文往谕，皆服。弘治十六年拜南京兵部尚书。岁侵，米价翔踊。文请预发军饷三月，户部难之。文曰：“救荒如救焚，有罪，吾自当之。”乃发廪十六万石，米价为平。明年召拜户部尚书。

文凝厚雍粹，居常抑抑。至临大事，刚断无所挠。武宗即位，赏赉及山陵、大婚诸费，需银百八十万两有奇，部帑不给。文请先发承运库，诏不许。文言：“帑藏虚，赏赉自京边军士外，请分别给银钞，稍益以内库及内府钱，并暂借勋戚赐庄田税，而敕承运库内官核所积金银，著之籍。且尽罢诸不急费。”旧制，监局、仓库内官不过二三人，后渐添注，或一仓十余人，文力请裁汰。淳安公主赐田三百顷，复欲夺任丘民业，文力争乃止。文司国计二年，力遏权幸，权幸深疾之。而是时青宫旧奄刘瑾等八人号“八虎”日导帝狗马鹰兔歌舞角抵不亲万几文每退朝对僚属语及辄泣下郎中李梦阳进曰：“公诚及此时率大臣固争，去‘八虎’易易耳。”文捋须昂肩，毅然改容曰：“善。纵事勿济，吾年足死矣，不死不足报国。”即偕诸大臣伏阙上疏，疏入，帝惊泣不食。瑾等大惧。瑾恨文甚，日令人伺文过。逾月，有以伪银输内库者，遂以为文罪。诏降一级致仕，瑾恨未已，坐以遗失部籍，逮文下诏狱。数月始释，罚米千石输大同。寻复罚米者再，家业荡然。瑾诛，复官，致仕。嘉靖五年卒，年八十有六。

（节选自《明史·韩文传》）

1）对文中画波浪线部分的断句，正确的一项是（ ）

A. 而是时青宫旧奄刘瑾等八人/号“八虎”日导帝/狗马/鹰兔/

歌舞/角抵/不亲万几/文每退朝/对僚属语及/辄泣下/

B. 而是时青宫旧奄刘瑾等八人/号“八虎”日导帝/狗马/鹰兔/歌舞/角抵/不亲万几/文每退朝/对僚属/语及辄泣下/

C. 而是时青宫旧奄刘瑾等八人号“八虎”/日导帝狗马/鹰兔/歌舞/角抵/不亲万几/文每退朝/对僚属语及/辄泣下/

D. 而是时青宫旧奄刘瑾等八人号“八虎”/日导帝狗马/鹰兔/歌舞/角抵/不亲万几/文每退朝/对僚属/语及辄泣下/

2）把文中画横线的句子翻译成现代汉语。

A. 淳安公主赐田三百顷，复欲夺任丘民业，文力争乃止。

B. 即偕诸大臣伏阙上疏，疏入，帝惊泣不食。瑾等大惧。

（部分题省略。）

6. 设计方案

（1）设计方案一

设计方案一针对的是 1 班教学。1 班教学部分过程及效果如下。

在作业的布置过程中，我要求学生首先按照课上讲授的方法技巧对文中相应的内容进行寻找和勾画；其次，在文本的旁边概括出有关传主的性格特点、精神风貌，以及主要的事件；再次，在理解文意的过程中，将自己不理解的字、词或句子勾画出来，在小组讨论时可以和组内的成员交流解决；最后，在理解了文意后，将自己原有的答案补充完善，尽可能达到准确无误。

隔堂对分课一上课我就让学生们分组讨论，时间为 20～25 分钟，第一篇阅读题内容少，较为简单，所以限时 7～10 分钟，第二篇内容较长，所以用 15 分钟的时间进行讨论并完善答案。

在巡视的过程中，我看到学生书上的文本内容中勾画得满满的，甚至还把有些平日里我强调过的常见的重点实词、虚词的含义，特别是词类活用等都标注了出来，这更有助于学生之间的互助讨论与对文本的理解。

在讨论的过程中，有些小组很急切地问我探讨后的问题，但是我并没有直接给出答案，而是借助前后语境的内容，给予相应的提示，让他们继续做进一步的思考理解。

（意图：问问题是好的，但是不能过分地依赖老师而没有了自己的思考，给出提示指导，让学生进一步思考，才会使学生有更为深刻的印象和理解。）

在学生讨论过后，真正的全班交流开始了。为了确保每组都能进行展示，我采用一组一段的方式进行了考查。正如我所料，1 班的学生功底较好，勾画出的难点语句并没有难倒他们，被考查的小组有的不仅能较为准确地对文本进行简单的翻译，还能将相应段落中的重点词语给大家加以强调。例如，第一小组在翻译的过程中，将第一段的重点词语为全班同学提炼了出来：表被动的“为”；“力不足，死焉，职也”中的“职”为词类活用，即“忠于职守”的意思。有的小组能从段落中较为准确地概括人物的性格特点。当然，也有部分小组将自己组员没有解决的问题拿出来对全班同学进行提问，部分问题由另外的小组成员给出解答，但是在译文的过程中有两个词语，即“贼气吞焉”中的“吞”和“有以弱弓射贼者”中的“弱弓”是大家不会翻译的，我让同学将这两个词语写到了黑板上，并把它作为全班的重难点进行了最后的讲解，并对答案做最后的补充总结。

第二篇练习题也是用同样的方法进行的，这里不再做详细的介绍。

效果：整个教学进行得很流畅，学生的积极性极高，发言的各组同学都满怀信心，听课的同学也是认真地看着、听着、标注着，对于最后全班性的难点问题，大家更是睁大了眼睛安静地听我讲，我相信这样的课堂才是真正适合学生学习的课堂：紧凑、充实、高效。

（2）设计方案二

设计方案二针对的是 10 班教学。10 班教学部分过程及效果如下。

课上时间安排不变，但和 1 班的教学不同之处在于对学生提问的处理方式。1 班的孩子自主学习的成分多些，10 班的孩子更多是帮助、引导、提示。因为10班的孩子基础比较薄弱，所以他们在讨论的过程中，问问题的组较多，问问题的频率也较高，可是教师却只有一个。有时有些问题没有及时得到解决，他们的讨论似乎就有点进行不下去。因此，有时仅仅给出引导是不够的。所以，我对对分讨论的模式做了小小的修改。

学生在进行第二篇阅读讨论时，我并没有拒绝学生在讨论的过程中进行提问，刚开始我只是给出简单的提示，但是当我发现有至少3组同学都问我同样的问题（例如，文中的“凝厚雍粹，居常抑抑”的意思，原文中画波浪线句子的断句、翻译，以及画横线的第一个句子中“任丘”的意思等）时，我就会让大家停止讨论，由师生共同解决这个疑难问题。

（意图：在同学们都被一个难点卡住时，也是学生最想及时得到帮助或给出解释的时候，这时老师如果能及时给予帮助或解答，我相信学生的认真程度、听课效率一定会大于我们一遍一遍地强调重难点的时候。因为这是学生自己探讨思考后发现的问题，这样更能激发学生求知的欲望。）

效果：修改后的授课方式是针对基础较为薄弱的学生群体而言的，上课的时间毕竟有限，对分课堂必须给学生较为充分的讨论时间，所以这样难免缩短了对学生提问的解答时间，问题越多，解答的时间必然越长，所以当出现了全班性的难点问题时，当即解决会比事后解决更节省时间，而且更有效。看似内容很多，但也在有限的45分钟内解决了两篇文言文练习题。学生的学习热情高涨，课堂气氛也很活跃，学生对这些知识点的识记会更加牢固。

这就是我对不同层次基础的学生所采用的不同方式。在高三的复习课上加入了对分讨论的模式，让教师不再忙碌地讲授，让学生不再沉默地接受，而是在享受对分讨论的过程中，去快乐地学习、主动地思考，真正地学会学习。

第二部分：高三语文专题复习之诗歌鉴赏

对分教学教案：高三语文专题复习之诗歌鉴赏

执教者：马迎红

一、教学目标

学习并掌握“手法类”试题的答题步骤，并学会运用。

二、教学过程

（一）教师讲授（10 分钟左右）

此环节教师讲授，要做到精练、明确，注重语言的准确简练。

1. 以高考真题为例，教师讲解诗歌内容

2014 年高考真题（重庆卷）

【商调】黄莺儿

赠　燕

花落意难堪，向泥中，着意衔，携归画栋修花口。珠帘半缄，乌衣半掺，最难消王谢堂前憾。语呢喃，千般诉说，只有老僧谙。

2. 讲解诗歌描写燕子运用的表现手法

作者描写燕子，运用了哪些表现手法？请简述。
答：描写燕子运用了用典、拟人、虚实结合的手法。

3. 以“拟人”为例，教师示范总结答案内容

答：拟人。作者将燕子人格化，写到燕子怜惜花朵零落，衔花去修补彩绘的房梁，呢喃燕语诉说兴亡。作者借燕子抒发了自己惜花伤春、感慨今昔、痛惜衰败的感情。

4. 将答案步骤化，便于学生模仿

拟人。（准确指出运用了何种手法。）

作者将燕子人格化，写到燕子怜惜花朵零落，衔花去修补彩绘的房梁，呢喃燕语诉说兴亡。（结合诗句阐释说明作者是怎样运用这种手法的。）

作者借燕子抒发了自己惜花伤春、感慨今昔、痛惜衰败的感情。（此手法有效传达出诗人怎样的感情。）

5. 得出“手法类”试题答题步骤，让学生记录。

第一步，准确指出用了何种手法。
第二步，结合诗句阐释说明作者是怎样运用这种手法的。
第三步，此手法有效传达出诗人怎样的感情。

（二）内化吸收（10 分钟左右）

此环节为学生独立学习，遇到问题标注下来，不向教师请教。教师不巡视，尽量做到安静，不要打扰学生。另外，此环节要顾及学生层次，可以布置附加题，让学习优秀的学生完成两个试题。

挑选一道难度适宜的同类试题，运用刚才得出的答题步骤，让学生独立完成试题。

乙亥岁除渔梁村

黄公度

年来似觉道途熟，老去空更岁月频。
爆竹一声乡梦破，残灯永夜客愁新。
云容山意商量雪，柳眼桃腮领略春。
想得在家小儿女，地炉相对说行人。

这首诗颈联运用了什么表现手法？请具体说明。

（三）讨论（10 分钟左右）

此环节教师不干扰讨论，让学生互相切磋、互相纠正、互相指点。解释说明自己的解题思路，分享体会。小组确定正确答案，小组记录疑难地方。教师可以巡视，倾听学生的讨论，把握方向，并督促个别小组加快讨论进程。

学生拿着自己做的题，在对分小组内进行讨论。

（四）小组代表分享发言（10 分钟左右）

抽点几个小组分享讨论过程的精华、体会，教师答疑、分享，告知正确答案。

第三部分：高考语文复习实用类文本阅读

对分教学案例：高考语文复习实用类文本阅读——中外传记单元

执教者：马迎红

《2016 年普通高等学校招生全国统一考试大纲（文科）》设定“实用类文本阅读”为“选考内容”。阅读评价中外实用类文本，了解传记、新闻、报告、科普文章的文体基本特征和主要表现手法。准确解读文本，筛选、整合信息。分析思想内容、构成要素和语言特色，评价文本产生的社会功用，探讨文本反映的人生价值和时代精神。然而，从全国新课标卷在 2015 年之前的高考情况看，无一例外，都是考查传记。因此，在组织复习中，一般会以中外传记为主。

中外传记考查重点多集中在“筛选并整合文中信息”“分析语言特色，把握文章结构，概括中心意思”“评价文本的主要观点和基本倾向”“探究文本中的某些问题，提出自己的见解”等考点上。

对传记的考查，一般设置 4 个小题，第一题为五选二的多项选择，另外三个题为简答和探究讨论题。根据全国新课标卷实用类文本选材的重点，参照备考实际情况，将“阅读评价中外传记”单元从简单到复杂、从形式到内容划分为 4 个专题，即“筛选并整合文中信息”“分析语言特色，把握文章结构，概括中心意思”“分析文本的基本特征和主要表现手法”“评价文本的主要观点和基本倾向”。

按照传统的讲解，教师会先总体讲解传记文体的基本特征、常用的写作手法及传记文体惯常表达的思想倾向，接着在每一个专题之下，找到对应的高考真题，先让学生解答，然后对照参考答案让学生查找自己的问题所在，或者教师直接讲解高考真题，找到答题的关键，进而总结归纳出一些答题模式，再让学生练习大量的同类试题。学生每做完一个试题，教师就会与学生对照参考答案，然后针对学生的问题进行讲解，对学生给予提示和告诫。

而对分理念，操作的方式很不一样。在学生练习阶段，我会先让学生独立完成试题，然后小组对分讨论，接着全班交流。一般的试题，学生讨论结束之后答案就已经明了，无须教师纠正。对于较难一点的试题，在全班交流的环节只需教师稍加提示点拨，问题就能解决。

另外，选入学生试卷的人物传记，大都较为励志，充满正能量，这既能丰富学生的精神世界，给予学生启迪，还能成为学生写作的素材。这些新鲜多样、来自各种领域的素材，比起学生动辄就用的“司马迁”“贝多芬”“居里夫人”“爱迪生”，不知道要好多少倍，但一般做完题之后就置之不理了，为了让“人物传记”发挥最大价值，试题做完后，我就让学生自己查询这位传主其他方面的资料，我也会搜集一些，以便给学生补充。在第二节课上，把我自己和学生搜集的资料全都介绍给学生，有时候是我自己介绍，更多时候是让学生介绍。接着让学生独立思考，看看这位传主的资料都可以用在哪些话题中，然后让学生对分讨论，最终确定这个素材适用的话题范围，在上作文课时，让学生写出来。

在这个案例中，就之前传统的教法而言，教师意图让学生通过大量的练习接触各类试题，以熟悉文体样式、试题的内涵和答题的思路，累积经验，总结教训。也就是说，在传统的讲解中，学生获得的答题经验，一部分来自教师的灌输，一部分来自自己的摸索。

在对分课堂上，与传统教法所不同的地方在于学生的练习阶段。首先，在独立完成作业之后，很多简单的试题学生可以通过小组讨论解决，无须教师一一讲解。在讨论的过程中，在“我只想到这两点，你们呢？”“为啥你的这一点和我不一样？”“你怎么会这样答？”“我们想想还有哪一点？”等问题的交流中，小组四人一起比对答案，在轻松民主的氛围中，在动嘴、动手、动脑的学习状态中，总结出完整的答案，进而掌握此类试题的做题经验。

这是一个主动参与学习，协商解决问题的过程，学生接收到的知识很牢靠，对问题的理解有深度，可以活学活用。更值得一提的是，学生不但学会了传记类试题的答题思路，还能积累大量的作文素材，一举两得。

第四部分：写作手法复习

对分教学教案：写作手法复习

执教者：孙欢欢

课程名称	高一上学期期末写作手法复习		授课教师	孙欢欢
性质	内容要点	用时	教师任务	学生任务
讲授	1.类比的定义及表达效果，举一个课内的例子 1）类比是文学，不是逻辑； 2）两个事物、相同方向、相似的性质； 3）多用于表明一个抽象的观点，常见于议论性的文章，记叙、抒情类文章较少见 答题要点： 1)……和……进行类比(具体、概括)； 2）说明……道理/表达……观点（段落中心、类比点）； 3）阐释了/表达了/说明了/论证了……（主旨） 举例：《种树郭橐驼传》	40 分钟	讲授定义及表达效果； 强调解题思路；提示学生思考课内的例子	听讲； 记笔记； 思考课内的例子回答问题

续表

课程名称	高一上学期期末写作手法复习		授课教师	孙欢欢
性质	内容要点	用时	教师任务	学生任务
讲授	2. 对比的定义及表达效果，举一个课内的例子 1）两个事物比较，突出一方； 2）相同领域、相同维度——可比较； 3）表达效果：鲜明突出、反差强烈、印象深刻 答题要点： 1）a 和 b 进行对比（具体、概括）； 2)突出了/强调了 a 或 b(具体、概括)； 3)阐释了/表达了……（主旨）； 4）表达效果 举例：《六国论》 3.伏笔的定义及表达效果，举一个课内的例子 1)上文看似无关紧要的事或者物，对下文将要出现的人物或事件预先做的某种提示或暗示； 2）表达效果：含蓄，使文章结构严密，情节发展合理的效果 答题要点： 1）以上文……为伏笔，暗示了/提示了……； 2）表达效果 举例：《林教头风雪山神庙》 4. 象征的定义及表达效果，举一个课内的例子 1）借用某种具体的、形象的事物暗示特定的人物或事理； 2）表达效果：①抽象的概念具体化、形象化；②复杂深刻的事理浅显化、单一化；③延伸描写的内蕴、创造一种艺术意境；④引起人们的联想，增强作品的表现力和艺术效果 举例：《病梅馆记》			

续表

课程名称	高一上学期期末写作手法复习		授课教师	孙欢欢
性质	内容要点	用时	教师任务	学生任务
讲授	5. 线索的定义及表达效果，举一个课内的例子 1）贯穿于整篇文章的思路、脉络； 2）以物为线索：某物在事件各个阶段重复出现； 3）以人为线索； 4）以思想变化为线索； 5）以中心事件发展顺序为线索； 6）以时间、空间变化为线索 举例：《促织》 6.人物形象的分析要点及表达效果，举一个课内的例子 语言、动作、神态、心理等细节描写 答题要点： 通过……塑造了人物……性格 举例：《群英会蒋干中计》			
内化吸收	复习，撰写读书笔记：每个写作手法举一个课内的例子，并分析表达效果	课下	布置读书笔记要求	撰写读书笔记
作业	交读书笔记，教师反馈	课下	批阅读书笔记	看教师反馈
讨论	1）小组内部交流，互相讨论读书笔记内容； 2）每组一篇新文本，分析其中的写作手法	20分钟	分发新文本，在小组间游移，关注讨论过程	完成小组任务，可随时向教师寻求帮助
亮考帮	1)每个小组都对新文本进行讲解，讲解过程中可以设置问题向其他小组提问； 2）教师解答每组的疑难问题，或指出错误的地方	20分钟	点评每组发言；解答每组的疑难问题	本组讲解；听其他小组讲解； 回答其他同学提问

第三节　写　　作

利用思维导图和对分课堂进行高中语文写作教学案例

执教者：孙欢欢

应试写作从审题出发，作文从立意发端，一切问题也从这里开始。利用思维导图分析写作题目，尝试从源头开始解决逻辑混乱的问题。操作步骤十分简单：画出题目材料的思维导图，针对导图中的逻辑关系选择写作角度。下面以经典的“蚂蚁爬墙”题目为例，示范利用思维导图进行逻辑写作的过程。

题目

墙壁上，一只蚂蚁在艰难地往上爬，爬到一大半，忽然滚落下来。这是它第六次失败的记录。然而，过了一会儿，它又沿着墙根，一步一步往上爬了……

第一个人注视着这只蚂蚁，禁不住说：“一只小小的蚂蚁，这样执着顽强，真是百折不挠啊！我们遇到一点挫折，能气馁退缩吗？”

第二个人注视着这只蚂蚁，也禁不住说：“可怜的蚂蚁，只要稍微改变一下方位，它就能很容易地爬上去了；可是它就是不肯看一看，想一想——唉，可悲的蚂蚁！我们无论做哪一件事，如果失败，就应该学得聪明一点，不能蛮干一气——我们是人，是有头脑的人啊！”

第三个人问智者：“观察同一只蚂蚁，两个人的看法和见解截然相反，他们得到的启示迥然有异，到底谁对呢？”

智者答道：“两个人都对。”

问者感到困惑：“怎么会都对呢？”

步骤

1. 寻找材料的关键词

蚂蚁爬墙、顽强、头脑、启示迥然、两人都对、怎么会。

2. 画材料的思维导图

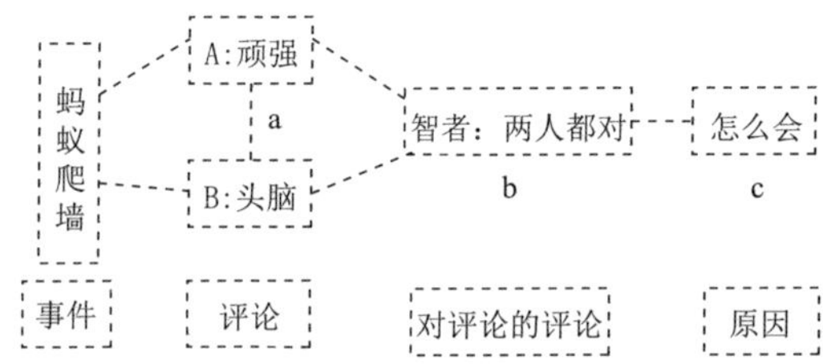

3. 梳理思维导图中的关系

在第一个层面中，“蚂蚁爬墙”是一件事情，而“顽强”和“头脑”是基于这同一件事的截然不同的两个评论，智者认为这两个评论都对，材料却没有说明智者为什么这样说，而是以此问题结尾，留下了可以思考的空间。

以这一阶段的思考为立意写作，只能得出“仁者见仁、智者见智”的论点，并讨论这一现象产生的原因是评论者的观察角度不同。这样一来，作品的主旨比较浅显，不能体现思维的深度和广度。

4. 对思维导图中的关系提问

对思维导图中的重要关系，提出以下五个问题：是什么、为什么、怎么办、适用范围、其他可能性。“是什么”是写作的起点。其他四项是可以进行深入讨论的不同角度，在一篇作文中能够详细地展开一两项已经足够，不需要求全责备。

这道题目中，重点在于对事件的评论和评论的原因，而不是事件本身。图中比较重要的关系有：①顽强与头脑的对比。②智者：两人都对。③原因。首先询问“是什么”。“顽强”代表意志力；“头脑”代表合适的方法。智者的话意味着“仁者见仁，智者见智”。

原因是每个人看待事情的角度不同。以上就可以分别对应作文主体段落中的一段，形成三个段落的论证。这样的构思配以通顺的语言表达，作文能够达到基准分数。

以上层次讨论了“是什么”和“为什么”的问题，可以继续思考其他三个问题。既然每个人看待事情的角度不同，那么面对具体事件应该怎么办呢？想出的办法是否能够适用于各种不同情况？假如可以，为什么？假如不可以，那么标准和范围是什么呢？学生可以从上述问题中选择自己最有心得的部分逐步拓展。

再次回到思维导图，“蚂蚁爬墙”是“事件”，“顽强”和“头脑”是“评论”，智者的话是“对评论的评论”，可以看出关系①中的两条线又在智者处交汇，即对于①的评论只有一个，这与材料中“仁者见仁、智者见智”的宗旨不符。也就是说，智者的话为什么天然正确且唯一？可不可以有另外与之相左的观点呢？比如，两人的观点都不对，或者有时对有时错等。为什么呢？沿着这条思路展开，思维深度就明显加深了。

利用思维导图进行材料分析就是为思维找到了高速公路的入口，这里有笔直的车道可供驰骋，不会偏离主干道。学生可以按照自己的能力选择写作的切入口和深度，在自己可以掌控的领域内自由发挥，避免了边写边想造成的逻辑混乱，有效减少了跑题、偏题。

第四章

高中语文对分课堂教后反思

第一节　教学方法反思

一、怎样组织一堂合格的对分课

组织一堂真正合格的“对分课”其实并不难，重点在于把握好“一个核心”和“一套环节”。

“一个核心”是指“先教后学”，高校的情况不敢在此妄言，但在中小学，“先教后学”是符合学生认知能力和学习能力的教学规律，这是基于心理学的对分理念区别于其他课程模式的核心。

“先教”不是传统意义上的无论大小、多少、难易全盘讲授，是要求教师将系统知识的方向、结构，知识点的精要、框架，或者解题的思路、步骤等内容进行总结整理之后给学生讲解，这样，教师才能真正成为学海泛舟的掌舵者、一个智慧的引导者。这既可以避免全盘讲授带来的无聊乏味和学生自学能力、独立思考能力的丧失，也能避免学生完全自学的盲目和甚至可能走上歧路。

“先教”是对分理念的基调，是核心。

“一套环节”是指对分课堂实施操作的一整套科学严密的环节，

它包括“教师讲授”“内化吸收”“对分讨论”“全班交流”。

“教师讲授”就是我们所说的“先教”，应学科的不同特点和学生的年龄特点，先教的内容需要精心安排：可以是一个单元的知识框架，可以是一个章节的精要部分，也可以是一系列相同知识点的示例，或者是类型试题的解题思路和做题方法。总之，是要有高度的，是具有引导和示范作用的内容。确定好了“先教”的部分之后，接下来的环节都是“后学”的问题。

紧接的环节就是“内化吸收”，也就是学生的独立学习阶段，这个环节放在课堂上完成就是“当堂对分”，放在课外就是“隔堂对分”，“当堂”还是“隔堂”，教师可以看课堂时间的长短、知识容量的多少来灵活安排。在这一阶段，学生要对教师之前讲解的内容进行体悟思考、推勘斟酌、反复研究，得出自己的观点。

然后是“对分讨论”，基于内化吸收、独立学习之上的“对分讨论”是有目的、有方向的有效讨论，区别于其他形式的盲目讨论。在这个环节，学生将渴望表达自己在独立学习时期的收获和困惑，思想火花开始碰撞，一些表象性的问题就在这样的交流中迎刃而解，一些更进一步的困难也能在集思广益中得到解决，认识自己，了解他人，完成学习的同时，提升自己。这也是“对分讨论”的可贵之处。

对分拒绝没有“教师讲授”的学习，拒绝没有“独立学习”的小组讨论，“教师讲授”是“内化吸收”“独立学习”的先决条件，而“内化吸收”是“对分讨论”的基础。如果把学生的“对分讨论”看作是飞向天空的风筝，那么“教师讲授”就是放飞的手，“内化吸收”就是手里的线，风筝飞得是否平稳、是否高远，那要看风筝线是否结实、是否足够，更要看放飞的手是否技术纯熟、收放有序。

“全班交流”是收尾环节，是各小组讨论成果的呈现阶段，也是教师的评价阶段。对分同样拒绝没有“讨论”的总结提升。这个环节有时很短，有时很长。学生把遇到的问题都在讨论阶段解决了，教师只做肯定和确认，学习任务很快完成，对于中小学来说，这无疑是一个成功的课堂；当然，学生在讨论中解决了小问题，更大、更高级的难题也随之产生，教师需要更多的时间和更高明的方法为其讲解。不可否认，这是更为成功的课堂。在讨论中，学生互相激发，思考能力向纵深发展，发现了更广阔的领域，这是教师最为乐见其成的现象，这也是对分课堂的魅力所在。

把握好“一个核心”和“一套环节”，一个动静结合、收放自如的“对分课堂”就产生了。所谓“临渊羡鱼，不如退而结网”，我们只有亲自尝试了，才能领悟对分课堂的精髓。

二、“进度”和“主动性”

在对分课堂教学实践中，很多同行包括我自己在内，遭遇过一系列问题的掣肘，曾一度干扰了教学活动，甚至有人停下了脚步。对于这些问题，我个人有一些不成熟的看法，供大家思考。

1. 关于教学进度的问题

有些教师认为，本来一节课可以讲完四个知识点或者可以做三个试题，可一旦把课堂交给学生做“对分讨论”，那么时间就不可控了，学生可能只能讨论完两个知识点，甚至只做了一个试题。这的确是一个很现实的问题，四个学生一组合作学习，肯定没有教师亲自讲解那样流畅、顺利。但我想说的是，教师自己能不能确保自己讲的“四个知识点或者三个试题”学生一定都接受了呢？为了赶进度而一度忽略学生自主学习能力的培养，是我们在教学中经常会犯的错误。学生并没有自主学习、消化吸收的机会，第一个问题还没领会，一大波问题又来了，这样的“进度”将毫无意义。子曰：“举一隅不以三隅反，则不复也。”试问，教学进度和学生真正学懂知识，哪一个更重要？

在我十几年的教学生涯中，很多时候当自己精心准备了一节课，并按照合理的环节讲完之后，自己感觉特别充实，自认为这节课讲得不错，感觉很满足。现在想来，这只是自己的感受罢了。那么学生呢，就算他们也认真听了，我们就能保证他们都能领会吗？而现实往往是多数学生很难一直保持注意力。当我们投入到自己的讲课中时，时刻注意到每一个学生的动向是很难的，所以在我的课堂上，经常会有当讲课进行到一半的时候，有些学生连讲到哪里了都不知道，甚至他连课本都没找到。当我们精心的讲解没有给学生留下印象时，我们就会很焦急地指着黑板的某个角落说："这个问题我前天就在这里写过的，不记得了吗？"为什么我们连几天前在哪里写过都记得很清楚，而学生怎么就那么健忘呢？原因很简单，我们的备课是主动的，学生的学习是被动的。

教师为了上好课，为了把一个问题讲清楚，就会搜集很多相关资料来佐证，我们内心带着这样的渴望来备课，这个学习的过程是主动的，那么记忆当然是深刻的。而学生在一节一节的课堂里，很少能有这样的学习愿望和经历，更多是教师的"一言堂"和"满堂灌"。对于一个从没接触过的问题，学生在没有经历任何好奇、疑惑、思考等这些能触发他们进一步学习愿望的心理感受的前提下，就被教师硬生生灌输了一大堆所谓重点、难点、考点。子曰"不愤不启，不悱不发"，而我们做了什么？记得以前，有人把这样的教学模式叫作"填鸭式"，现在想来还真形象。

高中学生学习压力很大，从早自习到晚自习，几乎都是教师在讲课，学生根本没有自主学习、消化吸收的时间，渐渐地，他们丧失了主动学习的热情，进而上课走神甚至犯困。

2. 关于学生主动性的问题

很多开始尝试"对分课堂"的教师都遇到过这样的困难：学生根本没有主动性，不发言不讨论。无论是在大学还是在高中，其实这很正常。

我在第一次进行"对分课堂"尝试的时候，严格按照四人一组的方法，将全班学生分组，然后让他们拿出上一次作业开始讨论。可是几个组的学生只是坐着，各自翻着书，很尴尬的样子，我问他们为什么不讨论，他们很疑惑地看着我说："老师，怎么讨论啊？"

这让我很震惊，也很痛心。我开始检讨自己，在长期以来以教师为主宰的课堂氛围中，学生的独立思考能力、自主学习能力竟然退化到了这种程度。从这一点来看，想要重新调动学生的学习主动性将是一个漫长而曲折的过程。当他们已经习惯了饭来张口衣来伸手，你却告诉他们从今天起饭要自己盛，衣服要自己拿，甚至你还说饭要自己做，衣服要自己洗，他们如何受得了？所以，要在短时间内改变学生不会讨论、不愿讨论的现象，是不现实的。

不过说到底，学生不动、不思考的现状，在很大程度上是我们自己造成的。我们的学校和教师自己很少给予学生充分的信任，尤其是在学习上，我们相信自己的讲解远远好于学生自学。我们经常不放心，或者说我们的很多教师都太敬业，总觉得让学生自主学习简直是浪费时间，事必躬亲，题必亲讲。所以，不单是上课时间，就连早自习、下午自习、晚自习，都会有很多教师出现在讲台上，连篇累牍、滔滔不绝，一天下来把自己弄得很累，然后就身体疲惫但内心充实地回家休息了。然而学生呢，他远没有那么幸运，他独立思考、自主学习及写作业的时间都被你拿来讲课了，他回家还要熬夜写作业，很晚才睡还要早起，白天上课自然犯困，学生犯困教师不免要批评，一来二去，学生反感教师，教师不喜欢学生，长此以往，恶性循环。这是最坏的情况，好一点的就是学生长期在疲惫与重压下艰难学习，学习效果自然大打折扣，还严重影响了身心健康。等终于考上大学了，很多时间可以自己支配了，学生却不知道该怎么安排自己的学习和生活了，有人空虚无聊，以玩游戏消遣，有人在寝室蒙头大睡，不知岁月。

所以，我个人认为，想要改变学生的问题，首先需要教师改变自己。改变教学理念，改变个人教学方法，进而改变学生的学习态度。

其实，如果我们不这样“简单粗暴”地剥夺学生自主学习、独立思考的机会，给予他们充分的信任，等他们有了疑惑再去解答，等他们需要帮助再去指导，那么教师的讲解和指导就会变得更有意义，而学生学到的东西也会更加货真价实。可能有人会担心：我们的学生已经这样了，现在改变他们能适应吗？的确，一开始肯定有困难，我自己也遇到了，至少有三分之一的学生不愿动。但我很明确地告诉他们：以后我们上课就是这种形式，你要自己不动起来，自己不觉醒，就永远都不知道自己的问题在哪里，教师也没办法帮助你。一开始有的学生有抵触，慢慢地，等他发现周围的同学都在讨论，都在积极主动地解决问题，他也就接受了。氛围很重要，环境影响人。

我们可能不止一次地看到过这样的励志故事：当鹰活到 40 岁时，喙、爪子、羽毛都已经老化，这时它必须飞到悬崖上，用岩石把喙敲掉，让新的喙长出来，把趾甲拔掉，把羽毛啄掉，让新的爪子、羽毛长出来。5 个月以后，获得新生的鹰又可以重新飞翔。或者这样的故事：鹰会把幼鹰推下悬崖，让幼鹰独自练习飞翔，独自扑食猎物。这些故事会出现在班会上，或者是学生、教师的演讲中，又或者是学生的考场作文里，我们用它们来教育学生，或者充实他们的作文。我觉得，我们也可以做老鹰，抛弃老化的喙、爪子、羽毛，用新型的教育理念让自己重生，我们更可以把学生当作幼鹰，放手，让他们自己去感受天空的博大，等有一天他们进入高校、走向社会，很多事情必须自己面对的时候，或许他们早已练就了自己解决问题的能力了。所以，“当你觉得为时已晚的时候，恰恰是最好的时候”，从现在开始，就算遇到重重困难，总比永远不改变强。

三、“附加题”的妙用——在对分课堂怎样照顾不同层次的学生

实践对分课堂的首要条件是对分小组，而怎样划分对分小组，有时比实践对分理念显得更为重要。

在我教课的班级，学生的座位一般按照成绩高低、进步名次及综合表现来排列，简言之，学习态度认真的学生一般都坐在前排。如果在不打乱班级秩序的前提下按照座位就近分组，就会不可避免地出现小组之间的差异。有些小组四个成员都很优秀，知识面广，善于思考，思维灵活，解决问题的办法多种多样，那么他们的效率

就高；而有一些小组四个成员都缺乏独立思考的能力，没有养成好的学习习惯，甚至学习态度不够端正，主动解决问题的意识不够强烈，在教师的反复催促之下也未必能完成任务。那么问题来了，如果进行当堂对分，教师要求在规定时间内独立完成作业，然后紧接着进行对分讨论，可能就会出现优秀小组的问题早就解决了，而后进的小组可能才刚刚开始的现象。

我在刚开始尝试对分课堂时，还没有充分认识到这个问题会带来的后果。后来有一个学习优秀的学生就给我反映了这一现象，而且还表达了他的看法，他觉得这样不但不会对他有所提高，反而是在浪费他的时间。这个学生代表了班上所有优秀的学生，他的一席话让我真正认识到了问题的严重性，于是我就开始寻找解决问题的办法。

一个行之有效的办法就是分层次布置作业。

在课堂上独立完成作业的环节，我特意设置了附加题。如果全班的作业量是两个题，那我就再加一个题，让那些已经完成了全班统一任务的小组在等待其他小组的时候完成这个题。这样，就不至于出现有人早早完成任务无事可做的现象了。并且我发现，附加题还会有激励的效应，它会给那些动作慢的学生适当的压力，促使他们很快完成自己的任务，并试着去解答附加题。

在进行对分讨论的环节，只讨论全班统一的内容。这个时候我会密切观察小组讨论的进展，给那些学习优秀、速度快的小组更多的引导，启发他们从不同角度思考，举一反三。这样就会加大这些小组的讨论难度，拓宽他们思维的广度，进而提高他们的能力。而对那些中等及后进的小组，我会鼓励每一个组员积极参与发表意见，并督促他们按时完成任务。

在小组分享的环节，对于简单的试题我会更多让中等后进的小组发言，以鼓励他们重塑自信；而对于有难度的试题我会让优秀的小组发言，以此来引领后进的学生，并给后进小组做榜样，我也趁机观察我对他们的引导是否有效，以便下次改进。

至于附加题，我会布置成中等后进小组成员的家庭作业，让他们在自习课或者回家完成。这样，已经在课上完成了附加题的学生，就不用写家庭作业，可以利用这些时间来做别的作业，而中等后进的小组成员也有充分的时间完成附加题，在第二天的课上进行讨论时也有话可说。

分层布置作业是把两个课时衔接起来，既有当堂讨论，又有隔堂对分。它照顾到了不同层次的学生，并注重了效率，很受学生欢迎。

第二节　案例教学反思

一、“中国小说欣赏”的对分实践反思

1. 选修教材的特点

高中新课改在选修模块教学中有一个原则：选修课较之必修课更应突出选择性和个性化。也就是说，尊重和突出学生的学习个性和学习愿望，重视学生的个性化学习，注意构建学生个性化的学习空间。因此，在教学中，首要因素是要顾及学生的个别化特征，也就是要顾及学情。有的学生对某个专题有兴趣，有的学生对某个单元或领域有兴趣，有的学生对其中的一个人物或一个群体有兴趣，有研究基础，便可充分尊重其学习需求，准许其在学习探究的领域、角度有所侧重，自主实践探究，尽量使学生各取所需，同时也要使其各尽所能。而对于这一选修的教学原则，对分课堂给了选修课更为广阔的展现舞台。于是，我在选修教材中的“中国小说欣赏”这门课程中，大胆进行了对分尝试。现将教学中的一些经验做一个总结反思，供大家参考借鉴。

2. 学生的选择性阅读和个性化阅读

选修、选修，学生有所“选”，才能有所“修”，否则，这个

学习欣赏就没什么特性，凸显不了个性。“中国小说欣赏”9 个单元，每单元 2 部作品，涉及 18 部长篇巨著，这就给了学生较大的自主选择和鉴赏学习的空间。

首先，课本的提前发阅，教师在学生选择前的指导性阅读是学生有效选择的重要基础，而所谓的指导性阅读就是教师讲授阅读的理论方法，特别是阅读鉴赏小说的最基本方法及最为实用的解析技巧。例如，人物形象的分析方法、小说环境描写的作用、情节设计构思安排等。在学生阅读之前必须给出一个较为系统的框架，让学生知道要如何进行欣赏性的阅读。

其次，兴趣是学生个性化选择的重要条件。在这 18 部长篇巨著中，一定会有学生们感兴趣的故事情节、人物或主题，那么教师便可“以学定教”，大胆地对学生放手，为学生搭构探究学习的平台，让学生自己选择其中最想阅读的篇目自主阅读。而后，在了解了全班学生的选择倾向之后，便可进行兴趣小组的划分，让同学们可以以小组的方式进行深入的合作探究欣赏，进行“亮考帮”的讨论。有的重点篇目可以集中时间认真研读赏析，有的可以一带而过，有的则完全可以自学，不必在课内讲析。哪些是学生感兴趣的篇目、愿意学的篇目就集体学，有的则可个别化处理。适宜讲的课文就讲，适宜读的课文就读，不平均使用力量。这就是学生学习内容和学习目标的选择，同时也可以更好地调动学生主动学习的积极性。

在学习过程和学习方法上，也可以允许学生有一定的自主选择。

在学习方法上，统一学习、个别性学习、合作学习，讲授式、资料索引研究式、专题辩论式、论文写作式、话剧改编演绎式……对于多样化的方式，都可在尊重学生学习习惯的基础上，自主确定。而后在课堂上，让学生大胆地走上讲台，将小组最后的学习合作探究的成果用最恰当的方式“闪亮”地呈现给其他同学。我的教学实验结果表明，在“亮闪闪”的展示环节中，合作学习探究后的多媒体讲授式学习、小说改编话剧演绎式学习和人物的专题辩论式学习方式是学生们较为钟爱的方式，在自己解读赏析的同时也带动了其他同学共同赏析。以下是实验班学生的学习效果，愿与同仁们分享探究。

在《儒林外史·匡超人》的学习中，此小组成员以漫画加解说的形式让同学们很直观地看到并认识到了其人物形象；借助资料索引的应用为同学们展示了中外视野中的《儒林外史》，让同学们更多地认识到了本部作品的魅力及影响。在本课教学中，给我留下深刻印象的是对“匡超人”人物变质的内外因的探讨方式，授课的“小老师”居然也像模像样地用起了对分教学，不仅在临下课前十分钟留下了学生们需要思考的作业问题，而且也给出了一个简单的框架式的引导理论，甚至还上升到了哲学中的内外因的辩证关系角度，让全班同学去做课下的思考，特别强调了要展示自己的观点，要有理有据，也可以提出自己对这一人物性格某方面存在的疑惑，一定要以文字的形式呈现出来。而在第二课时中，“小老师”并没有一开始就让全班同学进行相应的讨论，而是先了解了大家选择的倾向，进而将持有不同观点的同学分成两大组，在大组中再进行 3～4 人的分组，以小组讨论的方式提出自己的观点、展示自己的亮点，各个组员在进行相应的完善补充的同时解决可能存在的一些疑问。在巡视的过程中，我注意到了外因组的同学重在强调环境，内因组的同学重在探讨内在自身的性格（在学生讨论时，教师一定要认真听取各组的观点，有时也可给予一定的方向性的指导），在各组热烈地讨论了六七分钟后，一场全班性的讨论演变成了一场精彩的辩论。台下学生们讨论积极，台上两组代表辩论热烈，一个接一个地去陈述自己的观点、驳倒对方的观点，气氛极为活跃。一篇课文进行了两堂课的生动展示，既有对文本的阅读欣赏，又有对语言表达能力的训练，既有对分的成分，又超越了对分中单纯的“亮闪闪”的展示，更主要的是调动了大家主动学习、主动参与的积极性。

在《聊斋志异》的对分学习中，此组成员借助组员的优势，即较强的语言表达能力，将作者蒲松龄以说书的方式加以介绍，从一开始便提高了其他同学“听课、欣赏”的兴趣，而后又将改编好的剧本以课堂剧演绎的方式为同学们生动地呈现了出来，极大地激发了台下同学们的热情。较之教师单一枯燥的灌输式教学，这似乎更胜一筹。课后在对其组员的调查中也显示学生对小说的情节及人物的分析理解得更为深刻，无论是在深入鉴赏构思上，还是在剧本的改编上，学生都对小说和戏剧这两种文体有了更加深刻的认识和理解，而自编自演的方式又让学生们通过切身体验深入到了小说中人物的内心世界，对人物的性格有了更深刻的剖析，甚至还有想要深入到整个故事情节中、想要读原著的冲动。这样独特的"亮闪闪"的展示不仅仅是展示出学生的闪亮之处，更是借助了演绎的方式将最好的自己展示给了大家，极大地增强了学生的自信，这不正是对小说阅读兴趣的真正的培养吗？余音绕梁，三日不绝，此组同学的学习方式极大地带动了实验班其他同学的热情，在《红楼梦》和《白鹿原》的学习中，这两组学生也以改编话剧的方式再次呈现了对这两篇小说的解读。在此基础之上，他们还有了新的突破——加入了旁白者和解说者，用旁观者清的方式，借助"考考你"这一环节，以提问的方式，让台下的学生在看的同时有了思考的倾向，有了深入人物内心的意愿。这就是学生们独立学习、自主思考，以及团队合作探究、展示与借鉴的成果。

在《兄弟阋墙》的展示学习中，此组成员没有沿袭话剧的演绎，而是简单地以文中兄弟俩的对话为朗读的文本，让班里擅长朗诵的两位学生配合其教学，声情并茂地为大家呈现出小说中主要人物之间的对话，而这种情感的丰富性则便于同学们更好地理解小说中人物间的矛盾冲突。这种协作互助的精神，也是对学生道德情操的一种培养。在本节课最后，此组成员要求全班同学去想象荷三包撞倒有孕在身的嫂子搭讪着溜走后的情节，并以文本的形式加以展现，借助先前对文本的解读、对人物的认识这一铺垫认为大家可以想象出很多有意思的情节。因此，我将此作为当天的作业布置下去，为第二天的讲授做好相应的准备工作。在第二天的隔堂对分课上，各小组成员相互展示自己的写作成果。有的同学在情节的设置上别出心裁，结局令人意外但又在情理之中；有的同学在人物的细节刻画上特别成功，细节描写极好地突出了人物的性格特点。"帮帮我"的环节在此刻起到了极大的作用，在组内互相帮助补充的基础上最后形成了一个让大家都较为满意的情节想象，进而在全班同学面前展示出这一完美的“亮闪闪”。整堂课就在大家互享、互助、互动的过程中快乐地度过了，直到下课，仍有学生意犹未尽，还沉浸在相关的情节讨论中。这不仅可以进一步展现出学生对人物认识的深刻性，更是对小说文本内容的再创作，更能引起学生对原著文本阅读的诉求。

尝试剧本的改编、小说的改写、相互交流的目的是让学生通过尝试创作小说的实践活动，体验创作的乐趣，进而促进他们写作能力的提高，同时为那些具有作家潜能的学生借助语文课堂这个肥沃的土壤来展示自己的才能和成果，增强学生创作的信心。

3. 教师的引导性教学和评价性作用

选修应该是必修的延伸、拓展、补充、巩固、提高，目的是充分舒展和张扬学生的阅读个性，从而从根本上提高他们的语文能力和人文素养。在给足时间和空间，让学生充分体验这一阅读学习的过程，让课堂“活”起来的同时，教师也需要注意如果在教学中片面夸大学生的主体地位，失去教师的引导作用，放任学生自流，纯粹追求课堂的活跃而无实际成效，一节课下来学无所获，这也是不可取的。因此，在教学过程中，教师在转变自身角色的同时，还需要充分发挥教师的导向和引领作用，《普通高中语文课程标准（实验）》要求：教师从课程的目标和学生的具体情况出发，灵活运用多种教学策略，有针对性地组织和引导学生在实践中学会学习。那么，在“中国小说欣赏”的对分教学中，我们应如何发挥教师的这一作用呢？

首先是教师的引导性教学。

大胆地将教材交给学生，绝不是完全放任自流。学生对其内容的兴趣，也许是出于一种情感上的喜爱，并非在阅读后能做到真正意义上的解读。所以，这 18 篇文本无论是情节、人物还是社会环境，都会有不同方面的侧重。因此，教师在学生欣赏前必须给学生一个大方向的指导性意见。选择哪个方面（人物、情节还是主题）来进行有重点的阅读欣赏、选择哪种方式，教师要对学生进行一些读书方法的指导。例如：读书之前先翻翻前言、后记及回目，对书的背景、作者、大致内容有相应的了解；略读与精读相结合；做一些读书笔记，做批注、列提纲、写心得等。

阅读小说时，学生最容易为其中曲折的故事情节所吸引，而脱离真正的解读轨迹，所以可以指导学生首先理出小说的情节线索、掌握故事的梗概，然后引导他们关注其中的人物性格和小说的深层内涵，以及小说艺术上的突出特色，这样才能在多方面受益，提高文学欣赏能力。小说主题的探讨应该以结构的分析、人物形象的完整为基础逐层递进，否则，学生的解读就会自相矛盾，就会浅尝辄止，就会沉湎于解释的语言游戏之中，致使理性思维和自由精神的培养成为一句空话。

其次是教师的评价性作用。

评价性教学是教师对每组学生为大家展示学习成果闪亮之处后的肯定与鼓励，在交流学习过程中，教师应及时捕捉学生身上的闪光点，适时地给予肯定和表扬，以激发学生思考和探究的积极性与主动性。同时，也需要对学生在学习过程中赏析文本不够深入而进行相应的补充和提示。例如，文科实验班的学生在讲授《兄弟阋墙》的过程中，有一个问题的设置是将《官场现形记》的主题和前面学《儒林外史·匡超人》时的《儒林外史》的主题进行对比性的探究理解，这个问题设置的范围就本班学生的理解认知来看有点过大过深。就在同学们产生疑问和不知如何作答时，教师此时及时地将这个太过笼统的问题，转化成两篇课文本身主题对比的具体问题，化难为易，有利于学生有针对性地理解探究。同时，也进一步鼓励学生去阅读这两部著作的内容，这样对这两部作品的主题也会有更深层次的理解。

综上所述，在选修的课程中，我认为我们可以大胆地应用对分课堂进行教学，以给学生大方向的引导为基础，以给学生足够的时间、空间为条件，让学生尽情、自由地去阅读文本，尽情地去发现自我、展示自我、提高自我。

对分不仅是课上课下时间上的对分，还是教师与学生、教与学的对分，让学生大胆地去探索、去发现、去创造。这更是学生自我学习与自我展示的对分。我相信，在未来的教学中，我们可以将对分应用得更加自如、更加灵活。让我们借助对分课堂轻松地教学，让学生借助对分课堂高效、快乐地学习。

二、用对分，轻松搞定文言文阅读

在高三语文复习阶段，文言文算是一个难点，尤其是文言文整篇阅读阶段，一篇篇密密麻麻的人物传记往往让教师们都很头疼，更别说是学生了。

面对一整篇文言文，教师们会先进行范读，学生标注生字拼音，然后布置成家庭作业。这种效果一般都不理想，因为如果想把一篇600 多字陌生的文言文读懂，就一定要借助《古汉语字典》，而且还会花费大量时间，用这样的方法解决了这一篇，不见得就有多少提升，下次看到另一篇陌生文章还是不会做，因此大多数学生不愿意花费时间在这样的家庭作业上。尤其是理科班，语文家庭作业往往被排到最后，有时间了看一下，没时间就不做了。还有的做法是教师范读之后，让学生朗读，读熟了之后教师就开始逐字逐句讲解。这种方法整个过程非常枯燥，讲解细致一点就要花费两个或三个课时，全程都有相当一部分学生不是犯困就是发呆，能跟上教师的思路并且认真记笔记的学生不到总人数的一半。所以，文言文阅读的练习，可以说是一个老大难问题。

鉴于这种情况，我决定在文言文整篇阅读中运用对分模式。当我把这个决定告诉学生之后，他们表现得很惊讶，觉得独立学习这部分可能不会有什么实质性进展，至于讨论可能勉强还行。因为在他们心目中，文言文阅读是所有阅读中最难的，凭他们自己就能把一篇文章读懂是很不现实的。的确，对于绝大多数学生来说，文言文阅读确实是最难的，但是不做尝试怎么知道行不行呢？所以我和学生商量，决定试一试。

首先我将重点字词挑选出来，用 PPT 展示并讲解，紧接着让学生根据我的讲解进行独立学习，自行浏览文章，翻译文章大意，并且将不会翻译的句子勾画出来。然后进行对分讨论，解决中等难度的句子。最后是“帮帮我”环节，把最难的句子挑出来，由我来讲解。

结果是，效果非常好。

因为有独立学习环节，在我进行讲解的时候，学生们听讲和记录都很认真，生怕自己没有领会重点字词的内容而影响整组的翻译进程（这是我私下和一个平时一见文言文就犯怵的学生聊天时了解到的）。等我讲完让他们独立翻译时，我看到他们的练习册上都已经做好了笔记。这一点让我很吃惊。因为按照传统的上课方式，等我口干舌燥地整篇讲完了，很多学生的练习还是空白一片，为此我没少生气。对教师来说，你精心讲解，而学生连笔记都懒得记的时候，可能是最受打击的，因此我就劈头盖脸地训斥一顿，让他们在自习课把笔记补齐交来给我看。而我自己也明白，当这种“补笔记”成为一种惩罚措施之后，可以想见学生对“笔记”的态度，因此就演变成大多数学生为了不被惩罚而被动记笔记，在这样的心理之下，笔记除了成为负担之外，毫无意义。

对分模式下，教师讲解讲求引导、点拨，并且少而精，这个“少而精”就比平时一字不落的讲解显得珍贵，而且此时教师的讲解与接下来的独立学习和小组讨论都有着直接的关系，因此受到了重视。所谓“物以稀为贵”，就是这个道理了。

当独立学习环节结束之后，我看到他们都用铅笔勾画出了不会翻译的句子，使得接下来的小组讨论就很有针对性，文章大意已经清楚，四个人集中解决各自提出的难理解的句子，效率很高。我看到学生在讨论的时候很兴奋、很自信，并不是之前的一看到文言文就唉声叹气、眉头紧锁的样子。对一个教师来说，可能这就是最美的画面了。听着他们的讨论，在过道巡视的我就像一条轻盈的小鱼，在美丽的荷塘畅游。

最后的“帮帮我”环节，我的作用又显得极其重要。有几个句子，四个人合力都没有解决，而亟待教师帮助时，我就在教室，就在他们身边。当我讲完，听着学生们的各种感叹，看到他们恍然大悟的表情，我甚至有些感动。我顺势问了一句：“难不难？”他们却有些小调皮地喊道：“难啊！老师，难死啦！”随即是全班爽朗的笑声。

一篇难啃的文言文、一个难熬的晚自习居然第一次在这种愉悦轻松的氛围中结束了。

第三节　课堂效果反思

一、以对分方式训练高三学生解题能力的探索和思考

1. 教学设想

《普通高考考试大纲》对“古代诗文阅读”考试内容所做的规定中，在“鉴赏评价”能力层级有两个要点：①鉴赏文学作品的形象、语言和表达技巧；②评价文章的思想内容和作者的观点态度。在这样的要求之下，我个人有这样的教学设想：教师首先给学生讲解古代诗文中常见的人、事、景物形象，介绍诗文的语言风格和常见的表达技巧，并以题材分类的鉴赏方式给学生讲解，让其学会评价诗歌的思想内容和作者的观点态度。运用到对分课堂的概念体系中，这一部分就是教师讲授的内容，这是一个宏观把握的过程，从我个人以往的教学实践来看，这一部分的内容一般会用 2 周左右的时间，必要的时候可以把这一部分的内容复印下发，让学生人手一份，随时记忆。所有的知识点和概念铺垫好了之后，接下来就是内化吸收过程，在这一部分教师应将学生手头的复习资料中一定量的诗歌及试题交给学生自行理解，让学生利用 1 周左右的时间将第一部分中所讲解的内容在具体的诗歌和试题中进行内化沉淀、吸收运用、找

出疑难，等到讨论阶段，与同学合作探究，解决疑难，在讨论阶段还不能解决的问题，就由教师来讲解。

设想自然只是设想，想要检验是否可行，就要付诸实施。

2. 教学实践

一周的对分教学实践让我对对分课堂有了更进一步的认识，也有了更多的思考。

解题能力的训练是高三教学中一个很重要的内容，无论哪个学科，都绕不开这个问题。然而，如何训练学生的做题技巧，每一个高三教师都有自己的方法。在高三语文“古代诗文阅读”专题的复习中，为了让学生更好地掌握意境类试题的答题步骤和组织答案的技巧，我尝试使用了“对分”的方式。

在以往的高三教学中，我总结出了一些实用、可操作的做题技巧，在教师讲授的过程中将这些方法一并介绍给学生。然后划分对分小组，安排任务。首先交给每个小组 2 道意境类试题，运用教师介绍的做题步骤完成试题答案，以小组为单位在全班分享，疑难问题写到黑板上，师生共同讨论解决。紧接着再交给每个小组 2 道试题，小组讨论组织答案，并上交。教师批阅之后找出问题，再次下发到不同的小组，让小组成员合力修改问题之后转交给原组，若有异议，小组之间讨论解决。

在这一环节，每个小组共拿到 4 道试题（全班一样），学生在讨论解决问题的时候，为了读懂诗文，就势必要运用到内化吸收过程中学生自己解决问题的经验，组员共同做题时，既是相互交流，又是共同分享，还可以修正个别组员错误的认识。设计教师批阅环节是为了把关，避免个别小组在错误的道路上越走越远，批阅之后下发给不同小组，意在小组之间进行对照、反思，真正明白错误的原因。等 4 道试题经过教师批阅、经过其他小组的修改之后再次回到此小组时，每一个成员都明白了问题的所在，就会很主动地进行改正，从而形成最佳答案。当然，这一过程的目的并不能仅仅停留在形成最佳答案上，而是让学生明白此类试题的答题步骤和技巧，能做出最佳答案，说明答题步骤准确到位。

这一过程会用 2～3 个课时，为了检验这一阶段的效果，紧接着我每人布置了 2 道同类试题，满分 10 分，在规定时间独立完成，然后上交，进行批阅。结果让我很惊喜：全班 59 人，有效试卷 56 份，有 37 人 8 分以上，其中 29 人 9 分以上；5 分以下 9 人。在本学期九月中旬的一次模拟考试中，这个班的诗歌鉴赏试题（满分 11 分）只有 9 人 8 分以上。当然，试题有难易，模拟考试的考场上还有其他不可控因素影响答题。然而，对于一个理科普通班，此次针对“对分课堂”的检验测试能取得这样的成绩，至少可以说明：

1）对分课堂的教学理念在高三语文复习中是可以运用的，并且是行之有效的。

2）比起教师的“一言堂”，运用“对分”理念，学生能快速掌握答题技巧，因为是学生主动掌握，记忆较为牢固。

3）要相信学生，我们之所以认为学生不会自主学习，是因为我们没有给他们机会。

时代在发展，我们不能用一成不变的教学方法折磨自己和学生。要相信学生的潜能，激发学生的主动意识，培养其自主学习、与人合作的能力，为其升入高校、走向社会打下一些基础。

3. 学生感受

课后，我就对分课堂和几个学生进行交流，学生们的感受是不一样的。

王国旭同学平时学习认真刻苦，背诵很快，善于思考，他觉得对分讨论时可以了解别人更成熟的思路，学习他们组织语言的方法，让他获益良多。

刘斌同学是典型的“理科男孩”，对学习语文一直兴致不高，但他觉得对分小组讨论做题很有趣，现在开始喜欢做语文试题了。

朱子涵同学语文素养好，思维灵活，阅读广泛，她觉得对分讨论时可以帮组内成员答疑解惑，让她很有成就感。

高壮盛同学坐在教室最后一排，很多时候会犯困，最近对分讨论中他很活跃，他说和大家一起做题很有意思，一点都不会觉得困。

王庆同学理科成绩很好，平时少言寡语，语文学习缺少方法，主动性不强，但在对分讨论时他表现很积极，他很惊讶地告诉我，自己居然还挺能说的，很多观点都得到组员的认同，他觉得很充实。

但同学们也看到了一些弊端，如有人会在讨论的时候趁机聊天、不是所有人都会积极发言，等等。

对分课堂给不同的学生带来了不一样的感受，他们在这种全新的教学方法中有着不同的收获，这让我很欣慰。这也更加坚定了我在今后的教学中继续开展对分课堂的决心。

然而，正如孙欢欢老师说的，没有一种方法能解决所有的问题，对分课堂亦是如此。在我的教学实践中，让我最苦恼的就是一旦把时间交给学生，就有很多不可控局面。比如，要求20分钟完成的问题，学生可能就会拖到25分钟甚至更长。又比如，为了不打乱教室秩序，分组只能按座位就近搭配，也就难免造成小组之间的差异，有些小组早早完成，有些还毫无头绪。再比如，长期以来的教学模式让学生思维固化，一旦放开让他们自己讨论，很多学生就不知道该做什么。如此等等。

实践是检验真理的唯一标准。在实施对分课堂的过程中，一些之前不知所措的问题会迎刃而解，而一些看似简单的问题反而会成为疑难，随之，新的问题也会逐一显现。然而，改革的道路上不能因噎废食，而是迎难而上，期待更好的结果。

二、对分讨论的三重境界

对分讨论是基于独立学习之上的有效讨论，这是它区别于其他形式讨论的重要特征之一。在独立学习阶段，每一个学生都得出了自己的观点，当然，这个观点必定会因学生学习能力、理解能力及归纳能力的不同而有差异：有人全面，有人片面，有人深刻，有人肤浅，不一而足。因此，对分讨论就显得很有意义，不同的学生在讨论里也会有不一样的收获，这样的收获，就有了境界的高下。

1. 尊重他人，互通有无——对分讨论境界之第一重

一开始的讨论必定是互通有无，学生开口讨论的第一句话往往就是“第一个问题你是怎么想的”或者“这个题你是怎么做的”。以这样的问题开启的讨论，常常是小组四人拿各自的观点与组员进行比对，进而掌握其他人的观点。而这并不是单纯的比对，在这个过程中，有一些小错误、小困惑会迎刃而解，无须再思考。

慢慢地，学生也会体会到，自己的错误和困惑在别人那里竟然不成问题，这也会促使他意识到交流和合作的重要性，学生也会渐渐发现，小组中的任何一个人，都有他思想的闪光点，哪怕是一个错误的观点也会提醒大家这个方法不可取，从而看到其观点的价值所在，进而看到自己的优点和不足，看到他人的长处和短处，在形成正确的自我评价的基础上，抛弃对别人狭隘的偏见。这样的讨论，不但解决了难题，还增进了学生之间的了解，甚至会影响到学生的价值观。

2. 教会他人，巩固知识——对分讨论境界之第二重

美国缅因州国家实验室发布的“学习金字塔”告诉我们，作为“主动学习”方法之一的“讨论”，其学习内容的平均留存率为 50%，而“教给他人”之后的平均留存率高达 90%，这也说明了为什么教师在教授完学生之后自己记得非常清楚，而学生却往往印象不深。为此，很多教师都很沮丧，自认为精心的准备和投入的讲解被学生无情地辜负了。

事实上，不但教师的备课是主动学习，他的讲解更是巩固知识的好方法。对分讨论也有这样的情况，把自己很熟悉而别人不理解的知识，讲给其他组员让其明白，那么对于这部分知识就会牢记在心了。而这种情况是不是只存在于那个最优秀的学生身上，其他人只能充当忠实的听众呢？有时候是这样，但不全是。在一个四人组

成的对分小组中，因为个人阅历、家庭教育和兴趣爱好等方面的不同，四人各有特点，这势必会影响他们对一些问题的理解，从而有不同的侧重。如果在一个班级，大多数甚至所有学科都可以用对分，那么，在不同科目的课堂上，就会出现不同的“优秀者”，情况就会不同。另外，也要求教师在分组时充分考虑学生的学习特长和个性特点，以达到最佳讨论效果。

3. 了解他人，提升自己——对分讨论境界之第三重

目前绝大多数学生在课堂上是被动接受，但在长期多学科的坚持下，对分讨论终将会成为学生最主要的学习方法。在一次次基于独立学习之上的讨论中，组员之间不断碰撞出思想的火花，思路不断拓宽，思考问题的角度不断更新，解决问题的方法不断增多，讨论也将走向第三重境界。一些善于思考的学生，会渐渐发现他人更加高明的角度、更加便捷的思路，从而会及时总结经验，有意识地去纠正自己的错误，丢弃狭隘，破除偏见，调整自己的思路和角度，取来他山之石，完成自我提升。这是学习能力的提升、思想意识的提升，比起答对了一个问题、掌握了一种方法，这种提升有着更高层面的价值。

如果说在传统教学模式下，学生养成了老师不催促就不主动学习、老师不讲就不主动思考的恶习，那么在对分模式的新理念下，有望把学生培养成习惯于主动学习、主动思考、注重合作交流的新一代学子。

三、高三诗歌鉴赏复习课对分教学反思

诗歌作为我国文学史中的精髓，有着独特的审美风格和博大的精神力量。中国古代诗歌记载着中华民族精神文明的历史，有利于培养学生的高尚情操、爱国思想、审美情趣和健全人格。因此，古代诗歌在中小学语文课本中代表着高品位的文学趣味，学生可以从诗歌中汲取精华、陶冶情操，丰富自己的精神世界、提高自己的综

合素质。高中阶段新课程标准要求学生“学习中国古代优秀作品，为形成一定的传统文化底蕴奠定基础”，要求对文学作品“能感受形象，品味语言，领悟作品的丰富内涵，体会其艺术表现力”。作为语文教师，如何通过诗歌教学使学生进一步了解优秀文化传统，在阅读鉴赏的实践中受到心灵的陶冶和潜移默化的感染等，都有着极其重要的教育意义。

就学生学习诗歌的现状来看，我们的学生从幼儿园就开始背诵唐诗宋词，小学背、初中背、高中也背，学生至少背诵了 200 多首诗歌。按照每年新课标考试大纲的要求，每位学生要求掌握识记 64 篇篇目，初中 50 篇，高中 14 篇。按道理说能够背诵 200 多首诗歌的学生其文学素养应该不差，但实际上我们的学生在面对高考 11 分的古典诗歌鉴赏题时依旧束手无策。为什么会出现这样的现象，作为语文教师，我们不得不认真反思。

从学生的背诵情况来看，学生看似背会了，但根据内容填写诗句时却是错误百出。学生的背诵只是背其表面，不理解深层的意蕴，机械地识记怎能领会其精髓？可见，学生对古代诗歌的学习是缺乏兴趣的。

从教师的讲授来看，传统的教学模式是“满堂灌”，鉴赏诗歌的是教师，而不是学生，整堂课都是教师在进行语言分析、意境分析，教师自我陶醉在诗歌的意境美中，而学生则变成了讲台下的“看客”，即使有简单的提问互动，但是学生始终还是没有自主地感受这份诗歌美。学生对这种教学模式甚至产生了倦怠感。

高三的学生现在已经进入复习状态，大量的知识点及相应的阅读鉴赏方法技巧都是学生学习的重点，更主要的是要将其应用到鉴赏诗歌的实际问题中。而这单凭教师的大量讲授是不够的，更主要的是学生能够自己完成这一过程。

在高三诗歌专题的复习课上，我尝试利用了对分课堂这一教学模式进行指导性的教学，达到了意想不到的学习效果，下面同大家分享一下诗歌鉴赏的对分课堂教学经验及反思。

1. 教学设计

古代诗歌鉴赏是高考的重点和难点内容，其中的知识点及技巧性的阅读方式方法众多。如果一次性用几节课的时间去详细地介绍和讲解这些知识点，学生不仅不能完全把握，而且还可能因为没有实践的操作练习而有所遗忘。这样既浪费了大量的时间，还收效甚微。

因此，我在设计教学时，将意象、诗眼、炼字、表达技巧、诗意解读、思想情感等每一个专题再次划分为几个小的专题。例如，关于诗歌的意象专题可以划分为三个小的内容：景象、物象、人物。那么，在给学生简单地介绍了相应的知识点后，我就重点从其中的景象题入手，介绍这类题型的解读方式及解题技巧（详细介绍参见本书第三章）。这样，不仅让学生在短时间的课上学习中就能达到高效地识记理解，而且还便于学生课下做题时达到更好地内化吸收。

2. 教学过程

在设计教学时，我将诗歌练习课做了当堂对分和隔堂对分两种模式，但这两种模式不是独立存在的。

当堂对分是隔堂对分的基础。学生在短时间内学到的知识必须尽快实践才可能真正地理解，所以在介绍完解题技巧后，教师可以拿出一首诗歌做示范性的解读，也可以省去前者直接指定一两首诗歌让学生实际操作运用，并进行小组讨论，分享互助。在全班讨论的过程中很快就能呈现出学生掌握的程度及可能出现的问题，最后教师再加以补充完善并当堂解决问题。一堂课下来，充实、紧凑、有效。

隔堂对分是对当堂对分知识点讲授的补充。学生经过当堂对分课的演练，已经大致掌握了所学的知识，但还需要进一步巩固、提高。课下的作业练习便是对分课堂中的内化吸收的过程。布置 4 道难易程度不同的诗歌题，让学生按照要求去做作业，特别注意“亮考帮”的呈现。这是为在隔堂对分中能有更好的讨论而做的充分的准备。隔堂对分课上，一上课学生就开始对作业进行小组讨论，整堂课有近 20 分钟都是学生尽情讨论的时间，目的就是不让我们的讨论流于形式，而是真正意义上的扎扎实实的讨论，在这一过程中，大家都拿着笔，有做补充的，有激烈争论的，好不热闹。到后 20 分钟，就是全班性的“亮考帮”的展示。在这一过程中，全班同学都没能解决的问题便由教师帮助解决，这次的问题就比当堂对分时的问题更有深度了，这就说明学生真的是学进去了、钻进去了，自己真的动起来了。

同时，一堂课 4 道题，对分课的效率就远高于传统的讲授提问。看似都是充实的一节课，但是，对分课的充实是学生的充实，传统课的充实是教师的充实。

3. 教师角色

教师在授课的过程中总是害怕学生听不懂，所以总是一遍一遍地强调重、难点。可是，我们越是强调，学生似乎越不认真。因为他们会认为即使这会儿没有听到，一会儿教师还是会强调，所以听课总是不专心。因此，首先，我建议教师改变“教学保姆”观念，让学生从一开始就知道，这些重点知识、好的方式方法教师只讲一遍，用最简单明了的方式让他们记住板书上的框架，而后自己去理解、去消化吸收。真正遇到不懂不会的地方，再向周围的同学或教师寻求帮助。让学生养成主动学习、自主学习的习惯。其次，我希望教师能够相信自己的学生，每一个学生都有他的潜力，只是我们平时干预得太多，没有给他挖掘自己、发现自己、展示自己的机会。在我们的对分课上，课课都会有让我们教师惊喜甚至惊叹的地方，所以请相信我们的学生，让他们在我们的课堂上大胆放声说出来。

在对分课上，教师应由讲授者变成旁听者、巡视者、引导者，甚至让自己变成学生崇拜的对象。当学生做题时，教师可以在班里巡视，了解学生做题的情况，了解学生对知识的掌握情况；当学生讨论时，教师可以做一个旁听者，听听大家的讨论内容，了解学生的思想和认识；在学生做题讨论中，出现问题，举手向教师发问的时候，不要急于回答帮助解决，看看能不能从某一个方面给出指导性的建议，让学生自己再次去深入地思考；当全班同学都出现了同样的问题即难点问题，解决不了的时候，教师再作为帮助者给他们指导帮助，让他们有一种恍然大悟或醍醐灌顶的感觉。这时的教师才是真正的“传道受业解惑”者。

4. 学生反馈

采用对分模式后学生在学习态度上有了较大的改变。

学生上课睡觉的情况没有了，课堂气氛活跃，学生踊跃发言，积极探讨，学有所得。甚至有学生认为这样的课堂很轻松、很愉悦，时间过得很快，还没有讨论尽兴就已经结束了。

教师在讲授知识点时，几乎所有的学生都能做到认真听课。

学生做作业时的态度比以前认真了。做作业不再是应付，而是尽可能地展示自己的认识、观点，并且还将不会的内容做了相应的标注。每个学生都为课上的讨论做了较为充分的准备。重点是大部分学生真的用心在学习、主动在研究学习了。

学生对高三的复习课不再厌恶了，而是非常喜欢这种讨论模式的对分课，对这样的复习课感觉很新鲜，甚至有学生希望每天都可以进行这样的讨论。因为这样的讨论模式让学生找到了自信，或者能够更好地展现自己、肯定自己、提高自己。

学生敢于提问题了，慢慢地自己也开始尝试着发现问题，提出问题，互助解决问题。

5. 教学中需要注意的问题

刚开始学习运用对分课堂，时间掌握不好是很正常的，毕竟在有限的时间内要完成大量的学习任务，另外，在学生讨论互助的过程中也会出现一些小插曲。因此，一开始我们可以把学生的讨论时间安排得少一些，用课上三分之一的时间进行讨论，让他们慢慢地适应这种讨论过程。

作业的布置也可以由少到多、由易到难，一定要精练。对学生做的作业，一定要有要求。尽可能在做作业时有“亮考帮”的呈现，这样才可以在课上进行讨论的时候做到充分、完整、有话说。

如果一开始学生的思考研究不是很深入，或者学生的能力层次较低，那么在教学的过程中，或者在布置作业的时候，可以对某些难点问题进行指导性的讲解，降低学生做作业的难度或思考的深度，这样有利于增强学生自主学习、思考、探讨的自信心。

对于教学课时安排，组织学生对分性的探讨毕竟会占用课堂近一半的时间，也许有些教师会担心教学进度慢的问题，但是在我看来，刚开始也许会占用一些时间，甚至是耽误一些时间，但是当学生的主动性提高了、自信心增强了，愿意去说、愿意去做的时候，说明学生真的已经学会了学习，我们希望的是“授之以渔”，而不是“授之以鱼”。我也做了相应的实验，同是一堂课，同样是 4 首诗歌，对分讨论的效率要远远高于传统的讲授与单向的提问，学生上课的思维活跃度远远大于被动听课的思考接受。同样的课时安排，不同的教学效果，我想大家应该可以放下顾虑，放心、大胆地去尝试。

无论是怎样的教学模式，我们的终极目标都是让学生自主学习、主动思考、学有所得，而对分课堂能够提供给学生更为广阔的空间和平台，让大家尽情地展示自己，自由地进行思想交流，达到很好的教学效果。希望各位同仁都可以走进对分、了解对分，走进我们的对分课堂，去享受这种轻松愉悦的课堂氛围。

第四节　对分课堂让师生角色回归

相当长一个时期以来，我们一直将苏联教育学家凯洛夫的“五步教学法”奉为圭臬。在准备上课、复习旧知、讲授新课、巩固新知、布置作业的教学活动中，我们看到教师自始至终都是主动者、主导者，学生则是被动者、接受者。而如今，我们的课堂模式仍然是教师讲授、学生听课。即便是推行新课改的今天，即便是在新课标提倡“自主、合作、探究的学习方式”的当下，这样的模式依然处于主导地位。在这种传统的课堂模式下，教师对学生的影响，就是单方向地知识灌输，教师按照事先准备好的思路，通过各种技巧推动和语言提示，让学生跟着自己的思路，最终完成一堂课的教学任务，整个过程学生只能随声附和、被动接受，没有自己发现问题的机会，甚至很少能表达自己的观点。久而久之，在这种单一且霸道的模式下，教师练就了一手驾轻就熟的套路，学生则逐渐丧失了独立思考和主动学习的能力。到如今，教师依然主宰课堂，甚至每堂课都手舞足蹈、唇焦口燥、声嘶力竭，而学生则是伏案静坐、听力疲劳、昏昏欲睡。所以，有些时候，课堂就成了一些学生的“餐厅”“卧室”，甚至“游戏厅”。教师的主导没有体现，学生的主体更无从谈起。

华东师范大学教育学部主任、教授袁振国在《学校教育需要进行一场结构性变革》一文中指出：“公开课、演示课，通常都是教师讲得风生水起、幽默生动、收放自如的课，教师俨然是优秀的演员，学生则是醉心的观众。”一语道破了教师与学生的尴尬角色，紧接着，此文又语气强烈地质疑道：“在这样的课上，学生到底学到了什么呢？他学会发现问题了吗，学会寻找解决问题的办法了吗，学会与他人合作解决问题了吗，学会表达自己的思想、困惑和见解了吗，并通过自我表达增强自信了吗，培养了独立自主的精神和坚持不懈的意志品质了吗？” 这些所谓的“展示课”都无法保证学生真正习得，更别说是每天从早到晚在各类各级学校上演的“常规课”了。

对分课堂的出现，将改变这一令人担忧的现状，因为对分课堂让师生角色回归。

首先，对分课堂讲究师生课堂时间的对分。

对于学生来说，在每一堂对分课上，有一半甚至更多的时间用来对教师讲解的问题在课下内化吸收后进行课上对分讨论。这将保证学生独自面对问题和讨论解决问题的时间，不至于让其在教师从头讲到尾的沉闷课堂上，思维停滞，思想抛锚，甚至是“身在曹营心在汉”。这一变化把课堂的一部分时间交给学生，从形式上体现了学生为主体的角色转换。

对于教师来说，大范围、长时间的讲解被压缩了将近一半时间，从“一讲到底”变为在有需要的时候才开讲，从知识点的“狂轰滥炸”变为在学生真正有疑问时再讲，“物以稀为贵”，讲解变得珍贵，变得有意义，变得更有价值。而且，教师还能有大量的时间观察学生的学习，审视自己的讲解是否得当，进而反思自己的教学，做到在合理的时间内讲解得更精练、更到位，真正做到引导学生自主学习。

其次，对分课堂注重师生教与学的对分。

内化吸收阶段将学生对知识的领悟、咀嚼、质疑和迁移等权利归还给学生，唤醒了学生主动学习的热情。

对分讨论中，学生进行着听、说、读、写，经历着被批判、被肯定，可能时常出错，也许偶尔逾矩，也会不断积累经验、总结教训，在相互质疑、互相争辩、相互肯定和求同存异中学会与他人合作，学会表达自己、展示自己，在这种多元化思想碰撞的氛围中，身心得到多方位的提升和成长。而且，整个过程以学生为主体，在教师的指导下，学生自己掌控讨论的具体内容和进度，学生掌握了学习的话语权，真正成为自己学习的主人。

对于教师来说，在对分课堂上，往日一味的“灌输”不见了，代之而来的是“引导”。教师上课讲解的时间大大缩减，这就要求教师要对自己讲解的内容进行重新审视。一开始的讲授要准确精练，要微言大义，要以启发式的、探究性的问题让学生对知识进行整体把握，把学生引向知识的大门。把那些学生一看就会、一学就懂的问题交给学生自己解决，把那些稍有难度、需要时间的问题交给小组讨论解决，然后把那些学生最后过滤出来真正难懂、需要提点的问题，在学生急于了解的最迫切的时候讲给他们，真正做到孔夫子提倡的“不愤不启，不悱不发”。

在这样的课堂上，教师不再是婆婆妈妈、惹人厌烦的唠叨者，也不是事无巨细的“小保姆”。在课堂的大部分时间，他们从“演员”变成了“导演”，从“台上”走到“台下”，从“台前”转移到“幕后”，身份变了，角度变了，心态也变了，他们观察学生、了解学生、欣赏学生，不再是以前的“带着知识走向学生”，而是“带着学生走向知识”，成为一个拿捏有度、张弛有序、气定神闲的引导者。

最后，对分课堂提倡师生教学权与责的对分。

对于学生来说，长期以来被动学习的课堂使他们养成了“老师不讲的不主动温习，老师没布置的不主动钻研，老师不检查的能拖就拖”的不良习惯。学生在学习面前没有树立起权利和责任意识。他们认为学习是为了达成家长的心愿、为了完成老师的任务，并不觉得学习是为了自己，学习的任务应该自己去完成。学生常用的语言就是“老师，我来给你背课文”“老师我给你把作业写完了”这些让老师哭笑不得的话。

对分课堂让学生明白学习的责任，学习终究要靠自己主动来完成，自己能学会的自己解决，疑难问题可以和同学一起解决。这种独立思考加团队合作的新方式，让学生逐渐获得习得的成就感，让学生享有自我评价和同伴互评的权利，他们开始喜欢这种宽松自由、和谐民主的学习氛围，他们明白了学习是自己的权利，也是一份责任，明白了这种权利和责任，学生作为学习主体的地位就会越加稳固。

对于教师来说，把时间分配给学生就是把权利一一还给学生，不再稿“霸权主义”“生杀予夺”；把信任还给学生，不再放心不下事必躬亲；把责任还给学生，不再天天督促时时提醒；不再牵着学生的鼻子走，而是把学生引到水草丰美的知识的草原，让他们自由快乐地获得。教师不再只是关注学习成绩，而是把眼光投向学生的成长和发展，观察学生在整个学习过程中的注意力、意志力，甚至情绪、心理等状态，关注学生价值观的形成。从以往要求所有学生整齐划一分毫不差，到发现差异、尊重不同、欣赏个性，把学生当作动态的生命个体，而不是学习机器。教师将成为学生学习的引路人及学生成长的人生导师。

总之，在对分课堂上，当教师成了引路人、指导者，学生就会成为真正的学习者，师生各自摆正身份，找到角色，课堂才会是真正的课堂。久而久之，教育的新规则就会重建，那么教育的理想也就自然而然地实现了。

第五章

学生作业汇编

对分课堂认为作业不仅是学习过程的重要一环，也是教学过程中的必要环节。教师对学生学习的关注不应该仅仅停留在课堂实践，而应更强调课堂与课下的系统联动，让学生在被动学习和主动学习的交替中融会贯通，使知识在信息输入和输出的循环中自由流动，帮助学生将知识固化为能力。因此，对分课堂尤其看重学生的内化吸收，而其外在表现就是学生的作业。

在使用对分课堂教学的过程中，我们强调给学生充分的信任和自由，让学生放手去完成知识的内化、重构。因此，教师在布置作业时一般只对作业质量和要点提出具体要求，鼓励学生发挥创造力自行丰富作业的内容和形式。事实表明，学生的表现远远超出了教师的预期，他们的作业经常带给教师惊喜。作业不再是完成任务，而是学生自由迸发奇思妙想的平台，这样，学生的积极性和热情就被充分调动起来了。

整理作业的过程对教师也是一次再教育。我们往往低估学生的知识量和接受能力，认为很多知识是某个年龄段的学生理解不了的。但是，在这个信息大爆炸的时代，我们并不知道他们知道什么。我们其实并不了解学生，我们只是以为我们知道。对学生的学情分析，并没有基于科学的研究，也没有具体地调查，我们仅仅是基于自己的经验和所知在推测而已。学生随时在变化，而我们又是多么渺小无知！如果教师不能承认自己理解的一切是微不足道的，虽然这并不能损害我们无法理解但十分重要的伟大事物，但是必然损害学生的智力。教师的自大是学生自由意志的天敌。

求知欲无法培养，但可以引导。相信好奇心是人类的天性，引导这份好奇心去探索未知，求知欲自然会萌发。学生的能力会远远超出教师的想象。

本书从大量的学生优秀作业中挑选了部分适合印刷的作品（有的图片字迹较小，仅作为示意图），供读者参考。

第一节　孙欢欢老师的学生作业选

一、学生作文

学生作文（材料：莫言演讲）

哭 与 不 哭

旦增拉姆

在羊群中，前面的头羊被牵着，后面数十只羊都会跟着去，就算是走向屠场，也没有一只羊主动离群另觅生路。这就是盲从，但盲从与从众是不同的。

盲从是什么？盲从就是完全随大流。谈不上口服还是心服的问题。这是一种个人判断力的缺失，就像是盲人失去了拐杖，像无头苍蝇似的乱撞。比如，过去有人肆意传播世界末日的传言，世界各地掀起了“超市抢光”的潮流，苦苦等待世界末日的到来。最后才发现是谣言。这就是人性的弱点，是人与人之间的通病。所以要成为真正的人，必须先是个不盲从因袭的人，你的心灵的完整是不可侵犯的。所以当我们放弃自己的立场，而想要从别人的观点去看一件事时，错误便造成了。

对于从众也要理性对待，要具体问题具体分析。从众还分为表面服从，内心也接受，所谓的“心服口服”。还有一种就是“口服而心不服”，出于无奈，只得表面服从，违心从众。当年，邓小平认识到党在发展中出现的问题，没有随从以往的方针政策，而是大胆提出了“改革开放”的新思路，最终是中国逐渐走向富裕之路。当时的许多重要领导对他是心服口服，大力支持，成为了历史的重要组成部分。

其实，我们对从众的选择，归根结底是个人判断力的选择。康德曾这样定义：判断力，特别是审美判断力，能够联结知识与道德，必然性与自由之间的桥梁。所以判断力就是人对现实有什么样的态度，和表现出什么样的行为方式的决定因素。由于现在很多人在这方面有缺失，所以才做出了从众甚至是盲从的选择。所以，我们应该提升自己的判断力。

孔子曾言：“众恶之，必察焉；众好之，必察焉。”

因此，我们应该对事情有一定的了解，要去查清，看清事实，到时候再做分析。没有查明真相就随意判断，会导致我们走错误的路。竺可桢先生也说过：“凡是真知灼见的人，无论社会如何腐化，政治如何不良，他必独行其是。”

当众人都哭时，应该允许有的人不哭。当哭成为一种表现时，更应该允许有的人不哭。

二、其他作业

↗相同方向，相似的性质

类比：《种树郭橐驼传》　　容易理解、接受

生动形象

以种树之道　　能顺木之天，以致其性焉尔。

凡植木之性，其本欲舒，其培欲平，其土欲故，其筑欲密。

"勿动勿虑"　"其天者全而其性得矣"

以养之道，移之官理

类比

↓

做官之道　　吾小人辍飧饔以劳吏者，且不得暇，又何以蕃吾生而安吾性耶？

对比：《病梅馆记》　　谴责摧残梅花的举动

	病梅	与	疗梅
审美	曲、欹、疏	vs	直、正、密
手段	删、夭、病、锄	vs	纵 顺 毁 埋 解
结果	江浙之梅皆病	vs	誓疗 甘受诟厉 广贮病梅

伏笔：《最后的常春藤叶》　悬念设置，意料之外，合理的伏笔，使悬念成为情理之中。

（悬念结尾）

意，使整篇结构严密，情节更合理的效果　　表达效果

①经过了漫漫长夜的风吹雨打，仍旧有一片常春藤的叶子贴在墙上。

②靠近叶柄的颜色还是深绿的。

③黄昏时，她们看到墙上那片孤零零的藤叶仍旧依附在茎上。

④看看墙上最后的一片叶子。不随着风飘风动

⑤那是贝尔曼的杰作——那晚最后的一片叶子掉落时，他画在墙上的。

①从上文……的伏笔，暗示了……

②表达效果

建设，传递正能量，媒体也要注意力度，国家还要制定法律，如：善意救人造成伤害，救助者免责。这样，我们的社会才能更加和谐，更加美好。

11/16

宫中尚促织之戏——会征促织，不如自行搜觅，冀有万一之得——迫促，惟思自尽——村中来一驼背巫，能以神卜——逐而得之，大喜，笼归——成子毙虫　既而得其尸于井——忽闻门外虫鸣，小虫忽跃落衿袖间——村中少年的"蟹壳青"与小虫角斗，小虫取胜——既入宫中，上大嘉悦，诏赐抚臣名马衣缎，成子精神复旧

皇帝爱好斗蟋蟀——成名被迫去抓促织——官逼成名交税——神婆指点——得到了蟋蟀——成子意外弄死了蟋蟀，又落井——意外得到了小蟋蟀——有名的"蟹壳青"与小蟋蟀争斗，小蟋蟀取胜——进献大，令大官满意，赏赐，成子苏醒

11/19

天子爱好促织，奉行者和官吏为了讨天子欢心（被天子重用）逼迫百姓去抓促织，这种现象是由天子微不足道的爱好被自私的奉行者和官吏利用，最终给百姓带来了巨大的灾祸。作者通过促织来辛辣讽刺这种社会现象。

好！　11/20

4.5

合欢树

史铁生

因果关系　　情感关系

十岁那年，我在一次作文比赛中得了第一。⇒我装作很不再注意她的话，对着墙打乒乓球，把她气得够呛。

↓

二十岁，我的两条腿残废了。⇒母亲的全副心思却放在给我治病上，到处找大夫，打听偏方。（关心）

↓

先后改变了几次主意，最后想学写作。⇒她说，每一回都要诚地抱着希望。（鼓励）

↓

后来她发现我在写小说。⇒她到处给我借书，抱了希望。（支持）

↓

三十岁时，我的第一篇小说发表了。过了几年，我的另一篇小说又侥幸获奖。⇒母亲已经离开我了。我怀念母亲。（我的成功少不了母亲的鼓励、支持，可惜母亲已经不在了。）

↓

母亲去世后，我们搬了家。⇒我不愿意去那个小院，推说手摇车进去不方便。（不愿面对）

↓

到小院儿去看看吧，你妈妈种的那棵合欢树今年开花了。⇒我心里一阵抖，还是推说手摇车进出太不易。

↓

我没想到那棵树还活着。⇒我回忆合欢树的来缘，回忆与母亲一起生活的情景。

↓

想摇车进小院儿真是不可能了。大伙说，合欢树年年都开花，长到房高了。⇒我后悔前两年没有自己摇车进去看看。

好！

9/22

Date.
Page.

夯实小知识点

青玉案、摸鱼儿、蝶恋花

词名
（苏东坡、辛弃疾）豪放
（柳永、李清照）婉约
词牌
↓
词的调子的名称

宋←梁
词
（别称：诗余、长短句、琴趣、乐府、曲子词）

诗歌

元 → 曲（散曲）→ 散曲、杂剧

窦娥冤、天净沙·秋思

代表人物：关汉卿、马致远、关汉祖、白朴。

诗

前—唐朝—后

古体诗 ←→ 近体诗（今体）
格律诗

代表人物：李白、董康、张继
白居易、王维。
作品：《赤壁》《山石》
《登幽州台歌》《石鼓歌》
《苦寒行》

区别
①在句法上，古体诗每句的字数不一；而近体诗只有五言和七言。
②在用韵上：古体诗可以在一首中换韵；近体诗两大也不能换韵。绝句为四句，律诗为八句，超过八句的为排律或长律。
古体诗在偶数、奇数句都可以押韵；但近体诗在偶数句上押韵。古体诗可用平仄声韵，而近体诗只可用平声韵。
③古体诗：自由、不拘对仗、平仄。

绝句　律诗
区别

绝句 → 杜甫。两个黄鹂鸣翠柳，一行白鹭上青天。窗含西岭千秋雪，门泊东吴万里船。

律诗 → 王勃《送杜少府之任蜀州》城阙辅三秦，风烟望五津。与君离别意，同是宦游人。海内存知己，天涯若比邻。无为在歧路，儿女共沾巾。

唐诗、宋词和元曲的区别？

答：唐诗、宋词和元曲在句法和风格上都是不同的。曲比较通俗，诗和词则文雅一些。

好。3/1

Date.
Page.

通假字的识别

1.含义：用音同或音近的字借来代替本字的字。eg:《愚公移山》中"甚矣，汝之不惠"的"惠"借来代替"慧"。

2. 古今字与通假字不是一回事

古的字⇒是古已有这个字，

今又造字加以区分。

苏轼的《石钟山记》中"莫夜月明"的"莫"字，

后人又造"暮"字以区分，"莫"和"暮"就成了

古今字。

异体字与通假字不是一回事。

异体字⇒写法不同，but

意思相同。

《过秦论》的"俛首系颈"

就直接印成"俯首系颈"。

3. 识别通假字？？？

answer：阅读中当这个字的意思在句中说不通或不合理时，should consider 这个字是不是通假字。

《论积贮疏》"生之有时而用之亡度"中的"亡"字，若按"死亡"，"灭亡"的意思都是没法理解的，所以应理解成"无"。

4. 想阅读文言，必须要熟记通假字，否则，"它"会成为障碍物（读文言文之时）。

Very good 12/21

JINGU

DATE

1. 第三段"反正同是不幸，而后者该是更深的不幸"。

答：我认为作者是在说老王一只眼睛是瞎，而是只瞎了的眼睛。作者认为得恶病而眼瞎比因营养不良而瞎更加不幸，因为营养不良而眼瞎之中是直接造成的，但是因恶病而眼瞎的话，老王在瞎眼前经受着疾病的折磨。

2. 第四段"他说，住那儿多年了"。

答：这句话是老王本人说的，"那儿"在文中写得非常破败，而老王住在那样破败的地方多年，可见他多年来生活都过得非常辛苦。

3. 第五段"老王是其中最老实的"。

答：这句话是作者对老王的一句陈述，老王作为一个送冰的人，与他同行的人，都会从客人那里揩些油水，可是老王在这一行却没有那么做，可见老王是一个老实的人。

4. 第十段"因为在我（临死前）的记忆里多得数不完"。

答：这里句是说老王送给作者一家的鸡蛋在作者眼里都数不完，我认为在这段中作者是因为心中对老王有所愧疚所以心理上认为鸡蛋数不过来，但事实上我们都知道，老王家境贫困不可能送给作者太多的鸡蛋。

5. 第二十二段"那是一个多吃多占的人对一个不幸者的愧怍"。

答：这句话是在老王死后作者的感受，作者认为在当时的社会里，作者本人是幸运者而老王则是社会中的不幸的人，而作者认为自己作为一名幸运者没能尽自己的一份责任去关爱不幸者。

写作手法

类比（是文学，不是逻辑）
- 两个事物，相同方向，相似的性质
- 生动形象（多用于表明一个抽象的观点，常见于议论性的文章，记叙、抒情类少见）
- 答题：①……和……类比（具体，概括）
  - ②说明……道理/表达……观点（段落中心，类比点）
  - ③表达了/说明了/阐述了/论证了……（主旨）
- 举例：《种树郭橐驼传》《邹忌讽齐王纳谏》

类比	比喻
篇章多，句子很少	篇章、句子都有
同类，异类均可	不能同类，只能异类
主体，客体	本体，喻体
相似，相异均可类比	只能相似

对比　两事物比较，突出一方。
- 相同领域，维度——可比较
- 表达效果：鲜明突出，反差强烈、印象深刻
- 类比同向，对比反向
- 答题：①a……和b……进行对比（具体，概括）
  - ②突出了/强调了a或b……（具体，概括）
  - ③表达了/说明了……（主旨）
  - ④表达效果
- 举例：《六国论》《促织》《病梅馆记》

人物形象
- 语言、动作、神态、心理等细节描写
- 答题：通过……塑造了人物……的性格
- 举例：香菱，林冲，曹操……

Date 2015.9.21 Page. 7.

《合欢树》思维导图.

十岁那年，作文获奖 → 使"我"有了写作的信心和勇气，并使它成为了"我"的爱好，职业。

4.5

好!

二十岁，两腿残废；想写作；母亲辛苦地给"我"治病；抱有希望。

想起新生儿长大后的事，勾起了回忆(隐含).

导致

(因果)

(情感)

想去看，但过道变窄，无法再看到，感到后悔。

开始写小说；母亲支持；到处给我借书。

有人提起，母亲种的合欢树长得很高，年年开花.

三十岁，第一篇小说发表；母亲已故；小说获奖，

(情感) 搬家，不愿回到小院儿

9/22

风雪如何贯穿全文

原文	分析
林冲的绵衣裙袄都是李小二浑家。	引出风雪
正是严冬天气，彤云密布，朔风渐起，却早纷纷扬扬，卷下一天大雪来。	直接描写风雪，一路写雪，"纷扬"写雪势之大；"卷"写朔风之烈，"一天"范围之大。
仰面看那草屋时，四下里崩坏了，又被朔风吹撼，摇振得动。	侧面描写衬托风雪，突出狂风之烈。自然环境恶劣。
待雪晴了，去城中唤个泥水匠来修理。	对生活的希望，渴望正义光明。
雪地里踏着碎琼乱玉，迤逦背着北风而行。	人物动作衬托风雪，顺着风雪而行，写出他忍辱负重。
那雪正下得紧	直接描写风雪，林冲去喝酒时的雪势。
便出篱笆门，仍旧迎着朔风回来	人物行动衬托风雪，迎着朔风，写出与命运作斗争的决心。
看那雪，到晚越下得紧了	直接描写风雪，林冲喝酒返回时，雪势进一步加大
林冲踏着那瑞雪，迎着北风，飞也似奔到草场门口	直接描写，雪势之大。
因这场大雪，救了林冲的性命。那两间草厅被雪压倒了。	侧面描写，衬托风雪，进一步突出了狂风之烈，雪势之大。

火盆内火种都被雪水浸灭了。 侧面描写，衬托风雪。写出了风之烈，雪之大。

把身上的雪都抖了 人物动作衬托风雪。

那雪越下得猛。 雪势进一步加剧。
心理

远远地数间草屋，被雪压着 侧面描写，雪势一直持续。

被朔风一掉，随着那山涧边倒了，那里掉得起来 人物动作衬托风雨。写出风之烈。

当时林冲醉倒在雪地上

只见倒在雪地里，花枪丢在一边

因恶劣的自然环境，林冲被困在雪地上。林冲没能逃过"风雨"即人生中的挫折。

文中出现风雪场景，既烘托了人物感情，又为人物活动渲染了气氛。风雪进一步加剧推动故事情节的发展。

非常好！ 12/24

伏笔与悬念：悬念，在意料之外，但伏笔

象征：咏史 →①抽象的概念具体化

涧底松——英俊　　郁郁涧底松，离离山上苗。

山上苗——世胄　　世胄蹑高位，英俊沉下僚。

线索：一碗阳春面　中心明确，将各部分贯穿起来，形成一个有机整体。

母子三人吃阳春面

推拿：　　人物描写

沙复明

"老同学开玩笑了——抽空你还得给他们讲讲"→语言

"哪一天自己要是当上了老板，绝不能让员工在推拿中心睡觉"→心理

"沙复明就搓了搓手。"→动作

"沙宗琪推拿中心欢迎你。"→语言

①头脑精明，利落能干。②有管理能力强　③讲求平等　④希望得到别人认可

寒暄有节制　给王大夫足够面子 抓救助　谈工作直奔主题　在意"有理论"的人

王大夫

大声喊了一声"沙老板"→语言

"正好啊，我也来学习学习"

"王大夫放心了"。→心理

"王大夫笑出声来……"神态。

"这么一想王大夫就难受起来了，手指头的关节噼里啪啦又是一阵响。"→动作

"王大夫刚进门脑袋，不解了，明明是"沙复明推拿中心"，沙复明为什么要说"沙宗琪推拿中心"呢？→心理

老心里头似乎松动了一些了。→心理 →伤心、缓解

①称呼"沙老板" 重视

②满足沙复明自尊心

③较难过

好！

第二节 闵紫雯老师的学生作业选

专题15 怎样分析作者在诗歌中表达的思想感情？

26. 落日怅望

孤云与归鸟，千里片时间。念我何留滞，辞家久未还。
微阳下乔木，远烧入秋山。临水不敢照，恐惊平昔颜。

题：本诗以"落日怅望"为题，[illegible]内容看，作者惆怅的原因是什么？

答：

27. 临江仙·夜归临皋[注]

苏轼

夜饮东坡醒复醉，归来仿佛三更。家童鼻息已雷鸣。敲门都不应，倚杖听江声。长恨此身非我有，何时忘却营营？夜阑风静縠纹平。小舟从此逝，[illegible]

【注】[illegible]元丰五年（1082）九月在黄州谪所所作。

题：作者因何而醉？试结合全词分析其思想原因。

答：

一、（2015·江苏卷）阅读下面这首唐诗，回答问题。

秋日题窦员外崇德里新居

刘禹锡

长爱街西风景闲，[illegible]开颜。
清光门外一渠水，秋色墙头数点山。
疏种碧松通月朗，多栽红药待春还。
莫言堆案[注]无余地，认得诗人在此间。

【注】[堆案]堆积案头，谓文书甚多。

1. 联系全诗，概括作者"开颜"的原因。

答：

2. 简要赏析颔联、颈联的写景艺术。

答：

3. [illegible]联表达了作者什么样的情感？

答：

二、（2015·湖北卷）阅读下面这首宋诗，然后回答问题。

劳停驿

欧阳修

孤舟转山曲，豁尔见平川。
[illegible]帆初落，峰头月正圆。
[illegible]几家聚，瘦野一刀田。
行客愁明发，惊滩鸟道前。

【注】此诗为欧阳修被贬峡州夷陵令时作。劳停驿，驿站名。

1. 简要说明此诗前两联景物描写的时空变化。

答：

2. 简要分析第三联中"荒""瘦"二字的妙处。

答：

三、（2015·湖南卷）阅读下面的古诗，完成题目。

君不见魏武草创争天禄，群雄睚眦相驰逐。昼携壮士破坚阵，夜接词人赋华屋。都邑缭绕西山阳，桑榆汗漫漳河曲。城郭为虚[注]人代改，但有西园明月在。邺傍高冢多贵臣，[illegible]共灰尘。试上铜台歌舞处，唯有秋风愁杀人。（张说《邺都引》，选自《全唐诗》）

江天一色无纤尘，皎皎空中孤月轮。江畔何人初见月？江月何年初照人？人生代代无穷已，江月年年望相似。不知江月待何人，但见长江送流水。（选自普通高中语文选修教材《中国古代诗歌散文欣赏》）

【注】[虚]废墟。

第二段诗句节选自唐代诗人张若虚的《春江花月夜》。请赏析两诗中画横线诗句所抒发的人生感悟的差异。

答：

专题15 怎样分析作者在诗歌中表达的思想感情？

【学习目标】

1. 能口述诗歌感情题的两大类别（局部感情题、整体感情题）及其特点。

2. 能举例陈述诗人在诗歌中表达思想感情的主要方法。

【一轮诊断】

1. 不会从多角度分析诗歌整体方面的感情。不能从标题、作者、意象、语句、注释等方面分析与归纳诗歌的整体情感。

【突破训练】

类·题·突·破

阅读下面的诗歌，回答问题。

1.

咏　风

王　勃

肃肃凉风生，加我林壑清。驱烟寻涧户，卷雾出山楹。

去来固无迹，动息如有情。日落山水静，为君起松声。

题：这首诗的"诗眼"是哪两个字？请作简要分析。

答："有情"。全诗紧扣诗的有情来写，颔联写它带给林壑清爽，驱散涧上烟云，尾联写它在日落之时为人奏起美妙乐章，给人带来欢娱，表现了风的"有情"。

2.

山中问答

李　白

问余何意栖碧山，笑而不答心自闲。

桃花流水杳然去，别有天地非人间。

题：本诗的"诗眼"是什么？

答："闲"。全诗表现出诗人的闲适，写桃花流水飘然远逝，表现诗人的自在与洒脱。

3.

塞下曲

常　建

玉帛朝回望帝乡，乌孙归去不称王。

天涯静处无征战，兵气销为日月光。

题：诗眼是诗歌中最精炼传神的字，这首诗歌的"诗眼"是什么？请结合诗歌内容，简要说明判断的依据。

答："静"。天下战乱已平，此时四海宁静，表现出和平带来的宁静，也寄予了作者对未来依旧和平的期望。

4.

秋日酬王昭仪

汪元量

愁到浓时酒自斟，挑灯看剑泪痕深。

黄金台愧少知己，碧玉调将空好音。

万叶秋风孤馆梦，一灯夜雨故乡心。

庭前昨夜梧桐雨，劲气萧萧入短襟。

题："愁"是这首诗的诗眼，诗的首联、颔联是如何表现这种浓愁的？

答："少知己"表现出自己没有知心的寂寞，"自酌"傍（?）愁，从细节描写上更突出了诗人内心的愁苦。

5.

三江小渡

杨万里

溪水将[注]桥不复回，小舟犹倚短篙开。

交情得似山溪渡，不管风波去又来。

【注】[将]携带。

题：本诗的"诗眼"是什么？

答："渡"字表现出溪水的缓慢及诗人倚靠小舟江边慢行的闲适。

6.

[中吕]朝天曲

张养浩

柳堤，竹溪，日影筛金翠。杖藜徐步近钓矶，看鸥鹭闲游戏。农父渔翁，贪营活计，不知他在图画里。对这般景致，坐的，便无酒也令人醉。

题：简析"日影筛金翠"句中"筛"字的妙处。

答："筛"字表现了阳光透过树叶缝隙照射出的小光点，形象生动，化平淡为灵动。

7.

苏幕遮

[宋]周邦彦

燎沉香，消溽暑。鸟雀呼晴，侵晓窥檐语。叶上初阳干宿雨，水面清圆，一一风荷举。　故乡遥，何日去？家住吴门，久作长安旅。五月渔郎相忆否？小楫轻舟，梦入芙蓉浦。

题：上片"一一风荷举"一句中"举"字有何妙处？请简要分析。

答："举"字展现了荷叶在风中的直立的神态，形象生动自然贴切。

8.

中夜起望西园值月上[1]

柳宗元

觉闻繁露坠，开户临西园。寒月上东岭，泠泠[2]疏竹根。石泉远逾响，山鸟时一喧。倚楹遂至旦，寂寞将何言。

【注】①本诗作于柳宗元被贬永州之时。西园位于作者永州愚溪住宅以西。　②[泠泠]形容清凉，也形容声音清越。

题：颔联中"泠泠"在营造意境方面有何妙处？请简要赏析。

答："泠泠"表现出环境的清凉，营造了冷清寂静的孤寂的氛围。

9.

天仙子

张　先

水调数声持酒听，午醉醒来愁未醒。送春春去几时回？临晚镜，伤流景，往事后期空记省。　沙上并禽池上暝，云破月来花弄影。重重帘幕密遮灯。风不定，人初静，明日落红应满径。

题："云破月来花弄影"是千古传诵的名句，请简要分析"弄"字的妙处。

答："弄"字化物以动态，赋予花灵性，展现出花影招摇的极富动态感的画面。

10.

蜀先主庙[1]

刘禹锡

天下英雄气，千秋尚凛然。势分三足鼎，业复五铢钱[2]。

· 57 ·

No.
Date: Tik Tok

标：古蔬的樵 小用 在小的方面使用 王 n→v. 称王
以：导致 足：能够 求：得到 充其所求：满足他们所想得到的
道：方法 言王：谈论王道 述命：请求他饶恕性命 独：只有唯独
而：表顺承 易：改变 更替
饱饿之：使他吃饱饭 感甚：十分感动 相：偏指一方 你
馆之：使他住在客房 师所能 本事(n.) 尽能 掌握(v.)
骄然而立 表修饰 尽吾能 举技 作势：做好比赛的姿势
诸：兼词"之乎" 病：害处

欲贵者，人之同心也，人人有贵于己者，
显得尊贵 共有的心态 (意动)都有自己认为可贵的东西
弗思耳矣 人之所贵者 非良贵也
只是不去思考罢了 他人所看重的不是真正的尊贵

既醉以酒 既饱以德
因为 充实 恩情

抱关击柝：位卑禄薄的小官
辞尊居卑 辞富居贫
拒绝高薪领取薄禄

庶乎可矣 传置 驿站 囹圄 监狱
大概就可以了

川之游。会文正公入觐，上询及先生，乃不敢引疾，谓弟曰："汝败我雅兴矣。"

先生以为经学本于文字训诂，刊布许氏《说文》于安徽以教士。复奏请采录《永乐大典》逸书，上览奏，异之，乃命开四库全书馆，御制诗以纪其事。又以《十三经》文字传写兆讹，请仿汉熹平、唐开成故事，择儒臣校正，立石太学，奉谕缓办。因著《十三经文字同异》若干卷藏于家。于是皖、闽之士闻绪言余论，始知讲求根柢之学，四海好学能文者，俱慕从先生游。而戴征君震、王观察念孙诸人，深于经术训诂之学，未遇时皆在先生幕府，卒以撰述名于时，盖自先生发之。

先生刚肠疾恶，俗流不敢至其门，寒畯有一善，誉之如不容口。其在都，载酒问字者，车辙常满街路，所至之处，从游百数十人。既贵深望重，则大言翰林以读书立品为职，不能趋谒势要。其督学安徽，旌表婺源故士江永、汪绂等，祠其主于乡贤，以劝朴学之士。在福建，与弟珪相代，一时传为盛事，而闽士攀辕走送者，数百里不绝。其后文正主持文教，海内名流皆以暗中索拔，多先生所赏契者，故世称据经好古之士为"朱派"云。

先生穷年考古，兼好金石文字，谓可证佐经史。为文仿迁、固，尤长于叙事。书法参通六书，有隋以前体格。藏书万卷，坐客常满，谈辨倾倒一世。所至名山川，搜奇揽胜，都人士传诵吟咏，至今不辍。

（节选自孙星衍《朱先生筠行状》）

先生为人坦无城府，内友于兄弟，外好交游，称述人善，惟恐不至，即有过辄掩覆之，后进之士，多因以得名。室中自晨至夕，未尝无客，与客饮酒谈笑穷日夜，而博闻强识不衰。时于其间属文，其文才气奇横，于义理事物情态无不包，所欲言者无不尽。为学使时，遇诸生贤者，亲若同辈，劝人为学先识字，语意殷勤，去而人爱思之。所欲著书未就，有诗文集若干卷。

（节选自姚鼐《朱竹君先生别传》）

1. 对下列句子中加点词的解释，不正确的一项是（　　）

A. 复奏请采录《永乐大典》逸书　　逸：散失

B. 奏请仿汉熹平、唐开成故事　　故事：先例

C. 未遇时皆在先生幕府　　遇：得志

D. 劝人为学先识字，语意殷勤　　殷勤：周到

2. 下列各组句子中，加点词的意义和用法相同的一组是（　　）

A. {乃不敢引疾 / 臣乃敢上璧}　　B. {御制诗以纪其事 / 日削月割，以趋于亡}

C. {四海好学能文者 / 非蛇鳝之穴无可寄托者}　　D. {去而人爱思之 / 临清流而赋诗}

3. 下列对原文有关内容的概括和分析，不正确的一项是（　　）

A. 朱筠才智过人，淡泊功名。他年少时即通晓《五经》，以善写文章著名，深得赏识；志趣超脱，不汲汲于仕途。

B. 朱筠倾心学问，推进学术。他倡导整理文化典籍并身体力行；重视文字训诂之学，对当时学人产生深远影响。

C. 朱筠兴趣广泛，豪爽好客。他爱好金石书法、藏书考古，喜游名山大川；家中坐客常满，饮酒论学终日不辍。

D. 朱筠致力文教，奖掖后进。他督学地方，尊崇先贤，引领学风；对寒门才俊极口称善，待门下学子亲若同辈。

4. 把原文中画线的句子翻译成现代汉语。

(1) 先生以为经学本于文字训诂，刊布许氏《说文》于安徽以教士。

译文：____

(2) 既贵深望重，则大言翰林以读书立品为职，不能趋谒势要。

译文：____

(3) 其文才气奇横，于义理事物情态无不包，所欲言者无不尽。

译文：____

二、（2014·天津卷）阅读下面的文言文，完成1～5题。

文学徐君家传

［清］魏　禧

徐君讳谦尊，字玄初，吴县附学生[①]。君天资英敏，读书观大略，慕古侠烈之士，好施与，矜然诺。里有争，必造门征曲直，君一言折之。家既落，君委曲以奉甘旨，故乡望公[②]得与二三故旧啸咏山水间二十余年。一切徭役，君身经理之，不以科兄弟。君之伯性刚卞，君事之弥谨。季读书，君不以贫故竭力佽助。

明末赋役重，首事者往往破家，君条利弊上巡抚张公，公览而击节曰："此真读书人。"于是广义田以资通区，置役田给诸甲，至今犹食其利焉。崇祯末，旱蝗相仍，民死于道路，君步减粟食以食乡里，又劝助有力之家，全活甚众。妻兄弟有老而独者养之二十年，没葬而岁祀之。君友黄某父子死非所，遗二寡妇一女，君悉心护之，以其女字君从子，故黄氏终身不知有孤寡之苦。黄之姻某喜豪举，忽罹大祸，君营救之为破家。其教子以亲贤友善为第一务。鼎革[③]新，州郡望人义士多窜迹邓尉山、太湖中，君为谋舍馆资饮食不倦，不复以利害祸福介意。而乙酉丙戌间，群盗大起。君以身捍卫一方，每闻盗则挺身出，纠里中壮士为守御。贼大恨，卒杀公。乡里人皆欷歔流涕曰："徐公死，我辈无所恃矣。"

或曰：君古游侠之流也。魏禧曰：游侠士以好义乱国，君以好义庇民，此其不同也。世之盛也，上诸己砺治以利其下，下尽职以供其上，上下相安，而盗贼不作。其衰也，大吏贪纵武威以罔其下，小吏朘削百姓自奉以奉上，细民无所措手足。当是时，千家之乡，百室之聚，苟有巨室魁士，好义轻财利，能缓急一方者，则穷民饥寒有所资，冤抑有所诉，不蹈失身逆命之行，又或畏威怀德，不敢为非、不忍负其人。故乡邑有好义士，足以补朝廷之治，救宰相有司之失，而有济于生民。

7. 翻译下面文言文中画横线的句子。

因民之所利而利之，斯不亦惠而不费乎？择可劳而劳之，又谁怨？欲仁而得仁，又焉贪？君子无众寡，无小大，无敢慢，斯不亦泰而不骄乎？

（选自《论语·尧曰》）

译文：

8. 把文中画横线的句子翻译成现代汉语。

自　戒

郑思肖

有行，至贫至贱可以进之；无行，至富至贵不可亲之。何也？①有行之人，炯炯然动皆法度，不敢一毫越理犯分，必慎其所行，②虽贫乏不以为不足，无故与之犹不受，况妄谋乎！忠孝仁义，[illegible]于[illegible]，播于乡，不以害遗于人，断无后殃。无行之人，谲诈残妒，塞于胸间，心目所至，悉犯于理，贪涎满吻，并包之心炽然，使得时则以势劫之矣，虽死且有谋，[illegible]，必难终以福。匹夫有行，保身、保家、保子孙，遗善为闾里传；卿相无行，亡身、亡家、亡国、亡天下，遗臭为后世笑。敢断之曰：无行之卿相，不若有行之匹夫。③得若人而交之，非损我者也，实益我者也。然我或有一于此，人将拒我，如之何得若是之人而交之耶？其惧人之拒我也，莫若以所以拒于人者反拒乎吾身，庶乎可矣。妄以言议人，则几于小人；能自[illegible]，则不失为君子。终身其行斯言乎！我少也昧，惟由我父所行之涂行焉，凛凛然戒[illegible]于父母，愿必进于道，期为君子之归，故书以自戒。

（选自《郑思肖集》，上海古籍出版社1991年版）

①

②

③

9. 把文中画横线的句子翻译成现代汉语。

卜式传

卜式，河南人也。以田畜为事。时汉方事匈奴，式上书，愿输家财半助边。上使使问式：“欲为官乎？”式曰：“自小牧羊，不习仕宦，不愿也。”使者曰：“家岂有冤，欲言事乎？”式曰：“臣生与人无争，邑人贫者贷之，不善者教之，所居，人皆从式，何故见冤？”使者曰：“①苟，子何欲？”式曰：“天子诛匈奴，愚以为贤者宜死节，有财者宜输之，如此匈奴可灭也。”使者以闻。丞相弘曰：“此非人情，愿陛下勿许。”于是上不报式。式归，复田牧。

岁余，会浑邪等降，仓府空，贫民大徙，皆仰给县官，无以尽赡。式复持钱二十万与河南太守，以给徙民。河南上富人助贫民者，上识式姓名，曰：“是固前欲输其家半财助边。”上于是以式终长者，召[illegible]。

初式不愿为郎，上曰：“吾有羊在上林中，欲令子牧之。”式既为郎，布衣草屩而牧羊。岁余，羊肥息。上过其羊所，善之。式曰：“非独羊也，治民犹是矣。②以时起居，恶者辄去，毋令败群。”上奇其言，使式治民，有政[illegible]。上以式朴忠，拜为齐相。

（选自《汉书》，有删改）

①

②

[illegible]・检・测

一、（2015・湖南卷）阅读下面的文言文，完成1～5题。

《三事忠告》二则

张养浩

治官如治家

治官如治家，古人常有是训矣。盖一家之事，无缓急巨细，皆所当知。有所不知，则有所不治也。况牧民之长，百责所丛，若库序，若传置，若仓庾，若囹圄，若沟洫，[illegible]所司者甚众也。相时度力，敝者葺之，污者洁之，[illegible]者疏之，缺者补之，旧所无有者经营之。若曰彼之不修何预我事瞬息代去自苦奚为此念一萌则庶务皆隳矣。前辈谓公家之务，一毫不尽其心，即为苟禄，获罪于天。

禁家人侵渔

居官所以不能清白者，率由家人喜奢好侈使然也。中既不给，其势必当取于人。或营利以侵民，或因讼而纳贿，或[illegible]假贷，或托姻属，宴馈往还，遂至无节，以致动相掣肘，[illegible]施。己虽自洁，民则日污；己虽自宽，民则日[illegible]。[illegible]是而坐败辱者，盖骈首[illegible]；使为[illegible]而为之，则妻妾不能我救也；使为子孙而为之，则子孙不能我救也；使为朋友而为之，则朋友不能我救也。妻妾、子孙、朋友皆不能我救也，曷若廉勤乃职而自为之为愈也哉！盖自为虽阖门淡泊，而安荣及子孙；为人虽欢然如可乐，而[illegible]也。二者之间，非真知深悟（　　），未易（　　）言。有官君子，（　　）审择焉。

（选自《三事忠告》，文[illegible]《四库全书》本）

1. 对下列句子中加点的词的解释，不正确的一项是（　　）

A. 古人常有是训矣　　训：斥责

B. 况牧民之长，百责所丛　　牧：治理

C. 相时度力，敝者葺之　　相：观察

D. 曷若廉勤乃职而自为之为愈也哉　　愈：更好

2. 将文言虚词依次填人文中括号内，最恰当的一组是（　　）

二者之间，非真知深悟（　　），未易（　　）言。有官君子，（　　）审择焉。

A. 之　与　而　　B. 者　与　其

C. 之　所　其　　D. 者　所　而

3. 下列用“/”给文中画波浪线部分的断句，正确的一项是（　　）

A. 若曰彼之不修/何预我事/瞬息代去/自苦奚为/此念一萌/则庶务皆隳矣

B. 若曰/彼之不修何预/我事瞬息代去/自苦奚为/此念一萌/则庶务皆隳矣

C. 若曰彼之不修/何预我事/瞬息代去自苦/奚为此念/一萌则庶务皆隳矣

D. 若曰/彼之不修何预/我事瞬息代去自苦/奚为此念/一萌则庶务皆隳矣

思了。这个句子翻译成现代汉语就是：秦王手下的人想杀了蔺相如。

句②中的"吴王我"是名词与代词并用，句①中的"刃相如"是名词并用。"刃相如"中的"刃"是名词活用为一般动词，"刃相如"可译作"杀相如"；而"吴王我"中的"吴王"则是名词的使动用法，"吴王我"须译作"使我成为吴王"。其区别主要在名词活用为使动词时，它与宾语不构成支配与被支配的关系，而是主语客观上使宾语成为这个名词所代表的人或事物。

句③中"宾客"的活用属于名词的意动用法，"宾客其父"意思是"把他的父亲看作宾客"。在这里，活用的词同宾语也不构成支配与被支配的关系，而是主语主观上把宾语看作这个名词所表示的人或事物。

句④中的"犬"是名词作状语，它用在动词"坐"之前，表示行为的状态，"犬坐"意思是"像狗一样蹲着"。现代汉语只有时间、处所名词可以直接作状语，古代汉语则不受此限制，任何名词都可以直接作状语。

3. 解题技巧

(1)弄清句子的句式、语气等，把握句子大意。

(2)在"逐字对译"的过程中灵活运用好"留""换""补""删""调"五种基本方法，克服文言翻译中的"通病"。

(3)掌握"词类活用"的规律，借助语法分析的方法突破难点。

【突破训练】

类·题·突·破

1. 把下面文言文中画横线的句子翻译成现代汉语。

董叔将娶于范氏，叔向曰："①范氏富，盍已乎！"曰："欲为系援①焉。"他日，董祁②愬于范献子曰："不吾敬也。"②献子执而纺③于庭之槐。叔向过之，曰："子盍为我请乎？"叔向曰："求系，既系矣；求援，既援矣。③欲而得之，又何请焉？"

（选自《国语·晋语》）

【注】①〔系援〕（作为）绳梯攀援（上去）。这里指通过婚姻关系往上爬。　②〔董祁〕范献子的妹妹，嫁给董叔后，改称董祁。　③〔纺〕系……

①

②

③

2. 把下面文言文中画横线的句子翻译成现代汉语。

夫王道者，不可以小用也。①大用则王，小用则亡。昔者徐偃王、宋襄公尝行仁义矣，然终以亡其身、丧其国者，何哉？其所施者，未足以充其所求也。故夫有可以得天下之道，而无取天下之心，乃可与语王矣。②吴王困于姑苏之上，而求哀请命于勾践，勾践欲赦之，彼范蠡者独以为不可，援桴进兵，卒刎其颈。③项籍之解而东，高帝亦欲罢兵归国，留侯谏曰："此天亡也，急击勿失。"此二人者，以为区区之仁义，不足以易吾之大计也。

（选自苏轼《乐毅论》）

①

②

③

3. 阅读下面文言文，将文中画横线的句子翻译成现代汉语。

李超，字魁吾，淄之西鄙人。豪爽好施。①偶一僧来托钵，李饱啖之。僧甚感荷，乃曰："吾少林出也。有薄技，请以相授。"②李喜，馆之客舍，丰其给，旦夕从学。三月，艺颇精，意得甚。僧问：③"汝益乎？"曰："益矣。师所能者，我已尽能之。"僧笑命李试其技。李乃解衣唾手，如猿飞，如鸟落，腾跃移时，诩诩然交人而立。僧又笑曰："④可矣。子既尽吾能，请一角低昂。"李欣然，即各交臂作势。既而支撑格拒，李时时蹈僧瑕。僧忽一脚飞掷，李已仰跌丈余。僧抚掌曰："⑤子尚未尽吾能也！"

（选自《聊斋志异》）

①

②

③

④

⑤

4. 阅读下面文段，翻译文中画横线的句子。

赵人患鼠，乞猫于中山。中山之人予之猫，猫善捕鼠及鸡。月余，鼠尽而其鸡亦尽。其子患之，告其父曰："①盍去诸？"其父曰："②是非若所知也。吾之患在鼠，不在乎无鸡。夫有鼠，则窃吾食，毁吾衣，穿吾垣墉，毁伤吾器用，吾将饥寒焉。③不病于无鸡乎？④无鸡者，弗食鸡则已耳，去饥寒犹远，若之何去之猫也？"

①

②

③

④

5. 翻译下面文言短文中画横线的句子。

孟子曰："欲贵者，人之同心也。人人有贵于己者，弗思耳矣。人之所贵者，非良贵也。赵孟之所贵，赵孟能贱之。《诗》云：'既醉以酒，既饱以德。'言饱乎仁义也，所以不愿人之膏粱之味也；令闻广誉施于身，所以不愿人之文绣也。"

（选自《孟子·告子上》）

译文

6. 翻译下面文言文中画横线的句子。

孟子曰："仕非为贫也，而有时乎为贫；娶妻非以为养也，而有时乎为养。①为贫者，辞尊居卑，辞富居贫。辞尊居卑，辞富居贫，恶乎宜乎？抱关击柝。孔子尝为委吏矣，曰：'会计当而已矣。'尝为乘田矣，曰：'牛羊茁壮长而已矣。'位卑而言高，罪也；②立乎人之本朝而道不行，耻也。"

（选自《孟子·万章下》）

① 作为贫穷的人，辞谢尊贵的人居于卑位，辞去富贵

② 在朝做官却不能推行正确的政治主张，这是耻辱的。

7. 翻译下面文言文中画横线的句子。

因民之所利而利之，斯不亦惠而不费乎？择可劳而劳之，又谁怨？欲仁而得仁，又焉贪？君子无众寡，无小大，无敢慢，斯不亦泰而不骄乎？

（选自《论语·尧曰》）

译文：

8. 把文中画横线的句子翻译成现代汉语。

自 戒

郑思肖

有行，至贫至贱可以进之；无行，至富至贵不可亲之。何也？①有行之人，纲纪森然，一由乎法度，不敢一毫越理犯分，以肆其所行。②虽贫乏不以为不足，无故与之犹不受，况妄求乎！忠孝仁义，睦于家，笃于乡，不以害遗于人，断无后患。无行之人，谄佞残妒，塞于胸间，[illegible]犯于理，[illegible]并包之[illegible]然，使得时则以势[illegible]，[illegible]有谋，[illegible]毒于人，[illegible]以[illegible]匹夫无行，殃身、殃家、殃子孙，遗羞为闾里传；卿相无行，亡身、亡家、亡国、亡天下，遗臭为后世笑。故断之曰：无行之卿相，不若有行之匹夫。③得若人而友之，非损我者也，实益我者也。[illegible]将拒我，如之何得若是之人而友之耶？[illegible]之拒我也，[illegible]以所以拒于人者反拒乎身，[illegible]以责人，则几乎小人；能自[illegible]身，则不失为君子。[illegible]我少也[illegible]，惟由我父所行之途行焉，凛凛[illegible]于父母，愿必进于道，期为君子之归，故书以自戒。

（选自《郑思肖集》，上海古籍出版社1991年版）

①

②

③

9. 把文中画横线的句子翻译成现代汉语。

卜 式 传

卜式，河南人也。以田畜为事。时汉方事匈奴，式上书，愿输家财半助边。上使使问式："欲为官乎？"式曰："自小牧羊，不习仕宦，不愿也。"使者曰："家岂有冤，欲言事乎？"式曰："臣生与人无争，邑人贫者贷之，不善者教之，所居，人皆从式。何故见冤？"使者曰："①苟，子何欲？"式曰："天子诛匈奴，愚以为贤者宜死节，有财者宜输之，如此而匈奴可灭也。"使者以闻。丞相弘曰："此非人情，愿陛下勿许。"于是上不报式。式归，复田牧。

岁余，会浑邪等降，仓府空，贫民大徙，皆仰给县官，无以尽赡。式复持钱二十万与河南太守，以给徙民。河南上富人助贫民者，上识式姓名，曰："是固前欲输其家半财助边。"上于是以式终长者，召拜中郎。

初式不愿为郎，上曰："吾有羊在上林中，欲令子牧之。"式既为郎，布衣草履而牧羊。岁余，羊肥息。上过其羊所，善之。式曰："非独羊也，治民犹是矣。②以时起居，恶者辄去，毋令败群。"上奇其言，使式治民，有政绩。上以式朴忠，拜为齐相。

（选自《汉书》，有删改）

②

一、(2015·湖南卷)阅读下面的文言文，完成1~5题。

《三事忠告》二则

张养浩

治官如治家

治官如治家，古人常有是训矣。盖一家之事，无缓急巨细，皆所当知。有所不知，则有所不治也。况牧民之长，百责所丛，若庠序，若传置，若仓廪，若囹圄，若沟洫，若桥梁，凡所当为者甚众也。相时度力，敝者葺之，污者洁之，缺者补之，旧所无有者经营之。若曰彼之不修何预我事瞬息代去自苦奚为此念一萌则庶务皆隳矣。前辈谓公家之务，一毫不尽其心，即为苟禄，获罪于天。

戒家人侵渔

居官所以不能清白者，率由家人喜奢好侈使然也。中人之家，一事不给，其势必当取于人。或营利以侵民，或因讼而纳贿，或故假贷，或托姻属，宴馈征逐，通宵无节，以致[illegible]，威无所施。己虽日昌，民则日瘠；己之乐日欢，民则日怨。由是而致败者，盖[illegible]。嗟乎！使为妻妾而为之，则妻妾不能我救也；使为子孙而为之，则子孙不能我救也；使为朋友而为之，则朋友不能我救也。妻妾、子孙、朋友皆不能我救也，曷若廉勤乃职而自为之为愈也哉！盖自为之[illegible]；为人虽欢然如可乐，而祸患至无辞也。二者之间，非真知深悟(   )，未易(   )言。有官君子，(   )审择焉。

（选自《三事忠告》，文渊阁《四库全书》本）

1. 对下列句子中加点的词的解释，不正确的一项是（   ）

A. 古人常有是训矣　　训：斥责

B. 况牧民之长，百责所丛　　牧：治理

C. 相时度力，敝者葺之　　相：观察

D. 曷若廉勤乃职而自为之为愈也哉　　愈：更好

2. 将文言虚词依次填入文中括号内，最恰当的一组是（   ）

二者之间，非真知深悟(   )，未易(   )言。有官君子，(   )审择焉。

A. 之　与　而　　B. 者　与　其

C. 之　所　其　　D. 者　所　而

3. 下列用"/"给文中画波浪线部分的断句，正确的一项是（   ）

A. 若曰彼之不修/何预我事/瞬息代去/自苦奚为/此念一萌/则庶务皆隳矣

B. 若曰/彼之不修何预/我事瞬息代去/自苦奚为/此念一萌/则庶务皆隳矣

C. 若曰彼之不修/何预我事/瞬息代去自苦/奚为此念/一萌则庶务皆隳矣

D. 若曰/彼之不修何预/我事瞬息代去自苦/奚为此念/一萌则庶务皆隳矣

4.

【注

阿，两次

题：本诗

答：

5. 眼儿媚

阮阅

楼上黄昏杏花寒，斜月小栏杆。一双燕子，两行征雁，画角声残。　绮窗人在东风里，无语对春闲。也应似旧，盈盈秋水，淡淡春山。

题："一双

怎样

答：

6.

意，闻

分离。

题：这是

与爱

说："

上阕

答：

7. 长相思

纳兰性德[1]

山一程，水一程，身向榆关[2]那畔行，夜深千帐灯。

风一更，雪一更，聒碎乡心梦不成，故园无此声。

【注】①〔纳兰性德〕满洲贵族，著名词人。　②〔榆关〕山海关。

题："聒碎乡心梦不成"一句用了什么修辞手法？抒发了作者怎样的思想感情？

答：

8. 江城子

秦观

西城杨柳弄春柔。动离忧，泪难收。犹记多情，曾为

专题15　怎样分

系归舟。碧野

不为少年留。

便做[2]春江都

【注】①〔

纵使。

题：概括"杨柳"

情感。

答：

9.

张谓

八月洞庭秋，潇湘水北流。还家万里梦，为客五更愁。不用开书帙，偏宜上酒楼。故人京洛满，何日复同游？

题：尾联表达了诗人哪些复杂的情感？试结合内容简要分析。

答：

10. 〔正宫〕叨叨令

无名氏

溪边小径舟横渡，门前流水清如玉。青山隔断红尘路，白云满地无寻处。说与你寻不得也么哥，寻不得也么哥，却原来侬[1]家鹦鹉洲[2]边住。

【注】①〔侬〕我。　②〔鹦鹉洲〕此处为"渔父居处"的代称。

题：请结合全曲简要分析"却原来侬家鹦鹉洲边住"所蕴含的思想情感。

答：

11. 小重山·端午

〔元〕舒頔

碧艾香蒲处处忙。谁家儿共女，庆端阳。细缠五色臂丝[1]长。空惆怅，谁复吊沅湘[2]　往事莫论量。千年忠义气，日星光。《离骚》读罢总堪伤。无人解，树转午阴凉。

【注】①〔五色臂丝〕荆楚风俗，端午节以五彩系臂。　②〔沅湘〕沅水和湘水。湘水支流中有汨罗江。

题：从全词看，"空惆怅"和"无人解"分别表达了作者怎样的思想感情？

答：

12. 舟行青溪道中入歙

〔宋〕方回

蕨拳欲动茗抽芽，节近清明路近家。

五日缓行三百里，夹溪随处有桃花。

题：结尾两句表达了作者怎样的思想感情？

15.

灞上秋居

［唐］马戴

灞原风雨定，晚见雁行频。落叶他乡树，寒灯独夜人。
空园白露滴，孤壁野僧邻。寄卧郊扉久，何年致此身？

题：前两联描绘出诗人所见的哪些意象？流露了诗人怎样的情感？请简要分析。

答：

16.

长安秋望

赵嘏

云物凄清拂曙流，汉家宫阙动高秋。
残星几点雁横塞，长笛一声人倚楼。
紫艳半开篱菊静，红衣落尽渚莲愁。
鲈鱼正美[①]不归去，空戴南冠学楚囚[②]。

【注】①〔鲈鱼正美〕典出《晋书·张翰传》，张翰思念故乡的鲈鱼，便辞官回家。②〔南冠、楚囚〕典出《左传》，为囚徒的代称。

题：诗中的"紫艳半开篱菊静"一句，寄托了诗人什么样的思想感情？请简要分析。

答：

17.

江城子

［五代］欧阳炯

晚日金陵岸草平，落霞明，水无情。六代繁华，暗逐逝波声。空有姑苏台上月，如西子镜，照江城。

题：这首词明写眼前实景，暗寓历史沧桑。词中"水无情""空有姑苏台上月"两句含有深意，试结合全诗加以赏析。

答：

18.

丹阳送韦参军

严维

丹阳郭里送行舟，一别心知两地秋。
日晚江南望江北，寒鸦飞尽水悠悠。

暮春浐水送别

韩琮

绿暗红稀出凤城[注]，暮云楼阁古今情。
行人莫听宫前水，流尽年光是此声。

【注】〔凤城〕京城。

题：两首送别诗都写到了"水"，各有什么寓意？请作简要分析。

答：

19.

晚泊岳阳

欧阳修

卧闻岳阳城里钟，系舟岳阳城下树。
正见空江明月来，云水苍茫失江路。
夜深江月弄清辉，水上人歌月下归。
一阕声长听不尽，轻舟短楫去如飞。

题：诗中有三处写到"月"，请就[illegible]

答：

20.

海棠

苏轼

东风袅袅泛崇光[注]，香雾空濛月转廊。
只恐夜深花睡去，故烧高烛照红妆。

【注】〔崇光〕美艳的光彩。

题：诗的前两句描写了海棠花的哪些特点？

答：

21.

江南逢李龟年

杜甫

岐王宅里寻常见，崔九堂前几度闻。
正是江南好风景，落花时节又逢君。

相思

王维

红豆生南国，春来发几枝。
愿君多采撷，此物最相思。

背景资料：（安史之乱中）唐明皇幸岷山，百官皆窜辟，积尸满中原，士族随车驾也。李龟年奔迫江潭，杜甫以诗赠之曰："岐王宅里寻常见……"龟年曾于湘中采访使筵上唱："红豆生南国……"又"清风明月苦相思……"，此词皆王右丞所制，至今梨园唱焉。歌罢，合座莫不望行幸而惨然。

（唐·范摅《云溪友议·云中命》）

题：红豆又叫相思子。王维诗歌中的"红豆"，表达的是＿＿＿＿；李龟年在安史之乱中唱曲里的"红豆"，表达的是＿＿＿＿。

22.

悲秋

［南宋］黄公度

万里西风入晚扉，高斋怅望独移时。
迢迢别浦帆双去，漠漠平芜天四垂。
雨意欲晴山鸟乐，寒声初到井梧知。
丈夫感慨关时事，不学楚人儿女悲。

【注】诗人黄公度因反对朝廷推行的投降求和政策，被扣上"讥谤"国事的罪名，贬为肇庆府通判。

题：颈联中"山鸟"和"井梧"是用[illegible]的艺术形象，请指出"山鸟"和"井梧"分别喻指哪类人物。

答：

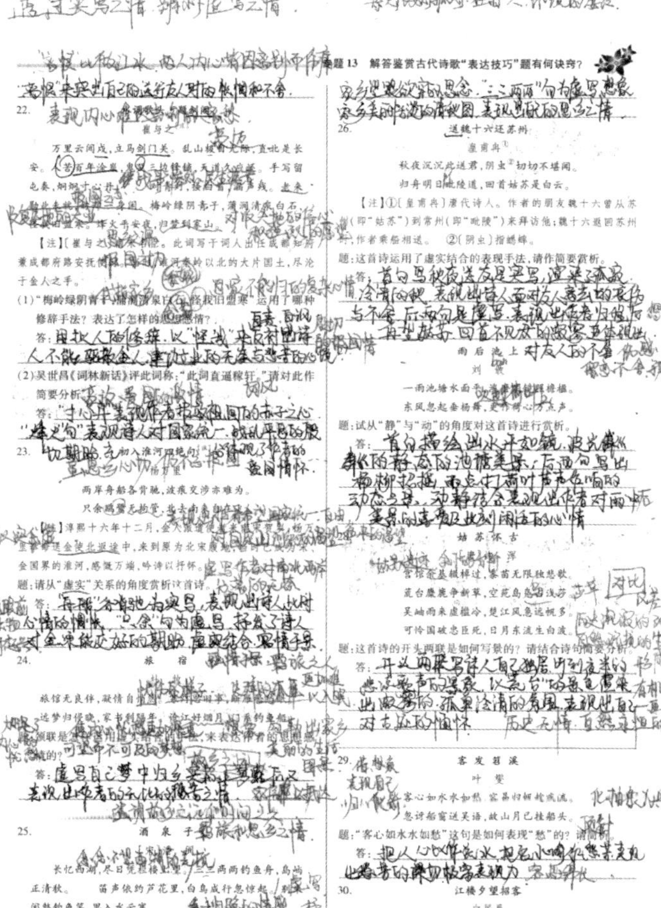

草，楚庙寒鸦。数间茅舍，藏书万卷，投老村家。山中何事，松花酿酒，春水煎茶。

题："诗眼倦天涯"中的"倦"字用得好，请简要说明理由。

答："倦"字表现出作者已看透了世间的繁华，对尘世心生厌倦。

20. 鹧鸪天·送廓之秋试①

[宋]辛弃疾

白苎②新袍入嫩凉。春蚕食叶响回廊。禹门③已准桃花浪，月殿先收桂子香。鹏北海，凤朝阳。又携书剑路茫茫。明年此日青云去，却笑人间举子忙。

【注】①[秋试]科举时代秋季举行的考试。②[白苎(zhù)]用白色苎麻织成的布。③[禹门]即龙门，古时以"鱼跃龙门"喻指考试得中。

题："白苎新袍入嫩凉"一句中的"嫩"字带给你怎样的感受？

答：清爽、新鲜的感受

21. 送何遁山人归蜀

[宋]梅尧臣

春风入树绿，童稚望柴扉。远壑杜鹃①响，前山蜀客归。到家逢社燕，下马浣征衣。终日自临水，应知已息机②。

【注】①[杜鹃]鸟名，即子规。②[息机]摆脱琐事杂务，停止世俗活动。

题：请简要分析首句中"绿"字的妙处。

答："绿"点明此时树的浓密，显示出了春日的勃勃生机。

22. 晚春严少尹与诸公见过

王维

松菊荒三径，图书共五车。烹葵邀上客，看竹到贫家。

鹊乳先春草，莺啼过落花。自怜黄发暮，一倍惜年华。

题：赏析"莺啼过落花"中"过"字的表达效果。

答："过"字化无形为有形，增强了艺术感染力，写出了莺啼声穿过落花的动态感，引人遐想，引发诗人伤春、惜春的情感。

23. 屈原庙

[明]梁辰鱼①

寒云掩映庙堂门，旅客秋来荐水蘩②。

山鬼暗吹青殿火，灵儿③昼舞白霓旛。

龙舆已逐峰头梦④，鱼腹空埋水底魂。

斑竹丛丛杂芳杜⑤，鹧鸪飞处獄黄昏。

【注】①[梁辰鱼]戏剧家，生活在君庸臣昏、阉党当政的明末时代。②[水蘩]即白蒿，可食，古代用为祭品。③[灵儿]与"山鬼"皆为屈原作品中民间传说的山神、仙灵的形象。④[峰头梦]指楚怀王梦与巫山神女在阳台幽会之事。⑤[杜]指杜蘅，香草名。

题："鱼腹空埋水底魂"一句中哪个字用得最妙？请作简要赏析。

答："空"用得最妙，其中包含了作者对屈原壮志难酬的惋惜，也表现出作者自身在昏庸统治下的无奈，万事皆空。

24. 春日

吴锡畴①

韶光大半去匆匆，几许幽情递不通。

燕未成家寒食雨，人如中酒落花风。

一窗草逆濂溪老②，五亩园私涑水翁③。

无赋招魂成独啸，且排春事答春工。

【注】①[吴锡畴]南宋末年诗人，死后第三年南宋灭亡。②[濂溪老]即周敦颐，晚年定居于庐山，世称濂溪先生。③[涑水翁]指司马光，陕州夏县(今属山西)涑水乡人，世称涑水先生。

题：请结合全诗简要分析颈联中"逆""私"二字的妙处。

答："逆""私"拟人，表现出田园对人的热情亲昵的样子，表达了作者对田园生活的喜爱。

25. 官舍竹

王禹偁

谁种萧萧数百竿？伴吟偏称作闲官[注]。

不随夭艳争春色，独守孤贞待岁寒。

声拂琴床生雅趣，影侵棋局助清欢。

明年纵使量移去，犹得今冬雪里看。

【注】[闲官]王禹偁因直言敢谏被贬，所任的商州团练副使是个无职无权的虚衔。

题：第三联中有两个字用得生动传神，请找出来并简要分析其表达效果。

答："拂"与"侵"字拟人化，形象生动地展现了琴声与影子助人"清欢"的场景，渲染了悠闲的氛围，侧面烘托作者被贬的无奈，以乐景衬哀情。

26. 夜书所见

叶绍翁

萧萧梧叶送寒声，江上秋风动客情。

知有儿童挑促织，夜深篱落[注]一灯明。

【注】[篱落]篱笆。

题：诗开头两句中"送""动"两字用语巧妙，说说它们的表达效果。

答："送""动"两字拟人化，生动形象地描绘出梧叶、秋风飘落时的神态，富有感染力，引人心动，渲染了凄冷孤寂的氛围，表现作者此时客居异乡的寂寞及对故乡的思念。

27. 夏日三首(其一)

张耒

长夏村墟风日清，檐牙燕雀已生成。

蝶衣晒粉花枝舞，蛛网添丝屋角晴。

落落疏帘邀月影，嘈嘈虚枕纳溪声。

久斑两鬓如霜雪，直欲渔樵过此生。

4.　　　　　虚　堂

　　　　　　寇　准[注]

[illegible]，耿耿难忘是旧情。

斜月半轩疏树影，夜深风露更凄清。

【注】[寇准(961—1023)]北宋政治家、诗人。因刚直不阿，两次罢相。

题：本诗后两句描绘了怎样的景象？表达了作者怎样的情感？

答：

5.　　　　　眼　儿　媚

　　　　　　阮　阅

楼上黄昏杏花寒，斜月小栏杆。一双燕子，两行征雁，画角声残。　绮窗人在东风里，无语对春闲。也应似旧，盈盈秋水，淡淡春山。

题："一双燕子，两行征雁"两句运用了什么手法？抒发了作者怎样的感情？

答：

6.　　　　　鹧　鸪　天

[illegible]

[illegible]征衣。着前只恐伤郎意，闲泪汪汪不敢垂。　　停宝马，捧瑶卮。相斟相劝忍分离。[illegible]，囫得不知郎去时。

题：这是一首送别词，作者假托一个女子的身份、口气，抒写她与爱人分别时的离情别绪。清代词学理论家陈廷焯评价说："语不深而情深，千古离别之词，以此为最。"请问词的上阕表现了女子怎样复杂的心情？

答：

7.　　　　　长　相　思

　　　　　　纳兰性德①

山一程，水一程，身向榆关②那畔行，夜深千帐灯。

[illegible]关]山

[illegible]了作者

[illegible]曾为

系归舟。碧野朱桥当日事，人不见，水空流。　　韶华①不为少年留。恨悠悠，几时休。飞絮落花时候、一登楼。便做②春江都是泪，流不尽，许多愁。

【注】①[韶华]青春年华，又指美好的春光。　②[便做]纵使。

题：概括"杨柳""飞絮"意象的内涵，并分析这首词表达的情感。

答：

9.　　　　　同王徵君湘中有怀

[illegible]月洞庭秋，潇湘水北流。还家万里梦，为客五更愁。

不用开书帙，偏宜上酒楼。故人京洛满，何日复同游？

题：尾联表达了诗人哪些复杂的情感？试结合内容简要分析。

答：

10.　　　　　〔正宫〕叨　叨　令

　　　　　　无名氏

溪边小径舟横渡，门前流水清如玉。青山隔断红尘路，白云满地无寻处。说与你寻不得也么哥，寻不得也么哥，却原来侬①家鹦鹉洲②边住。

【注】①[侬]我。　②[鹦鹉洲]此处为"渔父居处"的代称。

题：请结合全曲简要分析"却原来侬家鹦鹉洲边住"所蕴含的思想情感。

答：

11.　　　　　小重山·端午

　　　　　　[宋]舒　亶

碧艾香蒲处处忙。谁家儿共女，庆端阳。细缠五色臂丝①长。空惆怅，谁复吊沅湘②。　　往事莫论量。千年忠义气，日星光。《离骚》读罢总堪伤。无人解，树转午阴凉。

【注】①[五色臂丝]荆楚风俗，端午节以五彩系臂。　②[沅湘]沅水和湘水。湘水支流中有汨罗江。

题：从全词看，"空惆怅"和"无人解"分别表达了作者怎样的思想感情？

答：

12.　　　　　舟行青溪道中入歙

　　　　　　[宋]方　回

岁事欲动苔抽芽，节近清明路近家。

五日缓行三百里，夹溪随处有桃花。

题：结尾两句表达了作者怎样的思想感情？

· 73 ·

野次小峥嵘，幽篁相倚绿。阿童三尺棰，御此老……石吾甚爱之，勿遣牛砺角！牛砺角犹可，牛斗残我竹。

……②〔野次〕郊野。③〔棰〕鞭子。

题：这首诗可分为几个层次？它们分别写了什么内容？

答：

……歌子 黄庭坚

槐绿低窗暗，榴红照眼明。玉人邀我少留行。无奈一帆烟雨画船轻。柳叶随歌皱，梨花与泪倾。别时不似见时情。今夜月明江上酒初醒。

题：词的下片层次清晰，角度有变，试作简要赏析。

答：

10.……

故人日已远，窗下尘满琴。坐对一樽酒，……

……暮色迥，露重月华深。方境与群籁，……

题：诗人对"故人"的思念贯穿全篇，请结合诗句具体分析。

答：

……声，梦初惊。

……窝，泻清流。

……变化？请作简要

12. 葛溪驿

王安石

缺月昏昏漏未央，一灯明灭照秋床。

病身最觉风露早，归梦不知山水长。

坐感岁时歌慷慨，起看天地色凄凉。

鸣蝉更乱行人耳，正抱疏桐叶半黄。

题：诗人的心绪集中体现在"乱"字上，全诗是怎样表现的？请简要分析。

答：

专题14 解答"诗意解读"的试题有规律可寻吗？

13. ……周密

……夜深归客依筇行，冷磷依萤聚土……村店月昏泥径滑，竹窗斜漏补衣灯。

〔注〕……

题：本诗是怎样以"夜归"统摄全篇的？请结合全诗简要赏析。

答：

14. 画堂春

秦观

……径……小雨霏霏。杏园憔悴杜鹃啼，无奈春归。柳外画楼独上，凭栏手捻花枝。放花无语对斜晖，此恨谁知？

题：上阕的景物描写是如何表现无奈之情的？请作简要分析。

答：

15. 和王中丞闻琴

谢朓

凉风吹月露，圆景动清阴。蕙风入怀抱，闻君此夜琴。萧瑟满林听，轻鸣响涧音。无为澹容与，蹉跎江海心。

〔注〕……

题：这首诗是怎样描写琴声的？请结合诗句具体分析。

答：

16. 被酒独行，遍至子云、威、徽、先觉四黎之舍三首①（其二）

……总角黎家三四童，口吹葱叶送迎翁②。莫作天涯万里意，溪边自有舞雩风。

【注】①〔被酒〕刚喝过酒，带着醉意。〔四黎〕子云、威、徽、先觉四人都是海南黎族人，姓黎，故称"四黎"。 ②〔翁〕苏轼自称。

题：请结合作者的思想和本诗内容，分析这首诗表现了作者怎样的人生态度。

答：

野望②

杜甫

西山白雪三城戍②，南浦清江万里桥。

海内风尘诸弟隔，天涯涕泪一身遥。

惟将迟暮供多病，未有涓埃答圣朝。

跨马出郊时极目，不堪人事日萧条。

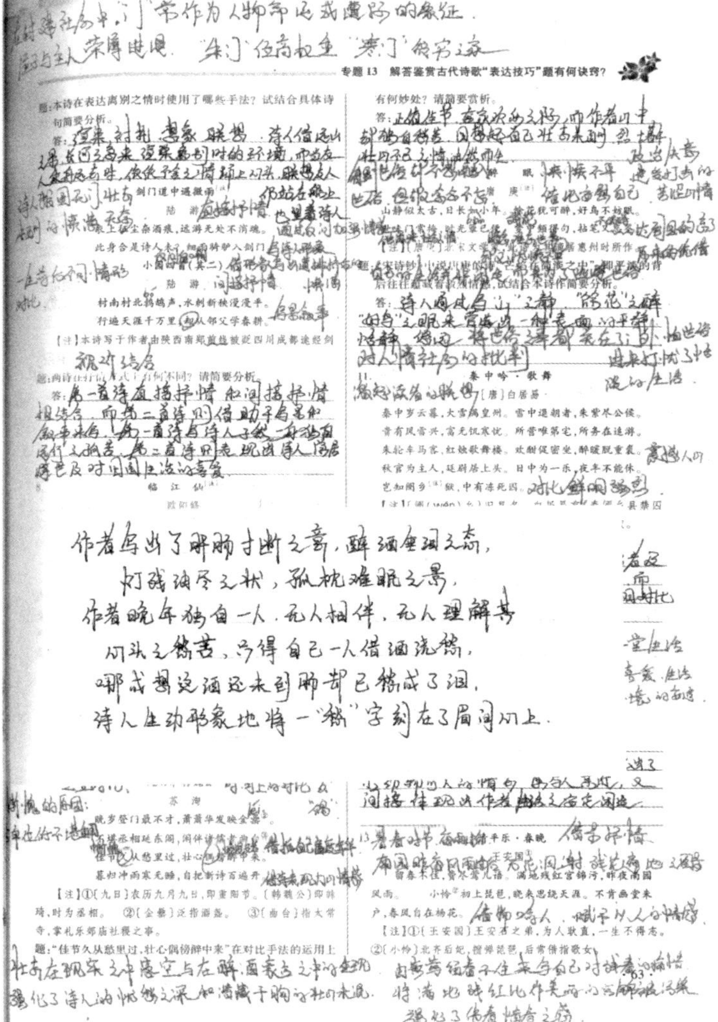

草，楚庙寒鸦。数间茅舍，藏书万卷，投老村家。山中何事，松花酿酒，春水煎茶。

题：“诗眼倦天涯”中的“倦”字用得好，请简要说明理由。

答：

20.

鹧鸪天·送廓之秋试①

［宋］辛弃疾

白苎②新袍入嫩凉。春蚕食叶响回廊，禹门③已准桃花浪，月殿先收桂子香。鹏北海，凤朝阳。又携书剑路茫茫。明年此日青云去，却笑人间举子忙。

【注】①［秋试］科举时代秋季举行的考试。 ②［白苎（zhù）］用白色苎麻织成的布。 ③［禹门］即龙门，古时以“鱼跃龙门”喻指考试得中。

题：“白苎新袍入嫩凉”一句中的“嫩”字带给你怎样的感受？

答：

21.

送何遁山人归蜀

［宋］梅尧臣

春风入树绿，童稚望柴扉。远壑杜鹃①响，前山蜀客归。

到家逢社燕，下马浣征衣。终日自临水，应知已息机②。

【注】①［杜鹃］又名子规。 ②［息机］摆脱琐事杂务，停止世俗活动。

题：请简要分析首句中“绿”字的妙处。

答：

22.

晚春严少尹与诸公见过

王 维

松菊荒三径，图书共五车。烹葵邀上客，看竹到贫家。

鹊乳先春草，莺啼过落花。自怜黄发暮，一倍惜年华。

题：赏析“莺啼过落花”中“过”字的表达效果。

答：

23.

屈原庙

［明］梁辰鱼①

寒云掩映庙堂门，旅客秋来荐水蘩②。

山鬼暗吹青殿火，灵儿③昼舞白霓幡。

龙舆已逐峰头梦④，鱼腹空埋水底魂。

斑竹丛丛杂芳杜⑤，鹧鸪飞处欲黄昏。

【注】①［梁辰鱼］戏剧家，生活在君庸臣昏、阉党当政的明末时代。 ②［水蘩］即白蒿，可食，古代用为祭品。 ③［灵儿］与“山鬼”皆为屈原作品中民间传说的山神、仙灵的形象。 ④［峰头梦］指楚怀王梦与巫山神女在阳台幽会之事。 ⑤［杜］指杜蘅，香草名。

题：“鱼腹空埋水底魂”一句中哪个字用得最妙？请作简要赏析。

答：

24.

春 日

吴锡畴①

韶光大半去匆匆，几许幽情递不通。

燕未成家寒食雨，人如中酒落花风。

一窗草逆濂溪老②，五亩园私涑水翁③。

无赋招魂成独啸，且排春句答春工。

【注】①［吴锡畴］南宋末年诗人，死后第三年南宋灭亡。 ②［濂溪老］即周敦颐，晚年定居于庐山，世称濂溪先生。 ③［涑水翁］指司马光，陕州夏县（今属山西）涑水乡人，世称涑水先生。

题：请结合全诗简要分析颈联中“逆”“私”二字的妙处。

答：

25.

官舍竹

王禹偁

谁种萧萧数百竿？伴吟偏称作闲官[注]。

不随夭艳争春色，独守孤贞待岁寒。

声拂琴床生雅趣，影侵棋局助清欢。

明年纵便量移去，犹得今冬雪里看。

【注】［闲官］诗人当时因受谗而被贬，所任的商州团练副使是个无事可做的虚衔。

题：第三联中有两个字用得生动传神，请找出来并简要分析其表达效果。

答：

26.

夜书所见

叶绍翁

萧萧梧叶送寒声，江上秋风动客情。

知有儿童挑促织，夜深篱落[注]一灯明。

【注】［篱落］篱笆。

题：诗开头两句中“送”“动”两字用语巧妙，说说它们的表达效果。

答：

27.

夏日三首（其一）

张 耒

长夏村墟风日清，檐牙燕雀已生成。

蝶衣晒粉花枝舞，蛛网添丝屋角晴。

落落疏帘邀月影，嘈嘈虚枕纳溪声。

久斑两鬓如霜雪，直欲渔樵过此生。

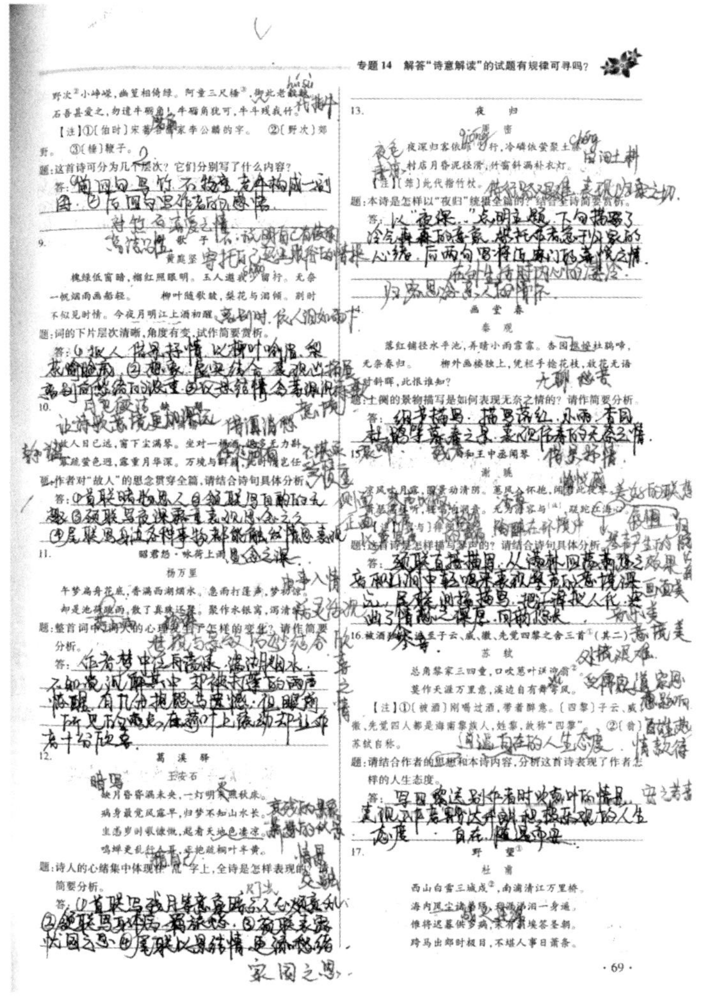

第三节　马迎红老师的学生作业选

一、学生作业展示说明

1. 课堂情况

2016 年 4 月 5 日，我主动报名参加嘉峪关市第一中学语文组内公开课。这次与我合作的是美术特长班，这些学生的进校成绩要比普通班的学生低最多 200 多分，无论是学习习惯还是基础知识，都很一般，因此，在进入高中阶段的学习中有很多挫败感，学习兴趣普遍很低，老师讲课一般都是自问自答式。再加上这些学生在高三第一学期在外地参加美术专业课的学习和考试，所有学生回学校上课时都到了 3 月初，也就是说，这些学生有 5 个多月没上课。其他班级的高考复习第二轮已快要结束，这个班才开始第一轮复习。

上学期，我在理科普通班尝试对分课堂效果不错，这次，我自己想看看，在特长班尝试对分课堂效果会怎样。

这是一个隔堂对分，教师的讲授和学生的独立学习已经完成，这节课主要是学生讨论和全班分享。

一上课，我检查了学生作业完成情况，明确了这节课的学习目标之后，就开始进入讨论，将尽 20 分钟的讨论，学生解决了 3 道试题，剩下的 20 分钟，我让学生回答问题，在全班分享答案。

整堂课，讨论过程时间充分，气氛热烈；全班分享时段，疑难问题基本解决，教师只做进一步明确；学生全程主动参与，热情高，小组成员通力合作，效果不错。

这节课顺利结束，我收齐了学生的作业，以供教师们审阅。

全组的教师和参加会议的范玲副校长开始评课。

教师们都觉得真正见识了一堂对分课，大家都很谦虚地说学习了。大家认为这堂课能用一半的课时量让学生讨论，可见讨论不是在走形式，而是很充分的，学生的参与度很高，课堂真正体现了学生的主体地位。有一位老教师说，这是他看到学生真正在讨论的一节课。还有一位年轻教师说，之前经常有人说上课要让学生讨论，但都不知道怎样操作才得法，所以也一直没怎么用过，今天看到了对分课堂，觉得用讨论的方式能让学生有所得，既让教师轻松很多，也活跃了课堂气氛，很不错。

语文教研组组长陈老师说，这个方法要是能从高一开始坚持，肯定有非常好的效果，学生在讨论中取长补短，训练思维，不断积累，最终的成绩必定也不差。

大家的疑问主要集中在以下几个方面：

1）课堂知识容量小，用 2 个课时解决 1 篇阅读，对于高三的学生来说是不是有点少？

2）高考需要标准答案，学生讨论思维活跃了，想法千奇百怪，做不出标准答案，这样做会不会反而对成绩有影响？

3）就像学生厌倦了目前的教学方法一样，学生要是对对分模式也厌倦了，该怎么办？

就以上问题，范玲副校长给予了总结性的点评。她觉得我们现在教给学生的是解决问题的能力，不在于一节课要讲多少知识，如果我们狂轰滥炸般地讲了 20 个知识点，这看上去很多，但学生一个都没记住，那又有何意义？这节课虽然知识容量不大，但思维的容量绝对不小，学生通过这节课，学会了做题的方法，学会了思考，体验了合作学习，这比什么都有意义。她还觉得学生如果在讨论中获得了自主学习的能力，高考成绩自然是不成问题的，而且学生内在的学习渴望被调动起来之后，就会形成主动思考和学习的习惯，在学习中获得成就感，这样学生也就不至于厌倦学习了。

听了教师们和校长的点评，我觉得这堂课有以下几点意义：

1）大家终于不再认为对分课堂就是以前的“自主、探究、合作”。

2）比起之前我给语文组的教师讲解对分课堂，这次实地上课让教师们更直观地感受到了对分课堂，再加上学生的作业给大家印象深刻，大家觉得对分课堂是一种很有效的方法。

3）这次与特长班合作讲对分课，效果不错，大家纷纷表示如果特长班能有这样的效果，那么普通班应该会更好。

2. 阅读篇目及试题

一钵了却谁的浮生①

闫荣霞

李叔同“二十文章惊海内”，会做诗、会填词、会书法、会作画、会篆刻，又会音乐、会演戏……这个世界上，还有什么是他不会的？

鲁迅、郭沫若也以得他一幅字为无上荣耀。他作的《送别》，“长亭外，古道边，芳草碧连天。晚风拂柳笛声残，夕阳山外山……”我毕业的时候还在唱；这样的歌就是诗了，他的诗又怎能不好：“梨花淡白菜花黄，柳花委地芥花香。莺啼陌上人归去，花外疏钟送夕阳。”连他给友人夏丏尊的画随便题两句话，都好得不行：“屋老。一树梅花小。住个诗人，添个新诗料。爱清闲，爱天然；城外西湖，湖上有青山。”（《为题小梅花屋图》）

可是一入佛门，以前种种，譬如昨日死，今后种种，譬如今日生，就完全置之度外了。叶圣陶谈弘一晚年书法：“就全幅看，好比一位温良谦恭的君子，不亢不卑，和颜悦色，在那里从容论道。……毫不矜才使气，功夫在笔墨之外，所以越看越有味。”就像一道虹敛去七彩，白气藏身天地间，非为字变，实则人变。当了和尚，字也有了一颗为僧为佛的心，自然是“刊落锋颖，一味恬静”。

就如他这个人。初始华丽，剃须裹腰在舞台上扮茶花女，如今却是面容清癯，眉目疏淡，一个过午不食、行脚度世的老和尚。就像烟花“啪”地炸开，整个天地都为之增了色彩。眼看着亮了，更亮了，大了，更大了，圆了，又更圆了，然后暗了，又更暗……整个人生就这样由绚丽归于平淡。

---

① 资料来源：http://www.gzywtk.com/tmshow/7711.html.

环顾当年，人们对大才子李叔同出家动机众说纷纭，莫衷一是……大师的弟子、著名美术家丰子恺则提出独到的见解，他说："我以为人的生活可以分作三层：一是物质生活，二是精神生活，三是灵魂生活。物质生活就是衣食。精神生活就是学术文艺。灵魂生活就是宗教。'人生'就是这样一个三层楼。而弘一法师，就是一层一层走上去的。"丰子恺的"人生三层楼"的说法，切合实际，振聋发聩，一扫世俗们对李叔同出家因由的所有推测之说。

庄子讲天地有大道，却是一定要做到"无己"，成为"至人"，才能得之。世事不再关注，生死不再思虑，贫富得失不是挂在心尖上的事，形如槁木，心如死灰，游于宇内。

可是，要想得到大道的快乐，却要能熬得过刳骨剔肉的痛苦。剃度后，与他有过刻骨爱恋的日籍夫人伤心欲绝地携了幼子千里迢迢赶到灵隐寺，他铁石心肠，竟然连庙门都没有让他们进，妻子无奈离去，只是对着关闭的大门悲伤地责问道："慈悲对世人，为何独伤我？"

他用刳骨剔肉的痛苦，置换了真正的自由。一切他都舍得，只为追求心中那一点萤火。

我们对于追求自由的人一向是敬仰的。自身是燕雀，怎不羡鸿鹄？林语堂说："他曾经属于我们的时代，却终于抛弃了这个时代，跳到红尘之外去了。"张爱玲说："不要认为我是个高傲的人，我从来不是的——至少，在弘一法师寺院围墙的外面，我是如此的谦卑。"

赵朴初评他是："无尽奇珍供世眼，一轮圆月耀天心。"其实他才不要当什么奇珍和明月，他不过是为了自己的心罢了。所以他出家也不是为当律宗第十　代世祖，更不为能和虚云、太虚、印光并称"民国四大高僧"。弃家毁业不为此，大彻大悟不消说。那些虚名，他是不要的。真实的他，63 个流年，在俗 39 年，在佛 24 年，恪遵戒律，清苦自守，传经授禅，普度众生，却自号"二一老人"：一事无成人渐老，一钱不值何消说。

1942 年 10 月 13 日，弘一写下"悲欣交集"四字。三天后，沐浴更衣，安详圆寂。"问余何适，廓而忘言，华枝春满，天心月圆。"

一钵了却他的浮生，他的粗钵里盛满自由。

【注】在中国近百年文化发展史中，弘一大师李叔同是学术界公认的通才和奇才，作为中国新文化运动的先驱，他最早将西方油画、钢琴、话剧等引入国内，且以擅书法、工诗词、通丹青、达音律、精金石、善演艺而闻名于世。在艺术发展如日中天时，他毅然摒弃了世俗，中年出家后成为南山律宗一代祖师，被誉为“民国四大高僧之一”。

1. 下面对文章有关内容的分析和概括，最恰当的两项是（ ）（5 分）

A. 作者将弘一人生的转变比作烟花，以生动的比喻、鲜明的对比，表达了对其人生炫美的赞颂和平寂的哀伤。

B.“刊落锋颖，一味恬静”是对弘一书法风格的精准评价，意思是他的书法创作，清逸的线条泯灭了锋芒，是禅心的迹化，是期于一种宗教式的“大我”的永恒之境，是造“平淡美”的极致。

C. 弘一晚年的出家既是赵朴初所说的“无尽奇珍供世眼，一轮圆月耀天心”，更是为了传经授禅，普度众生。

D. 弘一在写下“悲欣交集”四字后圆寂，表明他认为自己的人生既有喜的一面，也有悲的一面，是留有遗憾的，对自己的抉择隐隐流露出悔意。

E. 文章题目是“一钵了却谁的浮生”，结尾又说“一钵了却他的浮生”， 一问一答，首尾照应。其中“一钵”指佛门清净清贫的生活，“浮生”指世俗生活，旨在告诉人们是佛门的生活使弘一舍弃了尘世的一切牵挂，使他获得了心灵的自由。

2. 从文章内容看，弘一进入佛门前后的人生轨迹有哪些不同？世人对他是如何评价的？（6 分）

3. 作者在文中直接引用了李叔同作的《送别》和其他的诗，又大量地引用了名家的言论，请简要分析这些引用的作用。（6 分）

试题参考答案

1. E 选项（3 分），B 选项（2 分），C 选项（1 分）

2. 入佛门前：才华横溢并且外露；交际甚广，生活清闲雅致。

（2 分）入佛门后：与世隔绝，无己无他；淡泊名利，追求内心的自由。（2 分）世人评价：有人羡慕其对自由的追求，有人不解他如何做得如此决绝，有人认为他成了万众景仰的奇珍、明月。（2 分）（言之有理即可）

3. ①引用李叔同作的《送别》和其他的诗，直接表现李叔同的过人才华和其思想精神。（2 分）

②引用丰子恺、叶圣陶、林语堂、张爱玲等人的评价，表现了众人对他追求自由的高度敬仰，侧面突出李叔同才学和品性的不同凡响。（2 分）

③这些引用印证了作者的观点，丰富了文章内涵，使传记具有真实感人的力量。（2 分）

3. 作业说明

在尝试“对分课堂”期间，我要求学生在独立完成作业的时候用黑色笔作答，小组讨论和教师讲解的疑难问题用不同颜色的彩色笔记录，这样，学生的作业一般至少用到了两种颜色的笔，他们在不同阶段的学习成果一目了然。

此次作业并不是特例，尝试对分课堂以来的每次课，都是这样的形式。我发给学生 A4 大小的作业纸，学生先自己独立完成试题，然后拿着作业小组讨论，改正错误，添加遗漏，记录重点。在全班分享的时候，我会把回答问题学生的答案中的亮点做进一步强调，有心的学生会做好记录，这样，一份作业看上去会很丰富，教师也可以根据作业上记录和标注的部分的多少，判断学生的参与情况和认真程度，以便掌握学生在课堂上的状态。

这篇阅读材料《一钵了却谁的浮生》是学生复习资料上的，按进度，讲公开课那天就该讲解这篇，难易程度和其他篇目持平，并不是为了公开课特意挑选。

语文组的教师们和校长看了学生的作业之后都在不断感叹，大家说特长班的学生能把作业写成这样，真是太难得了，很让人惊讶，看来学生真的是思考了、讨论了、学懂了。

二、作业展示

褒贬.

2. 答：①作者在文中直接引用了李叔同的《送别》，充分的解释了李叔同先生所作的诗歌或歌也能为时代都不断人拍手叫好。表现传主非凡才华，丰富文章内涵。

②鲁迅、郭沫若是当代的一大文豪，对李叔同的评价更加印证了作者的观点，也可以使传记更加的具有真实性与可靠性。对李叔同的敬仰。

③也从侧面烘托来写李叔同的形象，突出了李叔同的精神面貌，起到了增强文章可读性和客观性，和有史深度，与情感力度。

④用的是引用名家的言论，使文章更具有权威性。

“个人”与“名人”

入佛门前：才华横溢外露，交际广泛生活闲雅致

入佛门后：与世隔绝，无己无他，谦恭自约，追求内心的自由。

浪漫、丽润、含有禅趣

3. 答：前后人生轨迹不同：

才华横溢，与朋友交往密切

①李叔同未入佛门前，会做诗，会填词，会书法，会作画，会篆刻，又会音乐会演戏……这个世界上，还有什么是他不会的呢？多才。

②给友人添上题诗，例如文中“送给好友人夏丏尊的画随便题两句话，都好得不得：

③如他作的《送别》，道出了与他人离别的忧愁，为当世绝交润的小情小爱。被誉为“民国四大名曲”之一

④一入佛门，以前种种，譬如昨日死，今后种种，譬如今日生，叶圣陶说

他与刻骨爱恋的日籍夫人断了情爱，弃家毁业，绝不留恋。

最后走前留下“悲欣交集”四字　自称为“二一老人”：一事无成人渐老，一钱不值何消说。

世人评价：

有人羡慕他对自由的追求，有人不解他如何[illegible]如此决绝，有人认为他做了为众景仰的[illegible]。

①未入佛前　语言含蓄，婉约

②入佛后叶圣陶谈弘一晚年书法：“就全幅看，好比一位温良谦恭的君子，不亢不卑和颜悦色，一毫不带才使气，功夫在笔墨之外，所以越看越有味。”

③美术家丰子恺提出独道见解：“我认为人的生活分为三层：一是物质生活，二是精神生活，三是灵魂生活”

④林语堂说：“他曾经属于我们的时代，却终于抛弃了这个时代，跳到红尘之外去了”

张爱玲说：“不要以为我是个高傲的人，我从来不是的，至少，在弘一法师寺院围墙的外面，我是如此谦卑。”

赵朴初评他是：“无尽奇珍供世眼，一轮明月耀天心。”

1.B E

表现·祁的人格（个人）.　的生但

2.作用：①用运了诗和名家的言论，是为了论证作者写李叔同一生经历和形象的观点，所用的侧面描写同时也可以使传记具有真实性，使我们有所感触。

②从侧面描述李叔同是什么样的人　丰富的说明了传主博学多才，名家对他的敬仰，追求自由的形象。突出了传主对于追求自由的不顾一切的精神面貌，起到了增强作品所描述李叔同对与中国的历史影响，在于中国近百年文化发展史中带来的作用，描述了作者和名家对于李叔同情感的表达

③用运了李叔同的《送别》和其他的诗增强了文章的真实性，使文章更有权威性，名言论增文章的客观性。

（名人）别人对他的评价

3.人生轨迹：入佛前　做诗，填词，书法，作画……（奇才/通才）

入佛后：把以前的一切完全置外了，整个人生由绚丽归于平淡的生活。

恪守戒律，清苦自守，传经授禅，普度众生，中年出家后成为南山律宗一代祖师，被誉为“民国四大高僧”之一。

评价：（太虚的字为无上荣耀）叶圣陶评价弘一书法犹碑，越看越有味道。

丰子恺提出人生三层楼，说了李叔同所追求的境界，应了说大道之快乐，我超脱世俗，割舍别内来置换自由，林语堂和张爱玲对他很是敬仰，在红衣法师很是崇尊赵朴初说他才不当奇珍，明月，只是为了自己的心罢了，各有不同，世人评价的：崇尚对自由的追求，敬不解他如何做得如此决绝，有人认为他成了万众景仰的奇珍明月。

作者：一钵了却他的浮生，他的灵魂是盛满自由。

分开说，简洁。

素材。

2、①引用他的《送别》诗，"我毕业的时候还在唱，一直流传至今，在中国近百年文化发展中，作为中国新文化运动的先驱者，突出了他在文艺方面的通才和奇才。

②文中引用了叶圣陶说："就全篇看，好比一位温良谦恭的君子，不亢不卑，越看越有味。"张爱玲说："不要认为我是个高傲的人，在弘一法师寺院围墙外面，我是如此谦卑。"又引用赵朴初的话，这一切都突出了李叔同的人物性格。

③引用他人的评价，可以印证作者的观点，也可以使传记具有更为真实感的力量，增强文章的权威性和客观性。

突出传主精神面貌，起到增强作品深度和情感力量作用。

3、进入佛门前：华丽，翩翩衰服在舞台上扮茶花女、绚丽，是学术界公认的通才和奇才，生活清闲雅致

进入佛门后：淡泊名利，追求内心的自由。青灯古佛

①在中国近百年文化发展史中，弘一大师李叔同是学术界公认的通才和奇才，作为中国新文化运动的先驱者。

②初始华丽，翩翩衰服在舞台上扮茶花女，如今是粗衣芒鞋、眉目疏淡。

③他用青灯古佛内的清苦，置换了真正的自由。一切他都隐得，只为追求心中那一点熟火

④、我家有业不为此，大伙大惊不消说。那些虚名，他是不要的。

①丰子恺评价他已经到了灵魂生活的层面。

②张爱玲不要认为我是个高傲的人，但在弘一法师面前如此谦卑。

③赵朴初评价他是"无尽奇珍供世眼，一轮圆月耀天心。

世人评价有人羡慕其对自由的追求，有人不解他为何如此决绝。

1、E、B、

对其文采 赞赏和肯定

2. (1)通过引用李叔同作的《送别》，印证了作者第一段所赞美他"这个世界上，还有什么是不舍的"观点。

引用大量名家的言论，使传记更具有真实感人的力量。

(2)从侧面丰富了李叔同一代祖师的形象，突出传主的精神面貌，增强了作品的历史深度和感情力度。

(3)引用名家的言论，增强文章的权威性和客观性。

陈奕伊

文中引用林语堂所说的"他曾经属于我们的时代，却终于抛弃了这个时代跳到红尘之外去了。"引用张爱玲的话："不要认为我是个高傲的人，我从来不是的——至少，在弘一法师寺院围墙的外面，我是如此的谦卑。"

3.

通才　书画音乐等

3. (1)①进入佛门前，弘一填词作诗，华丽，剃须衰馨在台上扮茶花女；②在他艺术才最如日中天时，毅然摒弃了世俗。

(2)①进入佛门后，从前的种种，譬如昨日死，今日种种，譬如今日生，就完全置之度外了。②如今面壁清寂，屏闻跳浪，尽了一个过午不食，行脚度世的苦行僧。剃度后，铁石心肠地拒妻子于寺门之外。用剃刀剃掉内的痴情，置换了真正的自由。

认为他成了万众景仰的高僧

评价：①赵朴初评他是："无尽奇珍供世眼，一轮圆月耀天心。"　各有不同。

②叶圣陶说他晚年书法，好比一位温良谦恭的君子，不卑亢。

不特他的成就，为何如此沉迷

③丰子恺的"人生三层楼"，林语堂、张爱玲都认为他有追求自由的洒脱，美慕其对自由的追求。

④恪守戒律，清苦自守，传法授徒，普度众生，摒弃世俗，追求自由。

一代宗师，被誉为"民国四大高僧"之一。

1. C E (B)　　　　郭婉清

2. ①引用了"送别"和"梨花淡白柔之薰"这两首诗，表达了李叔同的思想精神和过人的才华，和知识的渊博。

②引用了"丰子恺、张爱玲、赵朴初"对他的评价，表达了众人对李叔同的高度的敬仰以及对他追求自由的向往，烘托了李叔同独特的个性。　侧面描写他的他的形象。

③这些引用对文章起到了很大的作用，丰富了文章的内容，使读者产生了丰富的兴趣，使文章表达了更加生动真实。增强了文章的叙述性和说服性。

3. 不同：入佛门前：他才华横溢，有着广泛的爱好，有着崇高的对自由的向往以不羁的生活习性，随性。

入佛门后：他与世隔绝，淡泊名利，不与世俗同流合污，沉静，安宁，对他有过刻骨铭心的人，

世人评价：有的人很赞同他的观点，仰慕他对追求自由的执着，有的人却不理解他的行为。认为他有着超越常人精神，追求心灵崇高的自由，不被任何事物束缚。

李叔同

1. B.E.

2. 引用的作用：1. ① 大量的引用了李叔同的诗和名家的言论使传记具有真实性。感人力量

② 印证了李叔同精神生活的丰满，对学术文艺的追求(执)着。更加追求更高层次灵魂的追求与自由

③ 从侧面丰富了传主形象，塑造了一个知识分子的文人形象。学贯五车

④ 评论弘一法师为传主的精神面貌，追求灵魂的自由

⑤ 增强了文章的权威性。引用林语堂、张爱玲等人的评价。可靠性、客观性

⑥ 增强了文章的历史深度。引用谢句、庄子等

正侧面相结合

体现个人的诗不同的才华。记录

① 我个人、②③ 别人

3. 轨道不同：① 以前静静，昨日死，今后静静，今日生。

② 为了利物，字也有了一颗为僧为佛的心。"利落静观，一味恬静"

③ 整个人生就这样由绚丽归于平淡了。

入佛前后

① 过着世俗的生活，没有自由的权利 ② 学术界公认的奇才

被世人称颂/得到很高评价

远离红尘　被世人所不理解/不

前：才华（还才）　后：修守　相关建设 文学研究

评价：① 艺术家丰子恺独到见解，李叔同在逐步达到人生的三层楼，最高层的灵魂生活。

② 庄子对其评价，做到了无己，成为了圣人。

③ 当属于我们的时代却终于抛弃了这个时代跳到红尘里去了。林语堂

④ 张爱玲认为自己不是高傲的人，因为自己就在弘一法师的寺院外。

⑤ 世俗对其只是众说纷纭，莫衷一是。

叔补剂

以宅陶

作者：一转了却他的浮生，他的躯体里载满自由

7. 入佛门前：才华横溢并且外露，名气甚大，生活情调雅致

入佛门后：与世隔绝，无己无他，淡泊名利，追求内心自由

张彬明

1. AE. B.

认为李叔同出家是求得灵魂层次的新境界。

直接引用了李叔同本人的作品，突出了李叔同[illegible]的人格

2. ① 印证了作者的观点，也可以使传记更具有真实性，更具有感人的力量。

② 引用了大量名家的言论，从侧面丰富了传主形象，突出了传主的精神面貌，起到了增强作品历史深度和情感力度的作用

③ 增强了传记的权威性、可靠性、[illegible]，使读者可以信服。 ①个人. ②别人.

3.(1) ① 弘一在进入佛门前过的是凡俗的生活，没有自由的活动，只有精神生活。

[illegible]

远离凡俗红尘，追求更高的灵魂生活，被凡俗人所不理解。

② 在学术界是公认的奇才和全才，将西方油画、钢琴等引入国内。

(佛学界)

③ 擅书法，工诗词，通丹青，达音律，精金石，善演艺，被世人所敬仰，得到了很高的评价。

佛门的恪守自律，对佛学有很大研究

(2) ① 叶圣陶评价他"刊落锋颖，一味恬静"

② 世人认为他用苦行割断肉体的痛苦，置换了真正的自由。

③ 赵朴初评他是"无尽奇珍供世眼，一轮圆月耀天心"

世评价：有人羡慕他对自由的追求，有人不解他如何做到如此决绝，有人认为他成了万众景仰的奇瑰明月。

李青[illegible]

1. A. B. G. C

2. ① 引用了李叔同的《送别》，表现出了李叔同的才华出众。又引用了他写给友人夏丏尊的画上随便题的两句诗，说明了李叔同的才华横溢。

能体现出李叔同的文学才华与文学素养

② 引用了叶圣陶、林语堂、张爱玲、赵朴的评价，大量的侧面描写，对他的高度赞美 通过引用名家的言论，说明名家对李叔同的敬仰，同时表现出李叔同的过人才华

③ 引用这些名句名人的评价是对他的一生的总结，使文章具有真实性和独特性

真实、权威、客观。

3. ① 入佛门前有着过人的才华（重才）和交游甚多的朋友，兴趣广泛，才华横溢。

② 入佛门后与世脱俗，淡泊名利，追求内心的自由

恪遵戒律，清苦自守，侍佳披禅，普度众生，中年出家后成为南山律宗一代祖师，被誉为"民国四大高僧"之一。

评价：有些人认为他"无言奇珍供世眼，一轮圆月耀天心"

有人认为"慈悲对世人，为何狠伤我"

有人对他追求自由的绝断表示敬仰，也有人对他的绝断表示不解。

2). 有人羡慕其对自由的追求，有人不解他为何如此决绝，有人认为他成了万众景仰的奇珍、明月。

于泽华

1. BE，印证了李叔同是个博学多才的人的观点

2.①开头写出李叔同在入佛门之前，非常的有才华，鲁迅与郭沫若以得到他的一幅字为无上光荣。突出了李叔同博学多才，才华横溢，也使文章更具有真实性。

②入佛门后，李叔同，放下了世俗的一切，从侧面丰富了李叔同的形象，突出了文章的真实性，起到增强作品历史深度和情感力度的作用。突出李叔同的精神面貌

③引用叶圣陶，丰子恺，林语堂，张爱玲，赵朴初等人对李叔同的评价，增强了文章的权威性和客观性。

3.①李叔同没入佛门前是一位文学大家，多才多艺，通才

②步入佛门后，以前种种置之度外，可是一入佛门，以前种种，譬如昨日死，今后种种，譬如今日生，就完全置之度外了。

③叶圣陶谈论书法，说好比一位温良谦恭的君子，不亢不卑，和颜悦色。当了和尚，字也有了一颗为僧为佛的心。

丰子恺，把人的生活分为三层：一是物质生活，二是精神生活，三为灵魂生活，而李叔同是一层一层走上去的。

林语堂说：他曾经属于我们的时代，却抛弃这个时代，跳到红尘外了。

张爱玲说不要认为我是高傲的人，我从来不是的，至少在弘一法师寺院外，我是如此的谦卑

赵朴初说无尽奇珍供世眼，一轮圆月耀天心，他是为了自己的心

①入佛门前，才华横溢，誉满海内外，交际甚广，生活清闲雅致。

②入佛门后，与世隔绝，无己无他，淡泊名利，追求内心自由。

③世人评价，有人羡慕，表达对自由的景仰

安小瑞

一解了却谁的浮生

1. $B^{2}E^{3}.C^{1}$

2. 答：①作者在文中直接引用李叔同作的《送别》和其他的诗，表现了李叔同过人的才华。

②引用著名美术家丰子恺等大量名家的言论，表现了众人对李叔同追求自由的敬仰之情，更加强烈的表现出李叔同过人的才华和超高的精神境界。（从侧面）

③大量的名家言论更加准确的印证了作者的观点，使文章更加具有真实感人的力量，丰富了文章内容。

④增强文章的权威性，客观性，更加映证了作者的观点。

3. ①入佛门前：才华横溢，生活富闲雅致，交际广。

②入佛门后：与世隔绝，淡泊名利，追求内心自由。

评价：有人不解他如何做到如此坚决、决绝，有人羡慕其对自由的追求。

也有人认为他成了万众景仰的奇珍，明月。

①如此一位温良谦恭的君子，不计名利，物欲嗜色。（入佛门之前）

①是艺术界公认的通才和奇才。

②被誉为"民国四大高僧"之一。

②恪遵戒律，清苦自守，依经据律，普度众生。

谷珊

2.①印证了作者认为李叔同是一个博学多才的人的观点，也使论证具有更为真实的力量。通过描写李叔同先生所写的诗，以及他人对李叔同的高度评价，来印证作者认为"这个世界上，还有什么是他不会的观点。）从

②从侧面丰富了李叔同的形象，突出李叔同淡泊名利清高的精神面貌，起到了增强作品的历史深度的作用
文章 和感情力度

引用叶圣陶、丰子恺、林语堂、张爱玲等人对李叔同的评价
③增强了文章的权威性和真实性。|通过引用林语堂、张爱玲、赵朴初等人对李叔同的高度评价，来使文章的观点更加鲜明，更加具有权威性、真实性。

3.答：人生轨迹：①入佛门前，是一个通才。②入佛门后：
①入佛门前 是一位文学大家，多才多艺
李叔同经常写诗、写字、刻画等文学创作。（评价：①丰子恺：将人生分为三层，他在自己入佛门前达到了前两个层次，第一层就是物质生活，第二层则是精神生活。物质生活就是衣食，精神生活就是学术生活。）
②进入佛门后，评价①【李叔同，则达到了第三个层次，三是灵魂生活，灵魂生活便是宗教。】李叔同在艺术发展如日中天时，（他毅然摒弃了世俗，出家后成为南山律宗一代祖师，被誉为"民国四大高僧"之一。为了寻找真正的自由，他舍弃了一切，只为追求心中的自由。）
可是一入佛门后，以前种种，譬如昨日死，今后种种，譬如今日生，就完全置之度外了

可加以

2.第一问：入佛门前：才华横溢、풍 ...

第二问：世人评价：有人羡慕其对自由的思印

答：(2) ①. 大量地引用名家的言论，有助于增强文章的权威性和可信性

②. 文中采用丰子恺的言论，可以看出历史的悠久。 引用这些名句、名人的评价，是对他一生的高度的总结，使文章具有真实性和独特性

③. 名家的言论，有助于引出传主的精神面貌，更加突出传主的人格魅力。

④. 文中大量的使用李叔同作的《送别》和其他的诗，还有名家的言论，可以看出文章的真实性。

①通过引用李叔同（他的《送别》）和其他的诗，体现李叔同文学才华、文学素养

②通过引用名家的言论说明后人对李叔同的敬仰，同时又能体现出李叔同过人的才华

(3). 1. ①. 初始年间，和风裹腰在台上扮茶花女，如今却是面容清瘦，眉目疏淡，一个廿年不食，仍脚穿破的老和尚。 整个人生就这样由绚丽归于平淡

入佛门前，才华横溢，兴趣广泛，"通才"。 生活清闲雅致。

入佛门后，与世脱俗，苦修律，追求内心的[illegible] 无己无他。

②. 他用剥骨剔肉的痛苦，置换了真正的自由，一切他都舍得，只为追求心中那一点萤火。

修律戒律，清苦自守，传经授禅，普度众生

相关链接

2. ①林语堂说："他曾经属于我们的时代，却终于抛弃了这个时代，跳到红尘以外去了。"

②张爱玲说："不要认为我是个高傲的人，我从来不是的——至少，在弘一法师寺院围墙的外面，我是如此谦卑。"

③赵朴初评他是："无尽奇珍供世眼，一轮圆月耀天心。"

有人对他追求自由的决断表示敬仰，也有人对他的决断不解。

高[illegible]

1. ①印证作者认为李叔同的诗文很精典，使传记具有真实感，人的力量

②从侧面丰富传主形象，突出传主的精神面貌，起到增强作品历史深度和情感力度的作用，表达对他的敬意。

③增强文章的权威性和客观性。（大家的评论的作用）

通过引用李叔同的诗文，来体现他的才华和素养。

引用名家言论，评价，是对他一生高蹈的总结，使文章具有真实性和客观性。

2. ①佛门前：爱清闲，爱天然，制领裹腰在舞台上扮茶花女，

入佛门后：生死杂念完全置之度外，人生由绚丽归于平淡。

入佛门前：才华横溢，兴趣广泛。（通才）　　人生丰富追求完全不同

入佛门后：淡泊名利，与世脱俗，追求内心的自由。

恪遵戒律，清苦自守，传经授箓

②叶圣陶读晚年书法，弘一法师，好比一位温良谦恭的君子，

不亢不卑，和颜悦色，……"

赵朴初评他"无尽奇珍供世眼，一轮圆月耀天心。"

有人对他追求自由的决断表示敬佩，也有人对他的决断表示不解。张爱玲："不要认为我是个高傲的人，

丰子恺认为……，各有不同。

第二问：评价：有人羡慕其对自由的追求，有人不解他如何做得如此洒脱，有人认为他成了万众景仰的奇珍。

启勤

(1) B E C (2) 马俊杰 6-3

(2) ①作者开篇直接运用李叔同《送别》正面写出人物才华横溢。

②第：大量引用名家言论，例如叶圣陶对弘一晚年书法的评价、丰子恺的评价、庄寿的评价等等来印证作者的观点"李叔同出家是求得灵魂从致更高层的心境与自由"，也丰富了李叔同的形象，使传记具有真实感人的力量。

③引用名家言论从强（增）文章的权威性、客观性，使文章的深度加深，同时也使文章情（浓）感厚。

衣食也人敬畏，得到很高评价。
过着世俗生活，没有自由权利

(3) 答：①弘一进入佛门前有着广泛的交际与学富五车的才华，后踏入佛门追求更高层的灵魂与自由，远离红尘，被俗人所不解

②世人对李叔同的评价各有不同，丰子恺看到了李叔同进入佛门（前后）的原因，觉得人生"三层"，李叔同是在向最高层攀登，而达到灵魂自由更高境界，远离红尘，赵朴初则认为李叔同是在追求清高的心境

世人评价，有人羡慕其对自由的追求，有人不解他如何做得如此决绝，有人认为他成

索　　引

后 记

本书由孙欢欢、闵紫雯、马迎红三位高中语文教师合作完成，由孙欢欢负责统稿、修订。我们三位素未谋面，基于对对分课堂的认同走到一起。现在本书即将出版，我们仍然没有见过面，平时讨论编写事宜都是通过网络和电话。

现在摘录闵紫雯老师和马迎红老师的随感，供读者一览我们的写作过程。

闵紫雯老师的随感如下。

《对分课堂之高中语文》终于在各位老师的努力下完成了，看着大家努力创作的成果，回想这一路上的点点滴滴，心里都是满满的欣慰与快乐。

其一是回忆。直到现在，我依然还能感受到第一次运用对分模式上课时的欣喜，我依然还记得参加培训临行前顾校长对我们信任的嘱托，我依然还沉浸在去湛江参加培训时在演讲台上为大家分享对分时的那种快乐，我依然还能想起在我的对分遇到疑惑和困难时，无论在任何时间，哪怕是深夜凌晨，张学新教授不辞辛苦地、耐心地在电话、微信中给予我帮助与鼓励，我依然还记得我与马迎红老师不止一次在电话中交流探讨我们在对分教学中的得与失、创新与思考。感谢对分，是你让我在平淡的生活中多了一份喜悦与精彩，是你让我认识了这么多优秀的教师，是你让我在教学的道路上又前进了一大步。

其二是不安与惊喜。在2016年2月的一天傍晚，我突然接到了张学新教授的电话，他有一个大胆的决定：希望我可以参与到对分课堂丛书的写作中。当我听到这个消息后，我的第一反应就是：我可以吗？从我认识对分课堂、接触对分课堂到应用对分课堂仅仅3个月的时间，我能行吗？我向张教授表明了自己的想法，可张教授只问了我两个问题：在对分课堂中你有没有自己的想法？教学的效果如何？我当然有很多的想法，不仅有，还会将自己的想法与其他老师交流并加以改进，应用到教学的过程中。张教授鼓励我："有那么多的想法，课上灵感那么丰富，为什么不写出来呢？放心大胆地去写，我相信你。"短短的几句话中充满了对我百分百的信任与鼓励，特别是最后一句："出了问题，还有我呢！放手去写吧！"就这样，我放下了一切顾虑，全身心地投入到了对分课堂丛书的写作中。

其三是写作中痛并快乐着。什么事情都是说起来容易做起来难。在写作的道路上，也不是一帆风顺的。因为今年刚好带高三毕业班，备课，做专题、套题，考试，阅卷，平时的工作量较大，所以一天下来剩余的时间不多，而从事对分课堂丛书写作的时间就更少了。因为这是要在日常工作之外进行创作，所以张教授给了大家较为宽裕的时间来边实践，边思考，边改进，边创作。在创作的过程中，张教授不断进行"场外指导"，并时刻关注我们的创作动态，一方面提供相应的目录模板让我们借鉴，一方面又让我们写出自己的特色与创新之处。刚开始我始终没有创作的思路，不知道要从何下笔，不知道要如何下手，理论性的东西我并不会写，后来在和张教授交流时，张教授及时将我从误区中拉了出来。原来我们写作的重点不在理论，理论的东西由他负责，我们要写的是我们运用对分实践的过程，重点在实际操作，即如何运用这门技术、如何用对分的模式上课。把自己当成一个技术员，讲明白操作的过程就可以了。其中还有一个重要的原则，就是一定要讲真话，把自己应用对分课堂的真实感受与想法写出来，写出对分课堂应用时存在的问题、解决的方式方法，或者是如何改进以更合理地应用，以及这样做可以收到怎样的教学效果。只要写出自己的真实感言即可。我们要的是最原生态的本土创作。我们的写作要求是通俗易懂，目的是：让大家更直观地通过课堂案例、案例反思等了解对分课堂、认识对分课堂、应用对分课堂；能让大家在应用对分课堂时通过我们这本书解决对分课堂中的疑惑与困难，使大家在应用的过程中少走弯路，让大家能更快、更好地应用对分课堂上课。

这样一来，我还真的不怕了，甚至对自己充满了信心。而且，我还真的有话可说，有很多内容可写了。平日里，我就有反思课堂写后记的习惯，对自己课上的表现、整堂课的设计，我都会用文字的形式或多或少地记录下来，以作为日后改进之用。面对新课堂对分模式的应用，我更是如此。我会时不时地做记录、写反思，将自己的新体会，将自己的疑惑在思考的同时都写出来，大到教案的设计，小到课上的提问、不同模式方法的应用，以及最后的教学效果。与此同时，我还会及时与张教授、马老师进行交流、探讨并加以改进。每次张教授都会给我极大的肯定与鼓励；当有不妥之处时，他也会及时指正让我进行修改。这样一来，不仅我的对分课应用得越来越自如，写作的内容也越来越完善。

就这样，我把自己在对分课上的授课内容、方式方法、教学设计、心得体会都一点一滴地记录下来并整理成了一篇一篇的文章。内容虽然不多，但都是自己亲身实践之后的经验与反思。实践出真知，事实胜于雄辩！如果不是自己大胆地迈出这一步，如果不是自己亲自去操作、去体会，我想我也不会真正认识对分。

其四是感谢。在整个写作过程中，我们有欢笑，我们有疑惑，我们有病痛，我们有忙碌的工作，我们有各种各样的家庭琐事，但是这些并没有阻碍我们进行写作。我们有的更多的是真诚、信任与坚持，是出现问题时的团结互助，是出现疑惑时的安慰鼓励。因为地域限制的问题，我们只能通过电话或网络进行交流，大家激烈地讨论，真诚地帮助，恨不得飞到一起探讨交流。这个只有四个人的小组让我感受到的是满满的幸福与快乐。感谢张教授带我走进了这个和谐、美好、快乐的对分大家庭，那么信任我，给我成长的机会。

感谢孙欢欢老师为我们谋篇布局、细心审阅，把所有的环节安排得妥妥当当，除去了我们的后顾之忧，带领我们更安心地完成写作。感谢马迎红老师，在我们同带高三的紧张学习生活中，给我的教育教学环节的支持与帮助，以及悉心的指导。是你们让我进步得更快，让我能在语文教学中快乐前行。

最后是期待。我现在是对分课堂受益人，但我更希望各位老师都能受益于对分。当大家看完我们这本书时，我相信大家都会有跃跃欲试的感觉。那么就赶快行动起来吧！像我一样，勇敢地迈出这一步，迈进我们的对分课堂，我相信你收获的一定是一片更加广阔的新天地。

亲爱的同仁们，我们在等你！

马迎红老师的随感如下。

先讲三个笑话吧。

第一个，“关窗户”。

在讲解《雷雨》这篇戏剧的时候，我在课堂上问了这样一个问题：“周朴园和鲁侍萍这对曾经的恋人终于相认，在前文情节中是有一些暗示的，请大家找一找这些暗示都在哪里？”我话音刚落，有几个学生就抢着回答：“‘关窗户’。”“对，‘关窗户’。”我随即确认道。我边说边环视教室，希望能得到更多的答案。只见这时候，一个学生猛然抬头，看看我，然后很从容地起身，并关好了教室的窗户。

第二个，“金陵十三钗”。

在《红楼梦》导读课上，为了了解学生对小说内容的掌握情况，我问了一个很简单的问题：“同学们知道‘金陵十二钗’是哪几位吗？”几个女生开始扳着指头说人物的名字，忽然一个学生站起来说：“老师，不是‘金陵十三钗吗’？好像有一部电影……”

第三个，“丘”。

《先秦诸子选读》讲解了大半，为了让学生更全面地了解孔子，也为了缓解学生连续学习文言文带来的疲惫，我在晚自习的时候特意让学生欣赏电影《孔子》。

为取得最佳角度，顺带监督学生，我站在教室的最后面。影片将近过半，一个学生给我搬了一把椅子，我说站着视角最佳，这个学生也就站到了我的旁边。过了一会儿，他终于忍不住问我："老师，这个孔子他说话的时候为啥老是'丘'啊'丘'的？"

熟悉以上文学作品的老师看到这三个"笑话"，一定会笑出声，而我当时却是哭笑不得，完全一副生无可恋的表情。因为从教十多年来，这样的"笑话"不在少数。

很多时候，我们在讲台上声嘶力竭、口干舌燥，而始终有一部分学生却永远和你不在同一频道。因为他们并没有真正进入课堂，你讲的问题他们并不感兴趣，他们对自己的学习任务没有担当。

细想一下，对于学生的这种不在学习状态的情况，我们自己有很大的责任。比如，一个婴儿，如果我们时时刻刻都把他抱在怀里，那他永远都学不会走路。

从小学到高中的绝大多数课堂上，老师把学生牢牢掌握在自己手中，按照自己的思路，牵着学生的鼻子，完成每一堂课，学生很少有独立思考、主动质疑的机会，渐渐地，他们失去了独立思考的能力，主动学习的积极性也逐渐消磨，久而久之，自然对学习没有了责任感，甚至把学习的失利归咎到老师身上。

我们时常在感叹学生一届不如一届，感叹教育者的尊严受到前所未有的挑战，甚至有人说中国教育已经到了最危险的时候。

如今之计，我们要从自己开始改变，从自己唯一能掌控的课堂开始改变，摒弃传统的桎梏，运用"对分课堂"的新理念，把时间分给学生，把权利还给学生，把责任交给学生，改变自己，改变学生，为教育注入新鲜活力，为国家培养创新人才。

就在快要截稿的时候，我申报的省级课题"'对分课堂'教学模式在高中语文教学中的应用实践研究"（课题编号

GS[2016]GHB0283）获得了甘肃省“十三五”教育科学规划课题立项，这对我来说是个大喜讯。

当初申报课题的时候，因为自己觉得没有准备好，一度打算放弃。但学校教研室的任老师特地找到我，鼓励我申报一个关于“对分课堂”的课题，他觉得课题就是有心人做的，只要注重积累和思考，也没什么难的。我们语文教研组的组长陈老师和办公室的同事也多次询问我是否申报了关于“对分课堂”的课题，还有老师表示想跟我一起做课题。的确，实践对分课堂以来，我已经养成了及时写教学反思的习惯，一年来也积累了一些案例，可以说，实践对分课堂一学年，我写的反思和案例比之前十年所写的还要多。再者，既然身边的人都很关心我的“对分课堂”，那我就更不能懈怠了，况且，省级课题申报两年一次，错过这次就要再等两年，所以我就整理思路，确定了研究方向，写了申报报告，填好表格上交了。经过一个假期的漫长等待，终于在秋季开学初等到了结果，这让我倍感兴奋。

课题能够立项，是对我的鼓励，同样也是一种督促，这要求我在平时的教学中要多多积累，多多反思，多多提炼。

接下来就是按照课题计划一步步去完成了，想来也很简单，就像同事所说，只要在教学中做一个有心人，把对分课堂的理念渗透到教学的各个环节，每天都会有收获。

孙欢欢

2016年9月19日

作者简介

孙欢欢 上海市复兴高级中学语文教师，中教一级教师。毕业于复旦大学中文系，获硕士研究生学位。曾获得“上海市民族教育先进个人”荣誉称号。参与出版图书《2015年第十四届中学生古诗文阅读大赛专辑》《高中古文阅读与鉴赏》。

闵紫雯 甘肃省白银市第八中学语文教师，中教一级教师。毕业于西北师范大学中文系，曾荣获白银市市级优质课一等奖，多次荣获国家级、市级语文教学设计一等奖。

马迎红 甘肃省嘉峪关一中语文教师，市级“园丁奖”获得者，中学一级教师。嘉峪关市青年教学能手，市级骨干教师，获得甘肃省第八届基础教育科研优秀成果一等奖。课题“‘对分课堂’教学模式在高中语文教学中的应用实践研究”获甘肃省“十三五”教育科学规划课题立项。

对分课堂教学手册丛书

书　　名	作　　者
对分课堂：中国教育的新智慧	张学新
对分课堂之高中语文	孙欢欢　闵紫雯　马迎红
对分课堂之高中英语	董宏革　王建勋　李　莉
对分课堂之高中数理化	杨　红　王银珠　梁　琨
对分课堂之中学地理	黄天锦　陈慧娟　马莉莉
对分课堂之初中英语	胡　真
对分课堂之高等数学	孙　帆　黄锦标　鲍丽娟　孙小春
对分课堂之高校思想政治理论课	陈瑞丰　黄　莺　韩秀婷　本志红
对分课堂之研究生公共英语	何　玲
对分课堂之大学心理学	王雨晴　安桂花　温婷婷　徐含笑 等
对分课堂之大学生物学	刘明秋
对分课堂之医学护理学	刘志平　岳梦琳　王继红　周　瑾
对分课堂之对外汉语	张长君
对分课堂之第二外语辅修与专业课程	钟　铃　陈修文　岳喜凤
对分课堂之高校体育类课程	孙卫红　安剑群　韩宝红
对分课堂之高校艺术类课程	马珊珊　魏　波　谭永定　刘明花 等
对分课堂之大学英语	陈湛妍　赵婉莉　王晓玲　丁丽红 等